车用柴油机替代燃料技术

CHEYONG CHAIYOUJI TIDAI RANLIAO JISHU

董素荣　等 编著

化学工业出版社

·北京·

内 容 简 介

本书系统地介绍了甲醇、生物柴油、聚甲氧基二甲醚、煤制油等柴油替代燃料的理化性质、制备方法，以及替代燃料、替代燃料/柴油混合燃料的燃烧与排放特性，重点研究了替代燃料柴油机高原环境适应性，内容涉及近几年替代燃料在车用柴油机上应用研究的热点问题，是作者多年来在该领域研究成果的积累和总结。主要内容有车用柴油的发展、替代燃料研究现状、替代燃料的理化性质和制备合成技术，以及替代燃料的燃烧与排放特性和高原适应性研究。

本书可供从事柴油机替代燃料研究的科研工程技术人员、研究生及相关专业学生和管理人员参考使用。

图书在版编目（CIP）数据

车用柴油机替代燃料技术/董素荣等编著．—北京：化学工业出版社，2022.1（2023.1重印）

ISBN 978-7-122-40079-6

Ⅰ.①车… Ⅱ.①董… Ⅲ.①汽车燃料-研究 Ⅳ.①U473

中国版本图书馆CIP数据核字（2021）第208647号

责任编辑：韩亚南　　文字编辑：蔡晓雅　师明远

责任校对：王　静　　装帧设计：王晓宇

出版发行：化学工业出版社（北京市东城区青年湖南街13号　邮政编码100011）

印　　装：天津盛通数码科技有限公司

710mm×1000mm　1/16　印张11¼　字数209千字　2023年1月北京第1版第2次印刷

购书咨询：010-64518888　　售后服务：010-64518899

网　　址：http://www.cip.com.cn

凡购买本书，如有缺损质量问题，本社销售中心负责调换。

定　　价：98.00元

前言

汽车是我国经济发展的重要支柱性产业，从汽车“制造”到“智造”的创新驱动式产业结构优化升级，是适应我国经济新常态发展的需要，是保持汽车行业可持续健康发展的关键，也是提高我国汽车行业国际竞争力的核心。柴油机因具有热效率高、经济性好、低速大转矩、可靠性好和寿命长等特点，广泛应用于各类商用汽车上。在欧洲，每年对柴油机的需求量以 23%的速度增长，我国对柴油机的需求量也逐年增加。2020 年，我国商用车全年产销首超 500 万辆，创历史新高，同比分别增长 20.0%和 18.7%；多缸柴油机销售 534.96 万辆，增长 19.7%。为了缓解能源危机和环境污染，柴油替代燃料技术受到行业内外的广泛关注。

我国虽然在替代燃料的研发上起步比较晚，但是成长十分迅速，以车用生物质能燃料（燃料乙醇、生物柴油等）、煤基液体燃料（煤制油、燃料甲醇等）等为代表的替代燃料已经进入不同发展阶段，呈现出各具特色的发展道路。随着替代燃料使用范围的不断拓宽，根据我国能源结构、国家相关能源发展规划及鼓励政策，结合各种替代燃料的发展态势，近中期生物燃料、煤制油等将获得进一步推广，液体燃料使用量保持上升的趋势不变。学术界和工程界有关车用替代燃料的研究愈发紧迫。本书是对甲醇、生物柴油、聚甲氧基二甲醚、煤制油等柴油替代燃料技术发展与应用以及替代燃料高原适应性研究国内外成果的梳理和总结。本书共分 6 章，包括：概述、甲醇替代燃料、生物柴油替代燃料、聚甲氧基二甲醚替代燃料、煤基替代燃料、替代燃料柴油机高原适应性研究。

本书由董素荣编著，刘瑞林审核，周广猛、刘伍权、刘增勇、李玉兰、焦宇飞、张众杰、刘泽坤、赵旻、刘刚参与编写。本书引用了大量国内外研究机构的试验研究资料、学术论文和专著，在此向这些文献的作者一并表示衷心的感谢！

由于笔者水平有限，对于车用柴油机替代燃料技术的诸多问题研究还不够深入，书中难免存在疏漏，希望相关领域专家学者多提宝贵意见，恳请广大读者批评指正。

编著者

目录

第 1 章 概述

第 2 章 甲醇替代燃料

第 5 章　煤基替代燃料

第 6 章　替代燃料柴油机高原适应性研究

第1章 概述

伴随着经济发展与技术进步，全球大量二氧化碳（CO_2）及其他温室气体排放导致气候变化，引起了全世界范围的关注。2016年多国政府签署《巴黎协定》，它是继1992年《联合国气候变化框架公约》、1997年《京都议定书》之后，人类历史上应对气候变化的第三个里程碑式的国际法律文本，形成2020年后的全球气候治理格局。《巴黎协定》旨在“将全球平均气温较前工业化时期上升幅度控制在2℃之内，并努力将气温上升幅度限制在1.5℃之内”。人类已经认识到全球平均气温升高与大气中CO_2的总量密切相关。在社会发展进步的同时，控制并减少温室气体排放对人类应对气候变化挑战，实现可持续发展至关重要。2020年9月，在第75届联合国大会期间，习近平主席代表中国再次向世界做出承诺，中国将秉持人类命运共同体理念，采取更加有力的政策和措施，二氧化碳排放力争于2030年前达到峰值，努力争取2060年前实现碳中和，为实现应对气候变化《巴黎协定》确定的目标作出更大努力和贡献。

汽车是我国经济发展的重要支柱性产业，从汽车“制造”到“智造”的创新驱动式产业结构优化升级，是适应我国经济新常态发展的需要，是保持汽车行业可持续健康发展的关键，也是提高我国汽车行业国际竞争力的核心。汽车作为人类交通出行和货物运输等领域的重要工具，在提高人类生活便利性、带动相关产业发展以及促进人类文明进步等方面发挥着巨大作用。2012—2019年，我国汽车保有量逐年增长，年复合增长率接近12%。2019年年末，全国民用汽车保有量26150万辆（包括三轮汽车和低速货车762万辆），比2018年末增加2122万辆；民用轿车保有量14644万辆，增加1193万辆。截止到2020年，我国汽车保有量达到2.81亿辆，同比增长8.1%，超过此前美国创下的2.78亿辆世界纪录。2020年，我国商用车全年产销呈现大幅增长，分别达到523.1万辆和513.3万辆，首超500万辆，创历史新高，同比增长20.0%和18.7%。2020年，多缸柴油机销售534.96万辆，增长19.7%。

随着汽车保有量的快速增加，由此带来的能源短缺和环境污染等问题也日益突出。统计表明，2016年世界石油储产比仅为50.6，而我国占全球能源消耗比重高达23%，对全球能源消耗增长的贡献率高达27%，为此我国于2016年加入《巴黎协定》并承诺至2030年我国单位GDP的CO_2排放比2005年降低60%～65%、非化石能源占一次能源消费比重达到20%等。在能源安全方面，根据中国海关总署统计数据，2019年，我国原油进口量达到5.06亿吨，累计增长9.5%；截至2020年我国原油进口量累计达到5.4亿吨，创造历史新高，石油替代、新能源开发迫在眉睫。

除了温室气体之外，交通运输的发展还伴随着地区空气质量及噪声排放方面的挑战。在《巴黎协定》公约的推动下，多国政府设定了针对汽车“油箱到车轮(tank-to-wheel，TtW)”端的CO_2排放限值，同时规定了越来越严格的汽车污染物排放标准用以约束相关污染物排放。所有这些政策法规的制定与执行，必将推动未来车用动力系统和车用能源协同清洁高效发展的步伐。

1.1 车用柴油的发展

1.1.1 我国车用柴油标准发展历程

为了降低机动车排放污染物，改善大气环境，合理利用资源，根据柴油的不同用途和不同应用，2003年我国制定了第一个针对汽车用的柴油标准——《车用柴油》(GB/T 19147—2003)，提出硫含量目标为500mg/kg。车用柴油标准从轻柴油标准中独立出来，开创了我国分用途执行不同标准的先河，既满足了柴油的多用途需要，又降低了生产成本，对我国提高柴油质量具有重要意义。

为保证车用柴油标准的有效实施，2009年将GB/T 19147—2003《车用柴油》推荐性标准改为强制性标准，先后发布并实施了GB 19147—2009《车用柴油》、GB 19147—2013《车用柴油（Ⅳ)》和GB 19147—2013《车用柴油（Ⅴ)》。随后，为了满足我国第六阶段机动车排放要求的国家强制性标准，我国也加快了车用柴油标准的修订工作，于2016年12月23日发布并实施了GB 19147—2016《车用柴油》国家标准。该标准是在GB 19147—2013《车用柴油（Ⅴ)》的基础上进行修订的。从修订的内容看，该标准既考虑了我国经济发展实际情况，又结合了我国炼油工业及汽车行业整体技术水平和实际发展情况，修订后的标准不仅提高了我国车用柴油的质量水平，同时也进一步缩小了我国柴油质量与发达国家特别是欧盟有关标准在车用柴油技术指标上存在的差距，一些关键项目技术指标与欧盟相同排放阶段对车用柴油的技术要求相同或接近。

1.1.2 我国车用柴油标准现状

(1) GB 19147—2016《车用柴油》标准

目前，我国实施的是 GB 19147—2016《车用柴油》标准。该标准与 GB 19147—2013《车用柴油（Ⅴ）》相比，增加了“车用柴油中不得人为加入甲醇”，以及增加了车用柴油（Ⅵ）的技术要求和试验方法，提高了 5 号、0 号、－10 号车用柴油的闪点值（不低于 60℃）。GB 19147—2016《车用柴油》中车用柴油（Ⅵ）的技术要求和试验方法如表 1-1 所示。

表 1-1 车用柴油（Ⅵ）的技术要求和试验方法

项目	5号	0号	－10号	－20号	－35号	－50号	试验方法
氧化安定性(以总不溶物计)/(mg/100mL)	≤2.5						SH/T 0175
硫含量/(mg/kg)	≤10						SH/T 0689
酸度(以 KOH 计)/(mg/100mL)	≤7						GB/T 258
10%蒸余物残炭(质量分数)/%	≤0.3						GB/T 17144
灰分(质量分数)/%	≤0.01						GB/T 508
铜片腐蚀(50℃,3h)/级	≤1						GB/T 5096
润滑性 校正磨痕直径(60℃)/μm	≤460						SH/T 0765
多环芳烃含量(质量分数)/%	≤7						SH/T 0806
总污染物含量/(mg/kg)	≤24						GB/T 33400
运动黏度(20℃)/(mm^2/s)	3.0~8.0		2.5~8.0		1.8~7.0		GB/T 265
凝点/℃	≤5	≤0	≤－10	≤－20	≤－35	≤－50	GB/T 510
冷滤点/℃	≤8	≤4	≤－5	≤－14	≤－29	≤－44	SH/T 0248
闪点(闭口)/℃	≥60			≥50	≥45		GB/T 261
十六烷值	≤51			≤49	≤47		GB/T 386
十六烷指数	≤46			≤46	≤43		SH/T 0694
馏程： 50%回收温度/℃ 90%回收温度/℃ 95%回收温度/℃	 ≤300 ≤355 ≤365						GB/T 6536
密度(20℃)/(kg/m^3)	810~845				790~840		GB/T 1884 GB/T 1885
脂肪酸甲酯含量(体积分数)/%	≤1.0						NB/SH/T 0916

（2）车用柴油国家标准对比

GB 19147《车用柴油》中重要技术指标变化情况如表 1-2 所示。

表 1-2 车用柴油技术指标

项目	GB/T 19147—2003 车用柴油	GB 19147—2009 车用柴油(Ⅲ)	GB 19147—2013 车用柴油(Ⅳ)	GB 19147—2013 车用柴油(Ⅴ)	GB 19147—2016 车用柴油
标号	5/0/－10/－20/－35/－50	5/0/－10/－20/－35/－50	5/0/－10/－20/－35/－50	5/0/－10/－20/－35/－50	5/0/－10/－20/－35/－50
硫含量/(mg/kg)	≤500	≤350	≤50	≤10	≤10
多环芳烃含量(质量分数)/%	—	≤11	≤11	≤11	≤7
总污染物含量/(mg/kg)	—	—	—	—	≤24
十六烷值	≥49/46/45	≥49/46/45	≥49/46/45	≥51/49/47	≥51/49/47
十六烷指数	≥46/46/43	≥46/46/43	≥46/46/43	≥46/46/43	≥46/46/43
密度(20℃)/(kg/m³)	820～860/800～840	810～850/790～840	810～850/790～840	810～850/790～840	810～845/790～840
闪点(闭口)/℃	≥55/50/45	≥55/50/45	≥60/50/45	≥60/50/45	≥60/50/45
脂肪酸甲酯含量(体积分数)/%	—	≤0.5	≤1.0	≤1.0	≤1.0
酸度(以 KOH 计)/(mg/100mL)	—	—	≤7	≤7	≤7
润滑性校正磨痕直径(60℃)/μm	≤460	≤460	≤460	≤460	≤460

GB 19147—2016《车用柴油》的主要指标如密度、硫含量和多环芳烃含量等都已经达到了欧洲现阶段车用柴油欧Ⅵ（EN 590/2013）的质量要求，而且个别技术指标如多环芳烃含量的要求，已经略优于现行的欧盟标准。我国油品质量升级换代速度越来越快，一个主要原因是我国炼油工业不断开发出新的成熟有效的炼油核心技术，从而带动了整个国产油品质量的快速提升，完成了从降低油品的杂质含量到调整和优化油品的烃族组成的全过程。

① 硫含量　对柴油而言，影响柴油尾气排放一个重要的质量标准是柴油的硫含量，研究表明柴油中硫的质量从 500mg/kg 降到 30mg/kg，轻型车辆 PM 排放量减少 7%，重型车辆 PM 排放量减少 4%。早期国产柴油的主要任务是满足市场需求，质量远远落后于欧盟标准。20 世纪我国柴油硫含量控制在不大于 2000mg/kg，2003 年 9 月开始执行的车用柴油标准是不大于 500mg/kg，以后快速降低（见表 1-2），2016 年执行的车用柴油国家标准则降低到不大于 10mg/kg，达到世界先进水平。硫含量从 2000mg/kg 降至 10mg/kg，柴油硫脱除率为 99.5%，实际上已

经达到超低硫水平。车用柴油质量升级的重点是脱硫，未来将向着超低硫、零硫的趋势发展。

② 多环芳烃含量　清洁柴油增加的另外一项重要质量指标就是要降低柴油中多环芳烃的含量，这对于降低尾气中的 PM 排放有重要影响。我国 GB 19147—2016《车用柴油》中车用柴油（Ⅵ）标准的多环芳烃含量从车用柴油（Ⅴ）的 11%降低到 7%，略低于欧Ⅵ标准（8%），稍高于美国柴油标准（美 LEVⅡ）。研究表明，当柴油中芳烃体积分数从 30%降至 10%时，NO_x 排放量可减少 4%～5%；当柴油中多环芳烃质量分数从 7%降至 1%时，轻负荷柴油机的 PM 排放量降低约 6%，重负荷柴油机的 PM 排放量降低约 4%。

③ 十六烷值　我国不断调高车用柴油十六烷值，今后这一趋势将更加明显。原因是柴油十六烷值影响柴油发动机的冷起动、排放、油耗及燃烧噪声。当柴油十六烷值从 50 增加到 58 时，柴油发动机冷起动时间降幅高达 40%，低负荷柴油机的 NO_x 排放量至少降低 9%，发动机碳氢化合物（hydrocarbon，HC）和一氧化碳（CO）排放量降低约 26%；油耗和燃烧噪声均会随着十六烷值的增加而降低。

④ 密度、润滑性、脂肪酸甲酯　为了改善尾气排放和提高柴油机性能，我国通过车用柴油标准的升级更替，逐步把柴油密度控制在一个窄而合理的范围内。这是因为柴油密度影响柴油机的排放和油耗，当柴油密度从 $820kg/m^3$ 增至 $855kg/m^3$ 时，PM、NO_x 排放量呈上升趋势但增幅很小；当柴油密度超过 $860kg/m^3$ 时，PM、NO_x 排放量骤增；但柴油密度降低，黏度下降，泄漏发生率增加，油耗增加。

在车用柴油标准中，各国对车用柴油润滑性的重视相对较晚。这是因为 20 世纪 80 年代前，柴油精制程度普遍较低，抗磨组分含量较高，润滑性较好；20 世纪 90 年代初，随着低硫柴油的应用，许多国家的柴油机高压油泵和喷油器磨损事故倍增，低硫柴油的润滑性问题才引起了特别关注。柴油发动机的某些喷油泵或高压油泵没有外部润滑系统，需要借助柴油自身的润滑性来维持，但精制过程中脱硫到一定程度的同时也脱除了抗磨组分，润滑性大幅降低。研究表明，使用硫含量 500mg/kg 以下的柴油可能导致柴油机磨损。

为了提高低硫柴油的润滑性，我国车用柴油标准中增加了脂肪酸甲酯的技术指标，且添加量呈递增趋势。研究表明，脂肪酸甲酯添加量为 500～1500mg/kg 时，能改善低硫柴油的润滑性，但更多的添加量对润滑性没有明显的改善效果。

1.1.3 我国车用柴油标准的发展方向

尽管各国车用柴油标准存有差异，但整体上都是向着柴油清洁化的方向发展，降低柴油中硫含量、多环芳烃含量，提高十六烷值，保证润滑性，控制密度范围等已成为今后车用柴油发展的主要趋势。但由于各地原油质量和精炼工艺不同，各地基础柴油质量存在差异。通常通过添加添加剂和性能改进剂来满足油品标准，赋予柴油卓越的性能表现。

（1）降凝剂

柴油降凝剂又称低温流动性改进剂，是柴油中一种重要的燃料添加剂。它的组成、结构也经历了高分子化合物→高分子聚合物→嵌段高分子共聚物→多种聚合物组成混合物的发展过程，并产生了“共晶”与“吸附”两种柴油降凝理论。

按原料可分为：乙烯-醋酸乙烯酯共聚物、烯基丁二酰胺酸盐、醋酸乙烯酯-富马酸酯共聚物、马来酸酐类共聚物、丙烯酸酯类聚合物、烷基芳烃、极性含氮化合物等类别。其中乙烯-醋酸乙烯酯共聚物是使用较广、效果较好的柴油低温流动改进剂。

（2）柴油稳定剂

通常用于提高柴油氧化安定性的添加剂有抗氧剂、分散剂、防腐剂、金属钝化剂、酸中和剂和杀菌剂六种，稳定剂一般指以上一种或几种添加剂的复合剂。抗氧剂主要防止生成酸性物质，抑制游离基反应；分散剂能分散所生成的沉渣，降低颗粒直径；金属钝化剂有抑制金属催化氧化的作用。国外柴油稳定剂发展较早，如乙基公司、杜邦公司、埃克森公司和美孚公司等都有较成熟的柴油稳定剂。

（3）清净剂

在柴油发动机中，由于柴油热裂解，在喷嘴处容易形成积炭，这些沉积物会使喷嘴部分或完全堵塞，导致雾化不良、燃烧粗暴、噪声增大、污染物排放恶化以及油耗增加。柴油清净剂可有效清除喷嘴积炭，确保良好的雾化性能，并保持柴油发动机性能以及排放水平。目前，柴油清净剂主要有胺、咪唑、酰胺、脂肪酸丁二酰亚胺、聚烯烃丁二酰亚胺、聚烷基胺、聚醚胺等。随着高品质柴油的发展，柴油清净剂正在向多功能化发展，它不仅要具有清净作用，还应具有防腐蚀、消烟及提高柴油热稳定性等功能。

（4）润滑剂

柴油中的多环芳烃、氮化物、硫化物和氧化物是天然的润滑剂，清洁柴油在降低硫的同时，也降低了柴油的天然润滑性，使用低硫柴油的发动机容易出现磨损和损坏现象，缩短柴油发动机的寿命。酯及其衍生物型抗磨剂是应用最多的一类柴油抗磨剂产品，主要由长链的不饱和脂肪酸和多元醇制备而成，一般与一些其他的柴油添加剂如低温流动改进剂或酰胺类无灰分散剂复合使用，效果更好。

（5）金属钝化剂

柴油中所含的微量被溶解的铜等金属化合物可发生催化氧化反应，而油中所含酸性杂质组分，则在炼制、储运和使用过程中与机械设备中的铜等金属零件接触，反应生成可溶性的微量铜等金属化合物。所以需要在柴油中添加金属钝化剂，目前常用的钝化剂是N,N-二亚水杨丙二胺等。

（6）抗微生物剂

细菌的作用会在柴油中生成一种不溶的固体悬浮物，这种悬浮物聚集在油-水交界处，会导致细菌的进一步繁殖，逐渐堵塞柴油滤清器及柴油喷射泵的油嘴等。在其中加入抗微生物剂，可有效解决这一问题。美国美孚石油公司曾研制出一种含硼的有机物，以0.05%的含量把它加入燃油中，能有效地消除柴油和水中的细菌，随着加入量的增多，细菌几乎会被消灭干净。

（7）十六烷值改进剂

十六烷值改进剂的种类有：硝酸酯化合物、有机过氧化物、有机硫化合物、二硝基化合物、醚类、脂肪酸衍生物、金属化合物等。其作用机理是这些化合物容易分解成自由基或含氧化合物，并在柴油燃烧时使烃类氧化，提高链引发速率，从而提高燃料的着火特性。热敏感性的硝酸酯类化合物是目前应用最广泛的十六烷值改进剂，例如乙基公司的DⅡ-2和DⅡ-3、美国埃克森公司的ECA-8478。

我国主要研究开发的是硝酸戊酯和硝酸异辛酯。由于现在应用的一些十六烷值改进剂燃烧后会产生SO_x、NO_x等有害气体，因此随着柴油机工业的发展和对环保工作的重视，清洁高效型柴油十六烷值改进剂将是今后研制开发的主要方向。

（8）燃烧促进剂

燃烧促进剂能促使柴油迅速、完全地燃烧，从而降低油耗，减少燃烧室内的积炭和顶部活塞环的结焦。燃烧促进剂主要有以下几类：第一类是金属化合物，如铜、钴、锰、铬等油溶性好的有机金属盐和含有羟基的非金属化合物，这类化合物可降低柴油的着火温度，促进炭粒氧化，提高燃烧速度，促使柴油完全燃烧；第二类是一些有机化合物如乳酸化合物，这种乳酸化合物在燃烧室内能产生更多的自由基，从而缩短燃油的滞燃期，促进柴油完全燃烧；第三类是含氧添加剂，这类添加剂在促进燃油燃烧时的作用较为明显，研究表明，当向柴油中添加一定量含氧燃料时，柴油机热效率有所提高，烟度也有所下降。此外，一些高苯类的有机化合物对燃烧也有促进作用。

柴油添加剂正由功能单一型向多功能复合型方向发展，因此在多功能复合型添加剂的研制过程中，既要求添加剂的经济性、高效性、多效性、安全性，也要考虑到其燃烧产物不会产生新的污染问题，以适应不同组分、不同类型燃油的需要。

中国环境科学研究院和清华大学联合研究发现，使用含有燃油清净剂的配方燃油后，HC 和 CO 排放均得到显著改善，氮氧化物（NO_x）排放量在统计上没有显著变化，如图 1-1 所示。

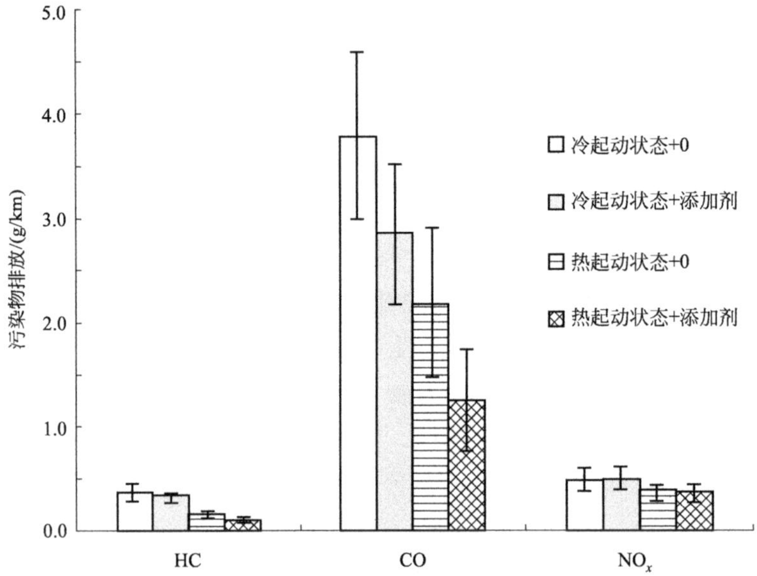

图 1-1　清净剂对污染物排放水平的影响

1.2　替代燃料研究现状及发展趋势

2020 年 4 月 10 日，国家能源局发布了《中华人民共和国能源法（征求意见稿）》，这是中国首部能源法征求意见稿，在这部能源法中将可再生能源列为能源发展优先级。国家鼓励高效清洁开发利用能源资源，支持优先开发可再生能源，合理开发化石能源资源，因地制宜发展分布式能源，推动非化石能源替代化石能源、低碳能源替代高碳能源，支持开发应用替代石油、天然气的新型燃料和工业原料。

未来世界的能源结构将呈现多种能源并存的特点，没有任何一种单一燃料能够全部有效解决世界所面临的复杂能源问题，各个低碳能源解决方案都将有望在未来能源世界中找到适合自己的应用场景。

1.2.1 替代燃料类型

替代燃料能够改善燃料理化特性，在提升燃烧、改善排放的同时能缓解石油资源短缺的现状，受到越来越多的关注。柴油机替代燃料种类繁杂、数目庞大，可按照来源、形态及化学成分进行分类，如表 1-3 所示。

表 1-3 替代燃料分类

<table>
<tr><th>分类方法</th><th colspan="2">燃料种类</th><th>燃料</th></tr>
<tr><td rowspan="2">按来源分类</td><td colspan="2">矿物质替代燃料</td><td>压缩天然气(CNG),液化天然气(LNG),液化石油气(LPG),煤制甲醇,煤制二甲醚(DME),煤制柴油(CTL),天然气制油(GTL)等</td></tr>
<tr><td colspan="2">生物质替代燃料</td><td>各种植物油,植物油加工成的酯类化合物(生物柴油),动物油脂加工成的酯类化合物,植物或农作物制取的甲醇、乙醇等,生物燃料制柴油(BTL)</td></tr>
<tr><td rowspan="3">按形态分类</td><td colspan="2">气体替代燃料</td><td>氢气,CNG,LNG,LPG,DME,煤气,沼气等</td></tr>
<tr><td colspan="2">液体替代燃料</td><td>甲醇,乙醇,生物柴油,BTL,CTL,GTL等</td></tr>
<tr><td colspan="2">固体替代燃料</td><td>煤粉</td></tr>
<tr><td rowspan="5">按化学成分分类</td><td colspan="2">烃类替代燃料</td><td>CNG,LNG,LPG,BTL,CTL,GTL等</td></tr>
<tr><td rowspan="3">含氧替代燃料</td><td>醇类燃料</td><td>甲醇,乙醇等</td></tr>
<tr><td>醚类燃料</td><td>甲基叔丁基醚(MTBE),乙基叔丁基醚(ETBE),甲基叔戊基醚(TAME),二甲醚(DME),二异丙基醚(DIPE),二正戊基醚(DNPE),聚甲氧基二甲醚(PODE)等</td></tr>
<tr><td>酯类燃料</td><td>生物柴油(甲酯),合成酯</td></tr>
<tr><td colspan="2">氢气替代燃料</td><td>氢气</td></tr>
</table>

按照形态分类是最常见的，其中固体替代燃料由于存在着火困难、效率低、需要改装柴油机等不足，目前还鲜有研究。气体替代燃料具有易雾化、热值高、热效率高、污染低、经济性好等优点，在一些汽油机上得到了一定的应用。但气体燃料受自身体积影响，降低了混合气的热值，使得动力性降低，同时气态燃料由于储存困难、改装成本大、危险性高等不足，进一步限制了自身的应用。液态替代燃料能够在不改动柴油机的前提下在柴油机上应用，还具有易存储、易加注等优点，因此，目前对于替代燃料研究还是以液态替代燃料为主。

液态替代燃料可根据组成成分划分为烃类替代燃料和含氧替代燃料。烃类替代燃料以煤制油、航空煤油为主，这类燃料芳烃和硫含量较少，抑制了炭烟中PAH和硫酸盐的生成，从而可以有效降低颗粒物排放。含氧燃料主要包含酯类、醇类与醚类，这类燃料分子中含有氧，尽管燃烧时氧不能自燃，但能够助燃，对于高原柴油机，可以补偿柴油机高原燃烧中氧含量不足，改善柴油的雾化特性，实现在不更改柴油机结构的前提下，提高燃烧效率，降低污染物排放，提升柴油机性能的目的。通过研究发现，生物柴油降低了预混合燃烧期，提升了缸内温度和有效热效率，柴油中添加含氧燃料可以优化燃烧路径，同时避开 PM 和 NO_x 排放形成区域。

综上所述，通过控制柴油机热力学状态和改善燃料理化性质，都能在一定程度上改善柴油机燃烧状况，提升柴油机高原动力性、经济性和排放特性。相对而言，在柴油中掺混含氧燃料，可以兼顾改善柴油燃烧和缓解能源短缺的问题，对改善我国石油短缺，实现柴油机高效清洁燃烧具有重要意义。

1.2.2 含氧替代燃料

含氧燃料由于自身氧元素的增加降低了碳碳与碳氢键数量，尽管在一定程度上降低了燃料热值，但因燃料含氧降低了理论空燃比，分子中的氧还有助燃的效果。此外，氧含量增加，能够降低高温裂解中不饱和碳分子在一定条件下反应产生的羟基，消耗反应中部分不饱和碳烃，从而达到抑制炭烟生成的目的。常用的含氧燃料包含酯类、醇类、醚类等。

（1）酯类燃料

酯类燃料因分子结构中含有酯基，从而使得燃料中含氧。酯类燃料主要包含动、植物油以及这些油脂经过酯化后形成的生物柴油。酯类燃料的应用最早可追溯至柴油机诞生之日。1896 年，狄赛尔将花生油应用在首次试制的柴油机上并取得了成功。此后，美国、印度、马来西亚等国家分别根据自身资源优势，针对动、植物油在柴油机上的应用开展了大量研究，研究表明：直接将动、植物油应用在柴油机中时易出现积炭、结胶等问题，严重影响柴油机可靠性，并且还存在动、植物油在空气中易变质，其较高的密度和黏度易堵塞喷油器等一系列问题。针对这些问题，Graham Quick 等人提出可以将油脂进行酯化得到生物柴油，酯化后这些问题可以得到有效缓解，并且着火特性改善，更适用于柴油机。相比于柴油，生物柴油含有较长的碳烃链，分子间引力大，使得生物柴油十六烷值、密度和黏度较高。

生物柴油由于含氧，能够显著改善柴油机排放中的颗粒物、HC、CO 等。同时，生物柴油能够改善缸内摩擦副之间的润滑性，降低磨损。但生物柴油也存在着很大不足，生物柴油较高的凝点，使得生物柴油在低温条件下极易结晶，容易堵塞喷油管，影响使用。此外，生物柴油大量应用时，还需要面临产能低的问题。

（2）醇类燃料

醇类为含氧燃料，具有原料丰富、含氧量高等优点受到广泛关注。表 1-4 列出了柴油和不同碳链长度醇类燃料理化性质对比，与柴油相比，醇类燃料十六烷值低、热值低、含氧量高、汽化潜热值高、燃烧速度快，但随着醇类燃料中碳链增长，其性质越来越接近柴油。

表 1-4 柴油与醇类燃料理化特性对比

名称	柴油	甲醇	乙醇	丁醇
分子式	C_xH_y	CH_3OH	C_2H_5OH	$C_4H_{10}O$
分子量	180～200	32.04	46.07	74.12
密度(20℃)/(kg/m^3)	800～860	796	790	810
碳含量/%	86.57	37.5	52	65
氢含量/%	13.43	12.5	13	13.5
氧含量/%	0	50	35	21.5
H/C 比	1.86	3	3	2.5
平均沸点/℃	180～360	64.6	78	117.7
化学计量空燃比	14.6	6.5	9	11.2
运动黏度/(10^4Pa·s)	5.35～6.28	0.6	1.2	3.64
着火温度/℃	250	500	420	343
十六烷值	40～55	3	8	12
汽化潜热/(kJ/kg)	251～270	1100	862	750
闪点/℃	45～65	11	13～14	35～37
冷凝点/℃	−50～5	−97.8	−114	−89.5
低热值/(kJ/kg)	42500	20260	27000	35100

从 20 世纪 70 年代开始，国际石油危机促使各国积极寻找石油的替代燃料，美国、日本、德国、加拿大、法国、瑞典等国家积极进行了甲醇燃料汽车的开发与应用。瑞典在 1980 年便率先对 1000 辆汽车开展了燃用含 15% 甲醇（M15）的燃料试验的相关研究，此后，美国、日本、巴西等国家也相继推出政策，鼓励甲醇的使用。我国由于具有相对丰富的煤矿资源，煤制甲醇成本低廉，从 20 世纪 90 年代起对内燃机上使用甲醇开展了大量研究。2009 年我国颁布了《车用燃料甲醇》和《车用甲醇汽油（M85)》等国家标准，并进一步发布了《国务院办公厅关于加强内燃机工业节能减排的意见》，指导甲醇的推广使用。近些年来，随着研究深入，我国也相继开展了高碳醇相关研究。

针对甲醇燃烧与排放特性，研究表明柴油中加入甲醇后，着火延迟期增长，最大放热率提升，热效率提高，柴油机满负荷功率升高，等效燃油消耗率在高负荷条件下增加，PM 和 NO_x 排放改善，但 HC 和 CO 有所提升，在大功率高负荷条件下采用甲醇/柴油混合燃料最优。20世纪90年代后，考虑到甲醇的排放、腐蚀性以及天然气制甲醇成本高等问题，甲醇发展缓慢，一部分研究人员转向乙醇的相关研究。但乙醇存在十六烷值低、着火性差、润滑性差、难以和柴油相溶等不足，限制了乙醇在柴油机上的使用。针对该问题，一些研究机构开展了碳链较长的高碳醇相关研究。低碳醇氧含量高、易蒸发雾化，燃烧速度快但着火和互溶性差，高碳醇改善了着火特性，但热效率不如低碳醇。

（3）醚类燃料

醚类是醇或酚的羟基中的氢被烃基取代的产物，通式为R—O—R′，醚类可以从煤、天然气和生物燃料中制取。与醇类和酯类含氧燃料相比，醚类含氧燃料的氧分子位于主链中间，这种结构相比位于支链或主链末端的醇和酯类，可以更有效避免其连接的碳原子参与炭烟生成过程，因此燃烧更加清洁。醚类含氧燃料种类繁多，常见的有二甲醚（DME）、聚甲氧基二甲醚（PODE）等。

二甲醚（dimethyl ether，DME）被称为第二代生物燃料，它是一种高十六烷值燃料，可以通过生物质转化为甲醇，再通过脱水反应生成，也可以由煤炭、天然气等催化转化制取。研究发现二甲醚是一种性能十分优异的超清洁燃料，二甲醚不仅能够实现柴油机炭烟的零排放，有效降低柴油机中的氮氧化物，而且能够有效提升柴油机燃烧热效率。然而，二甲醚常温下呈气态，应用在柴油机上还存在一定问题：DME沸点低，常温条件下呈气态，容易在供油系统中形成气阻，低压油路就必须加压，此外DME应用时还面临着喷油器磨损、密封性下降等问题。

聚甲氧基二甲醚（polyoxymethylene dimethyl ethers，PODE）克服了二甲醚这些不足，具有替代传统柴油的巨大潜力。PODE是一种新型高十六烷值高含氧量替代燃料，简式为$CH_3O(CH_2O)_nCH_3$（$1\leqslant n\leqslant 10$），由分子式可以看出PODE由碳原子和氧原子交替连接组成链式结构，具有极高的氧含量。当$n=0$时，其为二甲醚；当$n=1$时为二甲氧基甲烷（dimethoxy methane，DMM），也称为甲缩醛；当$n\geqslant 6$时，熔点过高，且容易在低温条件下从柴油中析出，容易堵塞油路。$PODE_{3\sim5}$以及混合物能够溶于柴油，且有着比柴油更优异的理化性质，是较为理想的柴油添加成分。PODE可由煤基原料制取，蒸发性好，作为柴油机燃料无需对燃油喷射系统改动。2003年，PODE首次以国际专利的形式出现在意大利埃尼集团，该公司研究发现PODE优异的理化性质能够有效减少柴油机炭烟排放。

近年来我国对PODE在柴油机上的应用也高度重视，聚甲氧基二甲醚调和柴油（P10）和柴油合成调和组分聚甲氧基二甲醚相关的国家标准为行业确立了执行标准。山东辰信新能源公司通过在甲醇中添加催化剂的方式成功合成了PODE，并在此技术上建成了全球第一套万吨级 $PODE_{3\sim8}$ 装置。

图 1-2 为含氧替代燃料的理化性质对比图。由图可以看出，醇类氧含量较高，沸点低，但十六烷值较低，不易着火；酯类沸点较高，十六烷值介于醇类和醚类之间，但氧含量较低，不足 20%，且酯类黏度较高，其供应受季节性影响较大；而 PODE 有着较高的含氧量和较高的十六烷值以及适当的沸点，是较为理想的柴油添加成分。

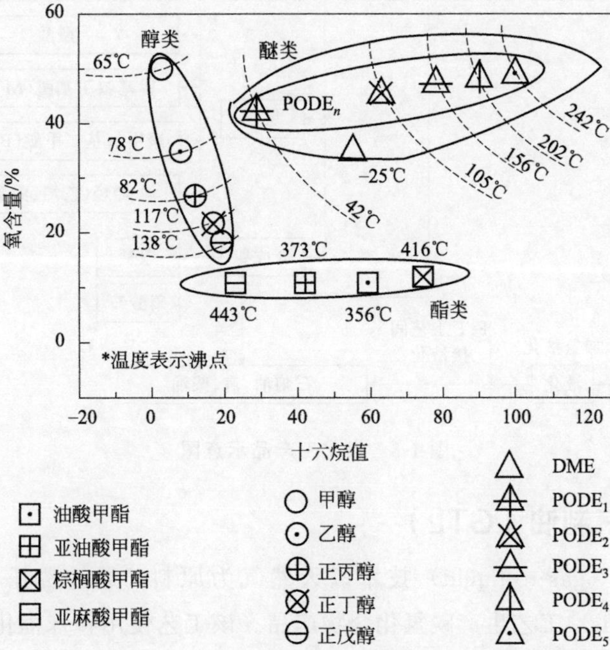

图 1-2 不同含氧燃料理化性质对比图

我国能源结构属于典型的“多煤少油缺气”，其中煤炭占据了 44.8% 的能源储备，石油占据了 23.4%。我国自 1993 年成为石油进口国后，每年石油进口量只增不减。面临煤炭资源过剩，石油资源短缺的困境，国务院发布的“十三五”节能减排综合工作方案着重提出加强煤炭安全绿色开发和清洁高效利用，推进煤炭能源结构转型。

由煤化工产品示意图（图 1-3）可以看出，煤可以气化合成甲醇而后合成 PODE，也可以通过焦化生产甲醇并合成 PODE。PODE 是国际能源机构（IEA）2002 年推荐的“醇醚含氧柴油燃料”之一，结合我国能源结构与当前国家战略，将 PODE 与柴油掺混应用在柴油机上会具有较为宽广的前景，对促进煤能源结构转化，缓解煤和甲醇的产能过剩有重要的价值与意义。

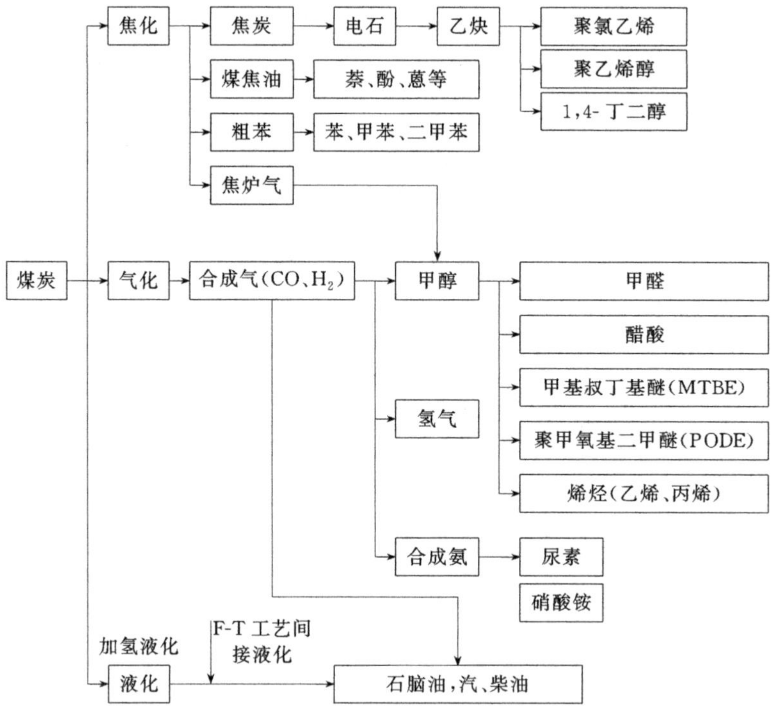

图 1-3 煤化工产品示意图

1.2.3 天然气制油（GTL）

天然气制油（gas-to-liquid）技术以天然气为原料，通过费托合成（Fischer-Tropsch Synthesis）工艺生产碳氢化合物产品。该工艺使用特殊催化剂将天然气转化为合成气，最后转化为碳氢化合物。通过这一工艺可以生产并分离出各种高质量的产品，如基础油、煤油、石脑油、普通烷烃和石蜡。其中非常重要的产品之一是GTL燃料，它是一种比标准柴油燃烧更清洁、污染物排放更低的替代燃料。随着世界交通运输行业向低碳排放方向转型，GTL燃料将与传统柴油、生物柴油、液化天然气、电能、氢能等能源一起，共同成为未来燃料组合中的一部分。

车辆使用GTL燃料，能够减少污染物（NO_x、PM、CO和未燃烧的THC）排放。表1-5为使用GTL燃料时的减排效果。

表 1-5 使用 GTL 燃料时的减排效果

市场领域	应用示例	NO_x 减排效果/%	PM 减排效果/%
重型道路运输	公交、城市多功能车、运输卡车	5～37	10～38
非道路应用	起重机、挖掘机、发电机	6～25	10～90
船用	近海船、内河驳船、游船	6～13	15～60

与大多数替代燃料相比，GTL 燃料更易于推广使用，它可直接用于现有的重型和轻型柴油发动机，且无需进行发动机改造，也不需要投资建设新的基础设施。虽然一些 GTL 产品被销售给炼油厂用于调和传统柴油使用，但将 GTL 产品作为纯燃料使用，才能最大程度发挥其在低污染物排放方面的巨大优势。

1.2.4 电转液（PTL）燃料

电转液（power-to-liquid，PTL）燃料合成技术已发展成为广泛讨论的未来燃料合成技术。PTL 是一种基于电能、水和二氧化碳生产液态碳氢化合物的方法。PTL 燃料也是一种可用于内燃机的替代燃料，在过去几年中，它引起了人们的极大兴趣。PTL 燃料通常有两种合成途径：费托合成法和甲醇合成法。虽然费托合成法能生产一系列烷烃类产品，但甲醇合成法具有更高的产品选择性，其中间产品仅为甲醇。图 1-4 为电转液燃料生产路线图。

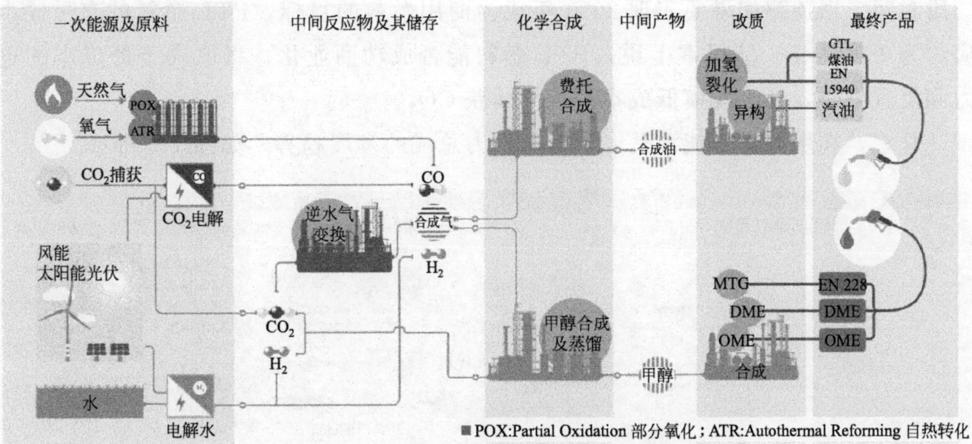

图 1-4 电转液（PTL）燃料生产路线图

作为液体燃料，PTL 燃料具有高能量密度、良好的可存储性、易于操作等诸多优点，且 PTL 燃料可以使用现有的燃料供应链体系中的基础设施。然而，要成为未来交通运输燃料的重要组成部分，PTL 燃料依然面临着巨大的技术经济挑战。图 1-5 为模拟 2030 年 PTL 工厂平均生产 1L 的 PTL 燃料（正癸烷）所需的平均能量和原料。生产 1L 的 PTL 燃料需要约 82～99MJ 的高额电力，将如此大量的电力直接用于纯电动车更为经济。因此，为了满足生产 PTL 燃料的可持续性，生产过程中所使用的电力必须来自可再生能源。此外，生产 1L 的 PTL 燃料所需的 2.9～3.6kg CO_2 如要从空气中捕获，需要建设大型碳捕集及利用设施，且需将其与化学加工设施集成。

目前，PTL 燃料技术仍处于前期起步阶段，相关技术需要进一步降低成本，并

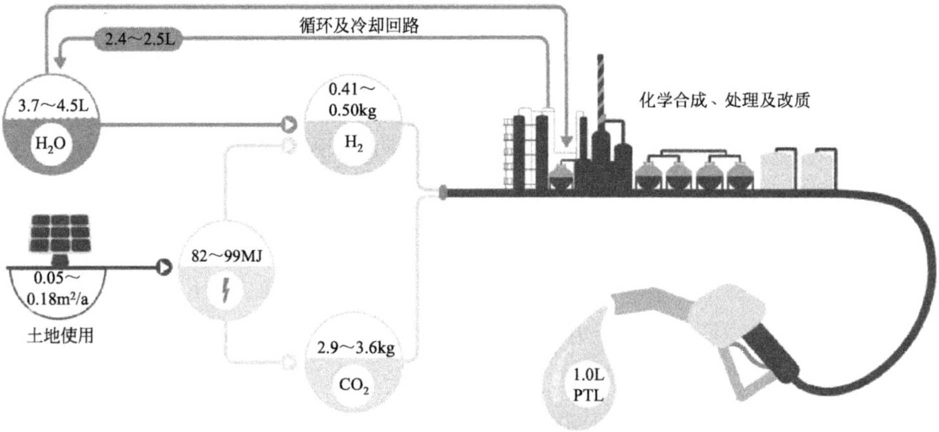

图 1-5　电转液（PTL）燃料生产所需资源

且在技术集成方面进行大量研发工作。从早期市场开发转向实质性量产，预计仍需一段时间。据预测如果要实现 2050 年成为商用燃料的目标，PTL 燃料的交付成本应约为 1 美元/L。从根本上说，PTL 燃料能否成功商业化，将取决于低成本的电力和氢气供给，及大规模低成本的大气捕获 CO_2。

总之，利用可再生能源是未来车用动力总成的发展趋势，如图 1-6 所示。

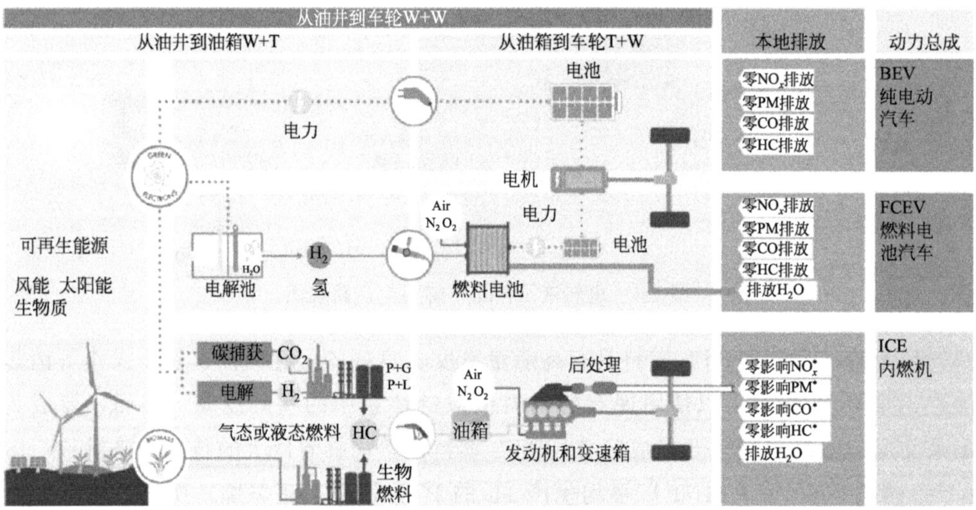

图 1-6　未来车辆动力总成

参考文献

[1]　GB 19147—2016. 车用柴油[S]. 北京：中华人民共和国国家质量监督检验检疫总局，2016.

[2]　李跃，胡龙刚，王旭东，等．车用柴油的变化及其发展方向[EB/OL]. https://www.doc88.com/p-

4764132163011. html.

[3] 司云航，朱玉琴，邹蓉梅，等．我国车用柴油标准现状及发展趋势[J]. 石油与天然气化工，2014:82-86.

[4] 贾恬，郑彬，Warnecke W，等．壳牌对未来车用能源多元化发展趋势的思考[J]. 汽车安全与节能学报，2020，11(1)：17-35.

[5] Paris Agreement. UNFCCC[M]. Paris：UN，2015.

[6] YUE X，WU Y，HUANG X，et al. Impact of gasoline engine deposits on light duty vehicle emissions：In-use case study in Beijing，China [J]. Front Environ SciEng，2012，6：717-724.

[7] Warnecke W，Adolf J，Balzer C H，et al. The road to sustainable fuels for zero emissions mobility：Status of and perspectives for power-to-liquids fuels[C]. 39th Int'l Vienna Motor Symp，2018.

[8] Thiel C，Schmidt J，Zyl A V，et al. Cost and well-to-wheel implications of the vehicle fleet CO_2 emission regulation in the European Union [J]. Transport Res Part A：Policy and Practice，2014，63：25-42.

[9] 翟国华．清洁柴油的高能效化发展方向[J]. 中外能源，2019，24(3)：79-83.

[10] Kalam M A，Husnawan M. Exhaust emission and combustion evaluation of coconut oil-powered indirect injection diesel engine[J]. Renewable Energy，2003，28：2405-2415.

[11] Rakopoulos C D，Antonopoulos K A，Rakopoulo D C，et al. Multi-zone modeling of Diesel engine fuel spray development with vegetable oil，bio-diesel or Diesel fuels[J]. Energy Conversion and Managemen，2006，47：1550-1573.

[12] GB/T 23510—2009. 车用燃料甲醇[S]. 北京：中国国家标准化管理委员会，2009.

[13] GB/T 23799—2009. 车用甲醇汽油[S]. 北京：中国国家标准化管理委员会，2009.

[14] Song R，Liu J，Wang L，et al. Performance and Emissions of a Diesel Engine Fuelled with Methanol[J]. Energy&Fuels，2008，22：3883-3888.

[15] Wang Z，Liu H，Zhang J，et al. Performance，combustion and emission characteristics of a diesel engine fueled with polyoxymethylene dimethyl ethers ($PODE_{3\sim4}$)/diesel blends [J]. Energy Procedia，2015，75：2337-2344.

[16] Pellegrini L，Patrini R，Marchionna M，et al. Effect of POMDME Blend on PAH Emissions and Particulate Size Distribution from an In-Use Light-Duty Diesel Engine[C]. Sae Technical Papers，2014.

[17] Liu H，Wang X，Wu Y，et al. Effect of diesel/PODE/ethanol blends on combustion and emissions of a heavy duty diesel engine[J]. Fuel，2019，257：1-11.

[18] 刘超峰，付汉卿，刘应凡，等．全球首套万吨级新型柴油添加剂聚甲醛二甲醚装置投产[J]. 天然气化工，2013，4：41.

[19] Zheng YY，Tang Q，Wang T F，et al. Synthesis of a green diesel fuel additive over cation resins[J]. Chem Eng Tech，2013，36：1951-1956.

[20] 王志，刘浩业，张俊，等．聚甲氧基二甲醚与柴油混合燃料的燃烧与排放特性[J]. 汽车安全与节能学报，2015，6(02)：191-197.

第2章 甲醇替代燃料

2005年，诺贝尔奖获得者George Olah在《跨越油气时代：甲醇经济》中指出甲醇能够在大多数能源供给系统中使用，主张在内燃机上使用甲醇作为替代燃料，解决能源危机问题。我国从20世纪90年代起对甲醇在内燃机上使用进行了大量的研究，工信部（中华人民共和国工业和信息化部）为鼓励和推广甲醇柴油双燃料汽车，于2012年1月31日发文，把陕西、山西和上海规划为重点展开甲醇汽车试点的城市，为双燃料发动机研发和使用提供了更好的机遇和更广的平台。2013年2月，国务院办公厅发布的《国务院办公厅关于加强内燃机工业节能减排的意见》，将甲醇作为大力推广的替代燃料之一。2019年3月19日，工信部、国家发改委等八部委联合发布了《关于在部分地区开展甲醇汽车应用的指导意见》，提出将加快完善甲醇汽车产业政策、技术标准，推动产业合理布局，加快甲醇汽车制造体系建设，促进甲醇汽车制造、销售与甲醇燃料生产、输配、加注协同发展，提高市场应用水平。2020年11月10日，生态环境部发布《甲醇燃料汽车非常规污染物排放测量方法》，2020年12月15日，工信部发布《关于调整甲醇汽车产品准入相关要求的通知》，这标志着甲醇汽车的全面市场化提上了日程。

本章主要分析甲醇燃料理化性质、甲醇燃料合成方法、甲醇燃料在柴油机上的应用方式、甲醇/柴油二元燃料燃烧与排放特性、重型甲醇发动机及重型甲醇卡车。

2.1 甲醇燃料理化性质

甲醇（CH_3OH）是结构最为简单的饱和一元醇，是一种无色、有酒精气味、易挥发、易燃、透明的液体，是重要的化学工业基础原料和液态燃料。作为车用燃料，甲醇具有辛烷值高、含氧量高、调和性较好、水溶性强等特点。由于甲醇分子仅含有一个碳原子，且自身含氧较多，燃烧时需要空气量少，与汽油、柴油相比，甲醇完全燃烧时需要的理论空气量不到它们的一半，因此甲醇燃烧速度快，燃烧时无烟无焰，一般不会产生颗粒。对于重型柴油车来说，使用甲醇作为燃料，在清洁排放方面有很大的优势。甲醇与柴油的理化性质比较见表 2-1。

表 2-1　甲醇与柴油的理化性质比较

性质	甲醇	柴油
化学式	CH_3OH	C16～C23 的烃类化合物
分子量	32.04	180～200
含碳量/%	37.5	86～88
含氢量/%	12.5	12～13.5
含氧量/%	50	0～0.15
C 与 H 原子量比	3.0	6.4～7.2
密度(20℃)/(kg/L)	0.796	0.82～0.86
冰点/℃	−97.8	−4～−1
沸点/℃	64.6	180～370
闪点/℃	11	55
自燃温度/℃	450	270～350
比热容(20℃)/[kJ/(kg·K)]	2.55	1.9
动力黏度(20℃)/(mPa·s)	0.6	3.0～8.0
汽化潜热/(kJ/kg)	1100	270
电导率(20℃)/(S/m)	4.4×10^{-5}	1×10^{-13}
水中溶解度/(mg/L)	互溶	不溶
着火界限(体积分数)/%	6.7～36.5	1.5～8.2
低热值/(kJ/kg)	20260	42500
十六烷值(CN)	3	45～55
理论空燃比/(kg 空气/kg 燃料)	6.5	14.6
理论混合气热值/(kJ/kg)	2650	2790
理论混合气燃烧分子变化系数	1.21	1.065

由表 2-1 可以看出，甲醇的理化特性与柴油差异较大，主要表现在氧含量、汽化潜热、十六烷值、低热值和运动黏度等方面。

① 含氧量高：甲醇含氧量高达 50%，并且分子中只含有一个 C 原子，没有 C—C 键，甲醇完全燃烧所需的空气量少；甲醇的燃烧热值比柴油低，但空气理论混合气的热值与柴油基本一致，因此发动机燃用甲醇替代燃料时，只要对供油量进行调整是不会影响发动机的功率输出的。

② 冰点低、着火界限宽：甲醇的冰点比柴油低，即使在温度很低的严寒地带使用，也无凝固的可能。甲醇的着火界限为 6.7%～36.5%，大于柴油的 1.5%～

8.2%，因此甲醇能够在较宽的混合气浓度范围内工作。

③ 黏度低：甲醇的黏度比柴油小得多，因此需考虑对柴油喷油泵和喷油嘴的润滑性的影响。

黏度是衡量流体内部摩擦阻力大小的指标，会影响柴油机燃料供给系统的润滑性，也会影响燃料在缸内的雾化过程。燃料的黏度过高或过低，都不利于柴油机供油系统的有效工作。燃料黏度过高，供油系统零部件的运动阻力和机械损失增加；燃料黏度过低，零部件的磨损加速，也不利于油滴破碎，燃料的雾化质量下降。甲醇的黏度很低，仅为柴油的 1/6 左右。随着甲醇掺混比的增加，甲醇/柴油混合燃料的黏度降低，燃料供给系统运动零部件的磨损加剧，从而影响柴油机的可靠性和耐久性。

④ 汽化潜热高：甲醇的汽化潜热是柴油的 3.76～4.32 倍，高的汽化潜热将导致混合气形成困难和柴油发动机起动困难，但有利于降低进气温度和提高充气效率；同时，由于甲醇的汽化潜热大，可以改善燃烧后柴油发动机的内部冷却，改善柴油发动机的动力性，降低排气温度。然而，由于甲醇的汽化潜热约为柴油的 4 倍，在缸内蒸发和扩散的过程中需要吸收更多的热量，因此石化燃料与甲醇掺混，会延长滞燃期，推迟燃料的高、低温放热反应，在环境温度较低的情况下，甲醇燃料的蒸发量不够，可燃混合气浓度达不到着火的极限，导致柴油机冷起动困难。

⑤ 十六烷值低：甲醇的十六烷值比柴油低得多，自燃温度比柴油高，所以甲醇的自身着火能力差，因此必须在甲醇中加入添加剂来提高甲醇的十六烷值，以达到直接压燃着火的目的。

⑥ 闪点和沸点低：甲醇的闪点和沸点都低于柴油，所以甲醇作为柴油车用燃料有着很高的安全使用性。

⑦ 低热值低：甲醇的低热值低于柴油，不到柴油的 1/2。因此，当循环供油量不变时，随着甲醇掺混比的增加，柴油机的油耗上升、功率和扭矩降低。为了保证柴油机的输出功率，采用乳化液法时，需要加大循环供油量，但一般不超过 40%。

我国 GB/T 23510—2009《车用燃料甲醇》国家标准规定车用燃料甲醇应符合表 2-2 所示的技术要求。

表 2-2 GB/T 23510—2009《车用燃料甲醇》的技术要求

项目	指标
外观	无色透明液体，无可见杂质
密度(ρ_{20})/(g/cm^3)	0.791～0.793
沸程(0℃,101.3kPa,在 64.0～65.5℃范围内,包括 64.6℃±0.1℃)/℃	≤1.0
水的质量分数%	≤0.15

续表

项目	指标
酸(以 HCOOH 计)的质量分数/%	≤0.003
或碱(以 NH_3)计)的质量分数/%	≤0.0008
无机氯含量/(mg/L)	≤1
钠含量/(mg/kg)	≤2
蒸发残渣的质量分数/%	0.003

2.2 甲醇燃料合成方法

生产甲醇的原料很多，重油、石脑油、焦炉气、天然气、煤炭等都可以作为生产原料。国外很多地区，如中东、北美、非洲等多以天然气为原料生产甲醇，而我国则以煤炭和焦炉气为主。在我国甲醇的生产原料中，大约70%是煤炭，17%是焦炉气，其余是天然气。但无论采用何种生产途径，最终都是以 H_2 和 CO 为原料来合成甲醇，主要包括合成气的制备、净化与压缩、甲醇合成以及甲醇精制等部分。

2.2.1 合成气的制备

(1) 合成气制备要求

不同原料合成气的制备工艺有很大的差异，但最终的合成气需满足合理的碳氢比例、合适的CO和 CO_2 比例以及有害杂质的清除要求，才能保证进一步合成甲醇工序的稳定运行。

① 合理的氢碳比例　甲醇合成的化学计量式为：

$$CO+2H_2 \longrightarrow CH_3OH \tag{2-1}$$

$$CO_2+3H_2 \longrightarrow CH_3OH+H_2O \tag{2-2}$$

由反应式(2-1) 和式(2-2) 可知，H_2 与 CO 合成甲醇的化学当量比是 2，与 CO_2 合成甲醇的化学当量比是 3。当 CO 和 CO_2 同时存在时，H_2 与 CO 和 CO_2 的总当量比应分别满足式(2-3) 和式(2-4) 的要求。

$$\varphi_1=\frac{H_2}{CO+1.5CO_2} \tag{2-3}$$

$$\varphi_2=\frac{H_2-CO_2}{CO+CO_2} \tag{2-4}$$

而实际生产过程中控制的合理氢碳比例一般要比化学当量比略高些，即$\varphi_1=2.10\sim2.15$ 或$\varphi_2=2.05\sim2.10$。过量的 H_2 有利于减少羰基铁和高碳醇的生成，也有利于将甲醇合成产生的大量热量带走，在提高催化剂选择性的同时延长其使用寿命。

② 合适的 CO 和 CO_2 比例　合成甲醇的合成气中应保持一定量的 CO_2。实践表明，一定量的 CO_2 能促进铜基催化剂上甲醇的合成反应速率，适量的二氧化碳可使催化剂呈现高活性。此外，CO_2 的存在可使甲醇合成的热效应比无 CO_2 时的小，催化剂温度易于控制，这对防止生产过程中催化剂超温及延长催化剂使用寿命有利。但是 CO_2 含量过高会造成粗甲醇中含水量增多，增加气体压缩与纯甲醇精馏的能耗。CO_2 的最佳含量应根据甲醇合成所用的催化剂和甲醇合成温度做相应的调整。

③ 有害杂质的清除　甲醇合成催化剂对合成气的成分要求较高，不但要有合适的氢碳比和 CO_2 含量，而且对其中的杂质含量要求也很高，否则，会缩短催化剂的寿命，降低粗甲醇的质量。因此，对合成气必须经过净化处理，清除其中所含的硫化物、油、水、尘粒、羰基铁以及氯化物等。

（2）用天然气制备合成气

用天然气制备合成气的方法主要有甲烷水蒸气重整法、甲烷部分氧化法、自热重整以及水蒸气重整与部分氧化结合法、CO_2 重整合成法等。

甲烷水蒸气重整法是指甲烷在镍基催化剂作用和高温高压条件下（800～1000℃、20～30atm[1]）和水蒸气反应生成 CO 和 H_2。

甲烷部分氧化法是指甲烷与不足量的氧气在高温（800～1000℃）条件下发生的放热反应。反应通常产生 H_2 和 CO 的比例为 2 的合成气，此比例是合成甲醇的理想比例。

自热重整以及水蒸气重整与部分氧化结合法是指把放热的部分氧化反应和吸热的水蒸气重整反应联合起来，得到一个总体上热力平衡的反应，同时获得适合甲烷合成的合成气。通过甲烷与水蒸气和氧气的混合物反应，部分氧化反应和水蒸气重整反应可以在同一反应器里同时进行，降低了成本和系统的复杂性。

CO_2 重整合成法是指通过 CO_2 与甲烷或天然气反应来生产合成气。

（3）用石油和高碳烃制备合成气

液化石油气及石油炼制中产生的其他不同馏分（尤其是石脑油）也可用来制备合成气，并进一步生产合成氨、甲醇和高碳醇（丙醇、丁醇等）。原油、重油、焦油和沥青都可以转化为合成气，所用的方法与用天然气制备合成气的方法相似。

（4）用煤制备合成气

由于我国巨大的煤炭储量，煤在中国仍然广泛用于甲醇和氨的生产，煤通过气化可以生产合成气。不同的煤炭气化已被开发和商业化多年，对于特定设计的选择主要取决于所用煤炭的特点：褐煤、次烟煤、无烟煤和石墨有着不同的水分含量、

[1] 1atm（标准大气压）＝101325Pa。

灰分含量以及杂质含量等。由于煤的氢碳比低，得到的合成气富含碳的氧化物（CO 和 CO_2）但缺乏氢气，因此在被输送到甲醇生产装置之前，合成气须进行水煤气反应，以提高生产的氢气量。

2.2.2 合成气的净化

采用各种方法制备的合成气，除了有用成分外，还含有其他的一些有害杂质，如灰尘、硫化物和氯化物等。煤气中的灰尘颗粒直径如大于 20μm，极易沉积堵塞后续设备及管道，而硫化物及氯化物等气态杂质不但会腐蚀设备及管道，而且对甲醇合成催化剂的毒性非常大。因此，合成气需进行净化处理，净化过程主要包括除尘、脱硫、脱氯等。

除尘是指除去煤气化所制备的粗合成气中的固体颗粒。

脱硫是脱除合成气中的硫杂质。硫杂质对铜基催化剂有明显的毒害作用，可缩短其使用寿命，因此需进行脱硫处理。

脱氯是脱除合成气中的氯杂质。氯原子具有电子亲和力强的未成键孤对电子，易与金属原子反应，造成催化剂的永久中毒。氯原子还具有很高的迁移性，常随工艺气向下游迁移，造成永久性的催化剂中毒。对于工业生产甲醇铜基催化剂，氯的危害比硫的毒害约大 10 倍。因此，虽然合成气中的氯含量没有硫的含量高，但是其对催化剂的危害更大，必须脱除。合成气中脱氯的有效办法是使用脱氯剂进行干法脱氯。脱氯剂的主要成分为碱性氧化物，如 CaO、ZnO 及 NaO 等。

合成气的净化还包括调节合成气的组成，使氢碳比例达到前述甲醇合成的比例要求。若合成气中 CO 含量过高，可采取蒸汽部分变换法脱除，以增加 H_2；若是 CO_2 多余，则采用溶液吸收法脱除。

2.2.3 甲醇的合成和粗甲醇的精馏

甲醇的合成就是将净化的合成气在一定的压力和温度下合成粗甲醇的过程。甲醇合成工艺流程示意图如图 2-1 所示。

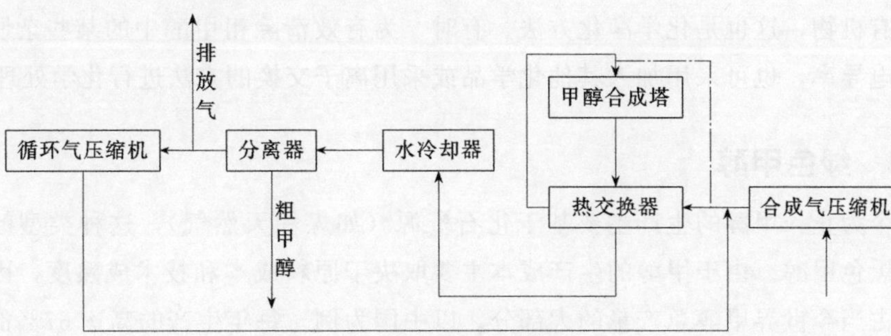

图 2-1　甲醇合成工艺流程示意图

由合成气压缩机压缩到所需合成压力的合成气与从循环气压缩机来的循环气混合后分两路，一路为主线，进入热交换器，将混合气预热到催化剂活性温度，进入甲醇合成塔；另一路为副线，不经过热交换器而直接进入甲醇合成塔，以调节进入催化剂层的温度。经反应后的高温气体进入热交换器与冷合成气换热后，进一步在水冷却器中冷却，然后在分离器中分离出液态粗甲醇，送精馏工序提纯制备精甲醇。分离出水和甲醇后的气体小部分放空，大部分进入循环气压缩机增压后返回系统，重新利用未反应的气体。

粗甲醇是由甲醇合成塔形成的甲醇、水以及高级醇、醛、醚、酮、酸和烃等有机物组成的混合溶液。这主要是由于受到催化剂的选择性以及合成条件（如压力、温度、合成气的组成等）的影响，致使发生一些副反应造成的。粗甲醇必须经过精制除去其中所含的水以及其他有害杂质才可以应用，工业上精制粗甲醇大致分为物理和化学两种方法。

物理方法是精制粗甲醇的主要方法，是利用粗甲醇中的有机杂质、水和甲醇各组分的挥发度不同，通过蒸馏将它们分离的方法。粗甲醇含多元组分，但其有机物杂质一般不超过0.5%～6.0%，其中关键组分是甲醇和水，其他杂质根据各自沸点分为轻组分和重组分，而精制的最终目的是将甲醇与水有效分离，并在蒸馏塔相应的顶部和下部分离轻组分和重组分，轻、重组分一般不再做进一步分离，这就简化了精馏过程。

如果采用蒸馏的方法不能将其杂质降低至精甲醇所要求的指标，则需采用化学净化的方法破坏掉这些杂质。如粗甲醇中的还原性杂质，虽采取萃取蒸馏的方法可以去除大部分，但残留在甲醇中的部分仍将影响其高锰酸钾值，若继续采用蒸馏的方法，势必导致精馏设备的复杂性并增加甲醇损失与能耗。为了保证精甲醇的稳定性，一般要求其中还原性杂质降至4×10^{-5}g/g以下。因此，当粗甲醇中还原性杂质较多时，还需借助于化学氧化方法处理。氧化方法一般采用高锰酸钾进行，将还原性物质氧化成CO逸出，或生成酸并结合成钾盐与高锰酸钾泥渣一同滤去。

为降低精制过程中的腐蚀性，粗甲醇在进入精制设备前，要加入氢氧化钠中和其中的有机物，这也是化学净化方法。有时，为有效清除粗甲醇中的某些杂质，或降低其电导率，也可采用加入其他化学品或采用离子交换的方法进行化学处理。

2.2.4 绿色甲醇

迄今为止，甲醇的生产主要基于化石资源（如煤和天然气），这种类型的甲醇被称为黑色甲醇。由于甲醇的生产成本主要取决于原料成本和技术成熟度，因此黑色甲醇占当今世界甲醇总产量的大部分。以中国为例，每年生产的高达67%的甲醇来自煤。对于像中国这样“富煤、贫油、少气”的国家来说，使用煤作为甲醇生产的主要原料具有较高的经济性。但是，黑色甲醇的生产路线并不可持续。为减少煤和其他化石燃料的消耗，使用可再生原料生产甲醇的转型之路势在必行。

随着全球对碳排放问题的日益关注，人们正将注意力转向生产来源广泛的替代燃料——甲醇。甲醇可以用丰富的原料进行生产，例如生物合成气、农业和木材废料、城市固体垃圾以及二氧化碳废气。这种类型的甲醇被称为可再生甲醇或绿色甲醇。从“矿井到车轮”的角度来看，绿色甲醇从生产到消耗的过程可以实现碳中性和闭合碳循环。可再生甲醇燃料的使用可减少多达95%的二氧化碳排放。此外，结合先进的燃料电池技术，以可再生甲醇作为燃料，甚至可以完全消除氮氧化物、硫氧化物和颗粒物的排放。减少二氧化碳排放对于应对气候变化至关重要，而消除颗粒物将减少空气污染，从而改善公众健康。

绿色甲醇（eMethanol）可以由来源丰富的可再生原料生产，包括多种可持续生物质，比如木材、木材废料、草、农作物、动物粪便、水生植物、城市固体垃圾等；或者将二氧化碳与由可再生电力生产的氢相结合来生产。二氧化碳被捕获并存储在eMethanol燃料当中，然后在其燃烧时释放出来，回收过程中产生的废弃 CO_2 又可以用作可再生燃料来替代化石燃料，进而防止新的 CO_2 排放，因此eMethanol是一种碳中性燃料。

氢是一种非常好的能源载体，其与 CO_2 结合在一起之后会呈现液态形式，使得能源存储、运输和使用更为简易便捷，并且更具成本效益。更令人惊喜的是，相比液化、浓缩氢，eMethanol实际上具有更高的氢含量。eMethanol具有以下多种优点：

◆ 碳中性；

◆ 非化石燃料；

◆ 燃烧后不会排放硫氧化物；

◆ 燃烧后的氮氧化物排放量低；

◆ 燃烧后不会排放颗粒物；

◆ 以液态形式存在，易于存储、运输和使用；

◆ 可以作为燃料储备长期存储，不会降解；

◆ 毒性低；

◆ 可溶于水，且溶解速度非常快；

◆ 具备大量生产的潜力，能够满足日益增长的需求。

中国已经迈出了向绿色甲醇转型的工业化生产第一步。2020年1月17日，全球第一个规模化太阳燃料合成示范项目在中国兰州正式投入运营。该项目由太阳能光伏发电、电解水制氢、二氧化碳加氢合成甲醇三大系统单元构成，总投资约1.41亿元。将二氧化碳捕集和可再生能源相结合生产绿色液体燃料是一个革命性的进步，这代表着中国利用可再生能源大规模生产绿色甲醇的发展开端。

2020 年 3 月，瑞典循环碳能源公司 Liquid Wind 携手瑞士可再生能源生产商和能源交易商 Axpo、丹麦国际咨询公司 COWI、能源技术公司 Carbon Clean Solutions、催化和表面科学领域的 Haldor Topsoe、挪威氢能源公司 Nel Hydrogen 以及西门子（Siemens）等企业组成了一个联盟，联合启动了一项名为 Power-to-Fuel 的替代燃料开发项目。该项目称将生产出液态、碳中性的绿色甲醇燃料（eMethanol），目前已获得欧洲创新与技术学院可持续能源研究所（EIT InnoEnergy）170 万欧元的投资。该联盟已在瑞典建立了第一个绿色燃料生产设施，预计将从 2023 年开始向市场供应绿色甲醇。每个生产设施每年可捕获 7 万吨 CO_2，生产 4.5 万吨碳中性燃料，可减少约 9 万吨 CO_2 排放。联盟计划到 2030 年在斯堪的纳维亚半岛开发 6 个燃料生产设施，之后在全球推广。

2.3 甲醇燃料在柴油机上的应用方式

与柴油的物理化学性质相比，甲醇燃料的十六烷值低、自燃温度高、汽化潜热大、黏度低、润滑性差、难与柴油相溶，不能简单地使用现有的供油设备在柴油机上掺烧或使用纯甲醇燃料。因此常常借助高十六烷值燃料，比如柴油、二甲醚，通过乳化法和预混法使甲醇在柴油机上得以应用。

2.3.1 乳化法

20 世纪 90 年代国内外学者开始研究甲醇-柴油乳化燃料。甲醇-柴油乳化燃料是通过添加乳化剂的方式在机械力的作用下使甲醇以分散相的形式分散在柴油中，形成一种多相体系的油包水型溶液。柴油-甲醇乳化燃料是油包水型乳化液，即柴油包甲醇。由于甲醇的沸点远低于柴油，当汽缸内温度急剧上升时，处于乳化液内侧的甲醇先达到沸点，先汽化后膨胀，当内部压力超过油表面及环境压力之和时，甲醇摆脱柴油的包围，冲破压力爆炸，即产生“微爆”效应。“微爆”后的柴油液滴更小，燃烧更充分，从而达到节能效果。

这种应用方式不需要对柴油机做任何改动，在世界范围内得到广泛使用，炭烟排放得到有效控制。乳化法在带来便利的同时也存在以下问题：使用中间极性的高碳醇和酯作为乳化剂易吸水，容易造成分层，久置的油品更容易分层；乳化剂的价格一般高于柴油，使用成本较高；甲醇的掺混比例受限，使用乳化法，其体积比例一般低于 20%；柴油/甲醇掺混比固定，很难满足不同工况需求；小负荷下会使大量未燃碳氢和甲醛排放；甲醇的热值仅为柴油的一半，单位质量混合油品热值下降。

2.3.2 预混合法

与乳化法不同，预混合法采用两套燃油喷射系统分别供给甲醇和柴油，完全克服了上述乳化法的不足。天津大学姚春德教授首先在国内提出并开展了进气道预混甲醇，缸内直喷柴油的柴油/甲醇二元燃料燃烧技术研究，在试验台架、基础燃烧、化学反应动力学分析以及工程实践方面均有较多进展。柴油/甲醇二元燃料燃烧是一种新型的燃烧方式，这种方式打破了自压燃式发动机发明以来，仅以单一燃料工作的特性，实现多种燃料同时共燃的特点。燃烧中，它包括柴油与甲醇混合气的预混燃烧、柴油扩散燃烧、甲醇的火焰传播甚至自燃等几个方面，根据不同的工况，以适当的比例、适当的时间、适当的地点，合理组织两种燃料的结合，实现灵活控制燃烧路径的目的。该燃烧方式集成了“燃料设计”“反应控制压缩着火（RCCI）”“低温燃烧（LTC）”等多种燃烧概念，实现了不借助 SCR 催化剂，仅使用简单后处理装置便可以满足国家严格排放标准的目标。预混合法分为进气歧管喷射和进气总管喷射两种方式。

（1）进气歧管喷射甲醇

进气歧管喷射甲醇是在进气歧管上安装甲醇喷嘴，类似于汽油机上采用的气口喷射方式，甲醇的喷射量和喷射时刻由电控单元控制。这种方法既可以对甲醇喷射量按负荷大小调整，也便于实现顺序喷射。进气歧管喷射方式由于靠近进气道，布置起来十分紧凑，一般需要对进气管的结构进行调整，比较适合新发动机采用。进气歧管喷射的工作方式是发动机进气门打开，电控单元控制甲醇喷射，甲醇喷雾与气道空气混合进入汽缸，其原理如图 2-2 所示。醇轨安装在发动机上的示意图如图 2-3 所示。

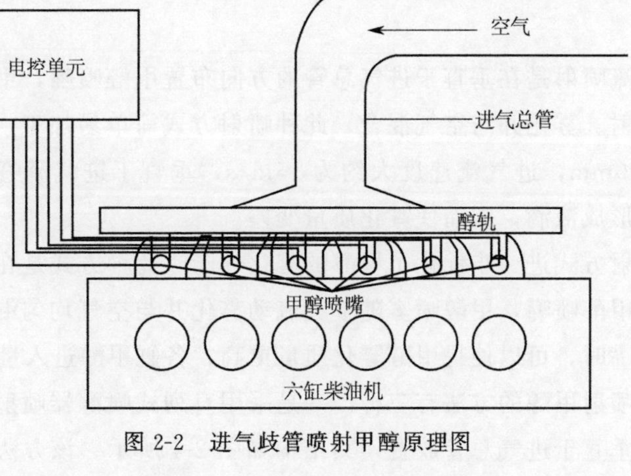

图 2-2　进气歧管喷射甲醇原理图

图 2-3 醇轨安装在发动机上的示意图

进气歧管喷射甲醇法易控制各缸甲醇喷射量，使各缸进醇量均匀，可方便快捷地研究甲醇不同替代比对发动机性能的影响。研究发现，由于甲醇是含氧燃料，燃烧速度快，进气歧管喷射甲醇在不降低发动机动力性的情况下，可以有效降低发动机的炭烟和 NO_x 排放。

但此种甲醇喷射方式需对原发动机进气歧管进行加工改动，在车上加装甲醇喷射系统有一定的困难。同时，由于甲醇汽化潜热较高，从进气歧管喷射进入缸内路程较短，吸热量大，一旦喷醇时间较长，甲醇雾化质量变差，会影响发动机性能并使得排放恶化。

（2）进气总管喷射甲醇

进气总管喷射甲醇的优点是不需要改动发动机结构，只需在发动机的进气总管前端加装甲醇喷射装置，以形成均质的甲醇混合气。这种方法既适宜新车安装，又方便在用车加装。进气总管喷射的方式主要分为垂直进气流喷射和顺气流喷射两种。

垂直进气流喷射是在垂直于进气总管的方向布置甲醇喷嘴，甲醇由喷嘴垂直于进气流方向喷射、雾化并与空气混合。此种喷射方式简单易加工，但由于进气总管直径一般为 100mm，进气流速度大约为 15m/s，垂直于进气流喷射，甲醇喷雾易撞击总管壁面形成液滴，因而使雾化质量变差。

顺气流喷射方式进一步优化了甲醇的雾化性能。此种方式是在平行或倾斜于进气流方向布置甲醇喷嘴，甲醇喷雾随空气流动雾化并与空气均匀混合。当采用不同结构参数的喷嘴时，可以使得甲醇雾化质量更高，各缸甲醇进入量更加均匀。

进气总管喷射甲醇的方法有三种。一是采用直列式喷醇器喷射，此法是在进气总管上将喷嘴垂直于进气总管放置，其结构如图 2-4 所示。该方法结构简单、易加工，可以根据喷射量大小添加喷嘴，但雾化质量稍差，且喷雾易撞壁。二是采用圆周布置的顺气流喷醇器喷射，如图 2-5 和图 2-6 所示。该顺气流喷醇器设置在空气中冷器和发动机之间的进气管上，由进气连接管、喷嘴和醇轨构成。在进气连接管外圆的周向设置一个凸台，该凸台上开设与气流方向成一定夹角的喷醇孔，喷醇孔内插接喷嘴，喷嘴另一端与醇轨连接。此喷醇器的设计提高了醇与空气的雾化质量，改善了燃烧，提高了醇对柴油的替代率，大幅度降低了排放，但由于加装了凸台，使得喷醇器笨重。三是采用组合贯穿距喷醇器喷射，如图 2-7 所示。组合贯穿距喷醇器使用不同流量的喷嘴，甲醇液体随气流喷射到发动机歧管的不同部位，使得甲醇均匀地吸收发动机缸盖各处的热量并汽化，提高了雾化效果，与进气形成均质混合气进入汽缸被柴油引燃，同时缓解了汽缸盖与进气管热负荷不平衡现象，降低了发动机热负荷，减少了发动机冷却水带走的热量。组合贯穿距喷醇器试验效果与进气歧管喷射效果类似，但结构相对简单，使用上比较方便。

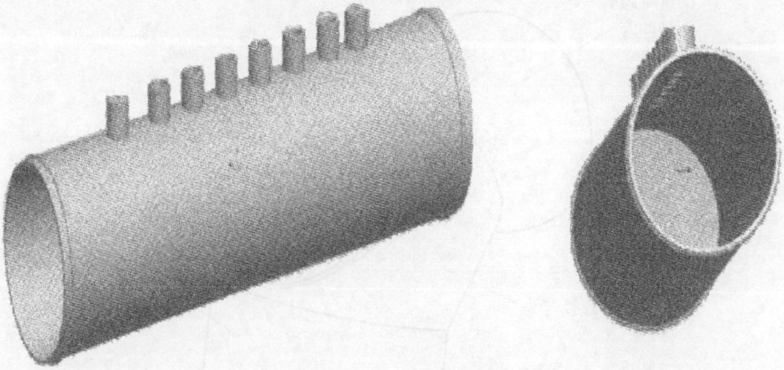

图 2-4　直列式喷醇器

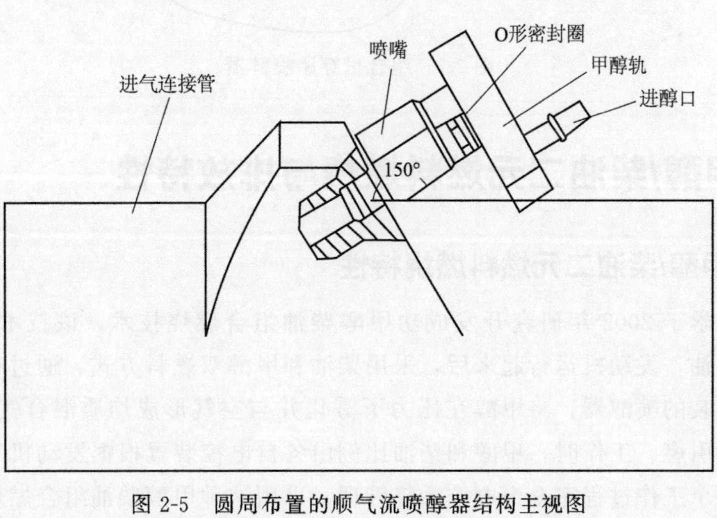

图 2-5　圆周布置的顺气流喷醇器结构主视图

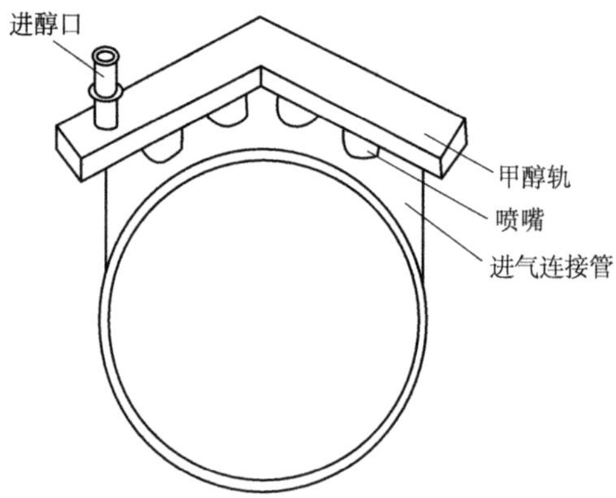

图 2-6 圆周布置的顺气流喷醇器结构右视图

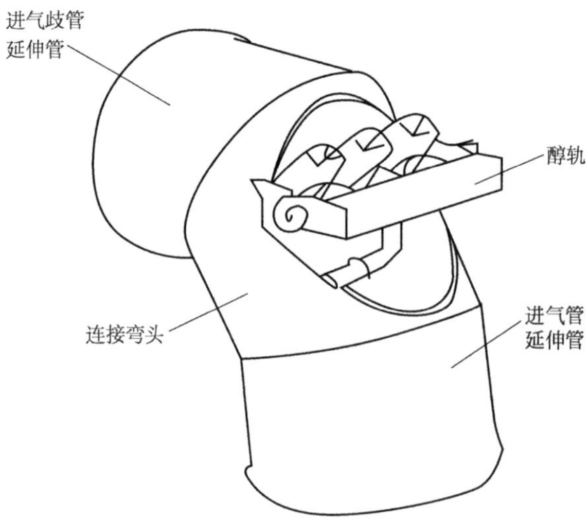

图 2-7 组合贯穿距喷醇器

2.4 甲醇/柴油二元燃料燃烧与排放特性

2.4.1 甲醇/柴油二元燃料燃烧特性

天津大学于 2002 年研究开发成功甲醇柴油组合燃烧技术，该技术的特点是，起动采用柴油，发动机运行起来后，采用柴油和甲醇双燃料方式。通过在发动机进气歧管处安装的喷醇器，将甲醇在压力下雾化并与空气形成均质混合气进入汽缸，然后由柴油引燃。工作时，甲醇和柴油比例由各自电控装置根据发动机工况适时自动调整，整个工作过程完全由电控系统管理。采用这种甲醇柴油组合燃烧后，不仅使柴油机可以实现高比例应用甲醇替代柴油，而且彻底解决发动机冷起动以及运行时甲醇柴油两种燃料的配合比例的难题，使得发动机运行过程与原先的柴油机完全一样。在重型车用柴油机上采用柴油引燃甲醇的组合燃烧方法，开创了一种新型技术路线，为甲醇能在柴油机上大量使用打下了坚实的基础。

典型柴油机燃烧分为预混燃烧和扩散燃烧两个阶段，分别受控于燃油的化学反应速率和混合速率。而柴油/甲醇二元燃料（Diesel Methanol Dual Fuel，DMDF）燃烧是一种将甲醇由进气道或进气歧管喷入，经过雾化蒸发过程与空气形成均质混合气进入汽缸，并与缸内直喷的柴油协同燃烧的新型燃烧方式。柴油/甲醇二元燃料发动机涉及两种燃料的多种不同燃烧模式，包括甲醇与柴油的预混燃烧、柴油的扩散燃烧、甲醇的火焰传播和甲醇的自燃等，因此，燃烧过程更为复杂。

（1） DMDF 模式缸内压力特性

图 2-8 所示为不同转速、不同负荷纯柴油模式和 DMDF 模式的缸内压力变化曲线。由图可见，所有工况点缸内压力变化都有一个共同的特点，进气道喷入的甲醇与空气形成准均质甲醇混合气进入汽缸后，在发动机压缩过程中，DMDF 模式的汽缸压力比纯柴油模式要低，这主要是因为压缩时甲醇汽化吸热降低了温度，使得缸内压力有所降低；但是当燃烧发生时，DMDF 模式的最大压力升高率较纯柴油大得多，最高压力也较大，这主要是因为甲醇作为均质混合气进入汽缸，大幅度提高了预混合燃烧量，更加增强了均质混合气压燃的趋势，提高了燃烧热效率。

在低负荷（负荷 25%）时，虽然放热率有所提高，但是 DMDF 模式下最高压力较纯柴油模式要低，这主要是低负荷工况下发动机温度较低，而甲醇的高汽化潜热使得温度继续降低，故燃烧会出现恶化。这说明在低负荷工况下，应该严格控制甲醇的喷入量，即要避免在低速低负荷时缸内压力降低过大和失火的发生。

在高负荷（负荷 100%）时，DMDF 模式下最高压力较纯柴油模式要高，较高的燃烧压力使得燃烧的热效率也较高，但是过高的燃烧压力容易导致较高的燃烧噪声，甚至产生爆燃和爆震。所以，在高负荷下应严格控制甲醇的替代率，以避免甲醇喷入过多发生爆震现象。

（2） DMDF 模式放热率特性

图 2-9 所示为不同转速、不同负荷纯柴油模式和 DMDF 模式放热率特性曲线。由图可以看出，DMDF 模式的初始放热率都较相同平均有效压力下纯柴油的初始放热率高，而且都推迟了燃烧起始点。

在低速低负荷（转速 1285r/min，负荷 25%）工况下，纯柴油模式和 DMDF 模式的放热率均为单峰形式。纯柴油模式时对外做功较小，喷入的柴油量少，雾化效果比较好，使得预混燃烧的部分增大；DMDF 模式时，喷入甲醇后着火时刻较纯柴油有所推迟，而放热率的形式基本相同，放热率峰值较纯柴油模式有所增加，但

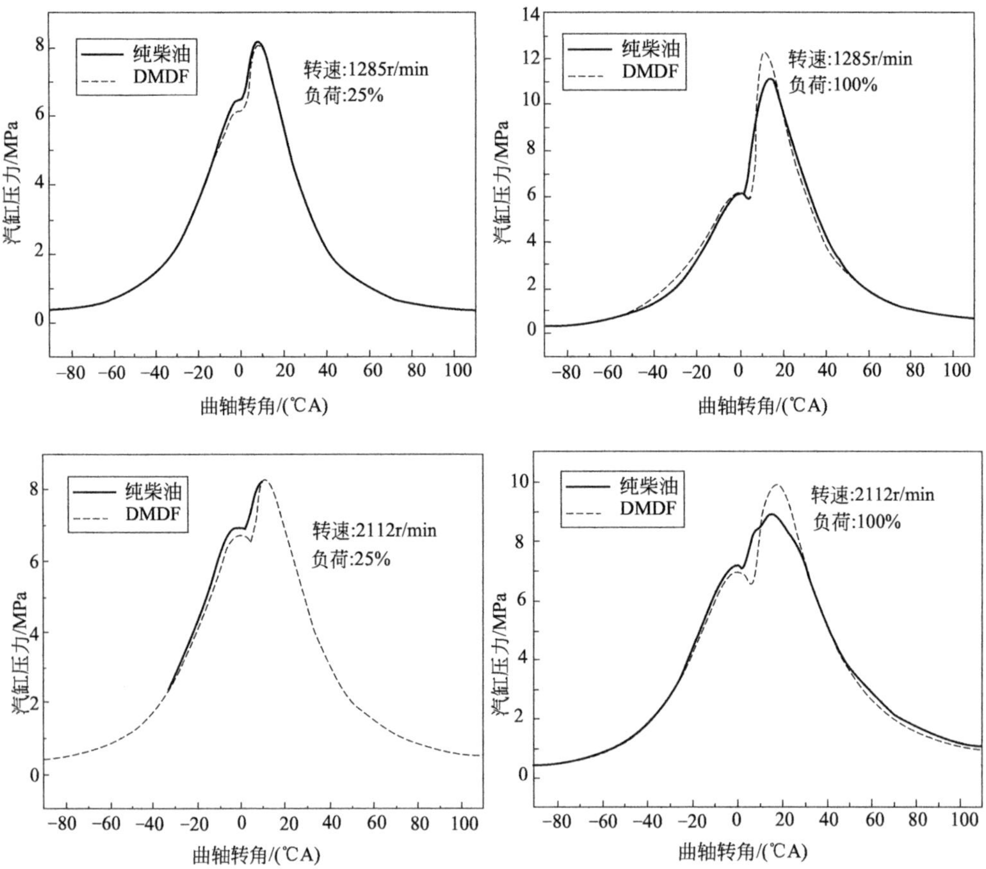

图 2-8 不同工况下纯柴油与 DMDF 发动机缸内压力

是喷醇起点的放热率相对于纯柴油有所降低，并且使得放热率峰值出现得比纯柴油模式晚。

在高速低负荷（转速 2112r/min，负荷 25%）和低速高负荷（转速 1285r/min，负荷 100%）工况下，DMDF 模式的放热率呈现的是预混燃烧部分，纯柴油的双峰放热率形态在 DMDF 模式下放热率急剧升高，均呈现出单峰放热的形式，类似均质压燃，基本上没有扩散燃烧部分，这对减少扩散燃烧期间的微粒生成有利。

在高速高负荷（转速 2112r/min，负荷 100%）工况下，纯柴油模式时，预混的初始放热只占一小部分，占主要地位的还是扩散燃烧放热。但是在 DMDF 模式下，一方面柴油提供的负荷降到了原机的 30%左右，柴油喷射量的减少导致降低负荷之后的燃油喷射发生了一些变化；另一方面甲醇的进气道喷射形成了均质的甲醇混合气氛围，由于甲醇较低的十六烷值使得滞燃期增加，从而使更多的柴油在甲醇混合气氛围里得到了均匀的混合，当被压燃的柴油引燃了与柴油混合均匀的甲醇

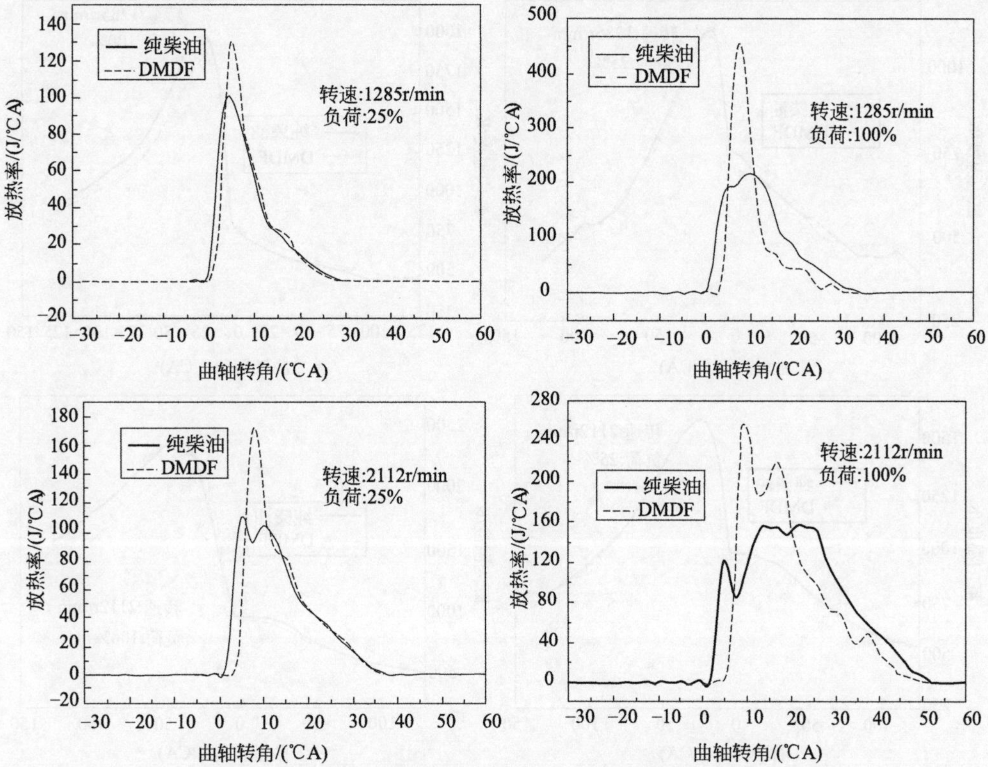

图 2-9 不同工况下纯柴油与 DMDF 发动机放热率特性曲线

时，大量的甲醇和柴油一起同时燃烧，所以放热率急剧升高，整个燃烧持续期缩短，放热更加集中。故在 DMDF 模式下，初始预混燃烧放热占主要部分，主要是较长的滞燃期导致的较多的预混燃烧形成了放热率的第一个峰，而随后的扩散燃烧使放热率形成了第二个峰。由此可见，达到同样的平均有效压力，纯柴油的放热率与 DMDF 的放热率相比有明显的变化，这也是甲醇能够提高发动机燃烧效率的主要原因。

（3） DMDF 模式缸内燃烧温度特性

图 2-10 所示为不同工况纯柴油模式和 DMDF 模式的缸内燃烧温度变化曲线。由图可以看出，在各个工况下，柴油没有压缩引燃前，DMDF 模式的初始缸内温度比原机稍低，处于相对低温燃烧。这是由于甲醇在进气管喷射和空气形成甲醇混合气汽化吸热，降低了缸内温度。

在低负荷（负荷 25%）工况下，DMDF 模式下的缸内平均温度比原机模式下略低一点，主要原因为在低负荷工况下，发动机本身的温度相对较低，此时进气道喷射的甲醇不利于燃料的蒸发和燃烧，对低负荷下缸内平均温度的影响比较小。因

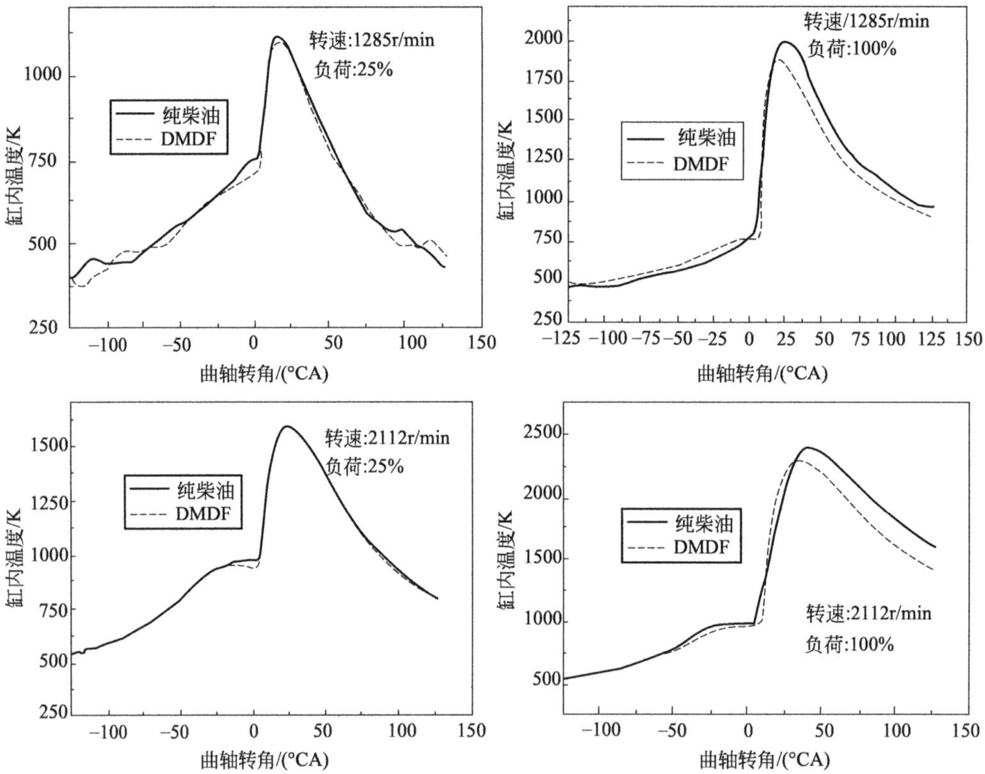

图 2-10 不同工况下纯柴油与 DMDF 发动机缸内温度图

此，在低负荷时，DMDF 模式下缸内平均温度较纯柴油模式略低。

在高负荷（负荷 100%）工况下，DMDF 模式下的缸内平均温度比原机模式有大幅度下降，原因为在高负荷工况下，发动机本身温度比较高，有利于汽缸内大部分甲醇混合气的裂解反应，生成 H_2 和 CO。裂解后的 H_2 和 CO，其热值比液体甲醇高 21%，比气态甲醇高 14%。发动机在压缩过程中原本将压缩中的热量传到冷却水中，现在由甲醇裂解吸收一部分；同时由于吸收压缩过程热量，减少压缩功，有利于提高发动机的机械效率。

2.4.2 甲醇/柴油二元燃料排放特性

对于传统的柴油机，可燃混合气是在燃烧前和燃烧中的极短时间内形成的，容易造成混合不均匀现象。缺氧的燃料在高温高压环境下会发生裂解、脱氢，最后生成炭烟粒子。这些炭烟粒子在降温过程中会吸附各种未燃烧或不完全燃烧的重质 HC 和其他凝聚相物质，构成压燃式发动机的重要污染物排气微粒（PM）。而采用柴油/甲醇二元燃料燃烧方式，甲醇在进气道与空气预混形成均质或准均质混合气进入汽缸中，再由柴油引燃实现气相燃烧，采用柴油/甲醇二元燃料燃烧的气体排放物包括常规气体排放物 HC、CO 和 NO_x，以及非常规气体排放物甲醛（HCHO）。

（1）柴油/甲醇二元燃料燃烧发动机 HC 排放

柴油机短促喷油后压燃，燃油滞留在汽缸内的时间较短，燃油喷注与周围空气形成的混合气很不均匀。在喷注核心，混合气过浓，在继续混合过程中会逐渐稀化，先后进入正常燃烧，不致引起很多的 HC 排放。但在喷注外围，来不及着火就可能形成过稀的混合气，其中的燃料可能始终不能完全燃烧，成为未燃 HC 的排放源。对于柴油/甲醇二元燃料发动机，由于甲醇是在进气道喷入并与空气混合形成均质或准均质混合气进入汽缸中并由柴油引燃，因此其 HC 排放有其特殊的规律。

图 2-11 为 ESC 循环各工况下增压中冷发动机在柴油/甲醇二元燃料燃烧模式下 HC 排放情况。由图 2-11 可知，与燃烧纯柴油相比，柴油/甲醇二元燃料燃烧 HC 排放增加，且随着替代率的增加，HC 排放逐渐升高。同时，随着负荷的增加，纯柴油和柴油/甲醇二元燃料发动机的 HC 排放逐渐降低，这是由于负荷增加，燃烧温度高，燃料燃烧完全，使 HC 排放减少。

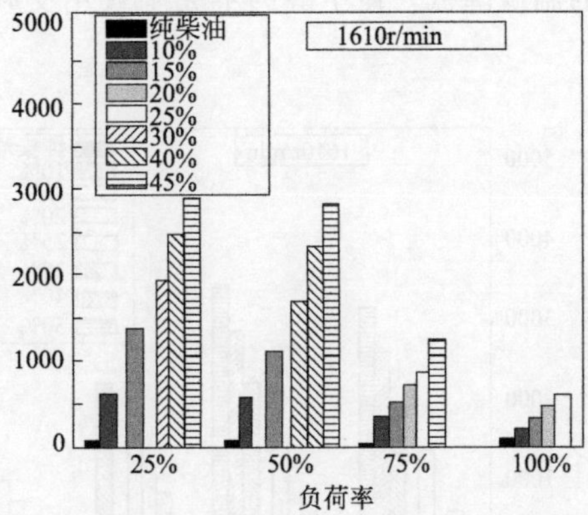

图 2-11 ESC 工况柴油/甲醇二元燃料燃烧 HC 排放

与纯柴油模式相比，柴油/甲醇二元燃料模式下的 HC 排放量大幅度升高的主要原因如下。

① 扫气影响。柴油/甲醇二元燃料模式吸入汽缸的新鲜工质为甲醇和空气的预混合气，在扫气过程中有少量的新鲜工质直接从排气门排出，这使得 HC 的排放增加，且随着负荷和转速的降低而更加明显。

② 由于甲醇较高的汽化潜热，降低了缸内燃烧最高温度和平均温度，使得未燃 HC 增加，其随着转速和负荷的降低而增大。

③ 由于小负荷时甲醇与空气形成准均质混合气浓度过稀，稀混合气在汽缸内由柴油引燃，甲醇燃料停留在燃烧室中的时间比柴油长很多，因而过度稀燃、壁面

冷激效应、狭隙效应、油膜吸附和沉积物吸附作用很大。这是在柴油/甲醇二元燃料模式下 HC 排放升高的主要原因。

（2）柴油/甲醇二元燃料燃烧发动机 CO 排放

CO 是 HC 燃料在燃烧过程中生成的主要中间产物。CO 氧化成 CO_2 的条件是反应气的氧浓度、温度足够高，化学反应的时间足够长。影响发动机的 CO 排放量的主要因素是可燃混合气的过量空气系数。压燃式发动机的燃料与空气混合不均匀，其排放物中仍有相当多的 CO。柴油/甲醇二元燃料燃烧时，由于甲醇具有较高的汽化潜热，降低了进气温度和缸内燃烧温度，导致燃烧不完全，故 CO 排放量较大。

增压中冷式发动机在柴油/甲醇二元燃料燃烧模式下 CO 排放情况如图 2-12 所示。与纯柴油模式相比，柴油/甲醇二元燃料模式下的 CO 排放量大幅度升高的主要原因：一方面，进气道喷射甲醇增加了混合燃料的含氧量，并且甲醇的汽化潜热较高，降低了缸内燃烧温度，这使得靠近壁面的淬冷层厚度增加，发动机燃烧初期的 CO 排放增加，这种影响在低负荷时尤其明显；另一方面，甲醇的高汽化潜热使得甲醇与空气混合气的温度降低，使甲醇的不完全氧化反应增加，这也是 CO 排放增加的原因之一。

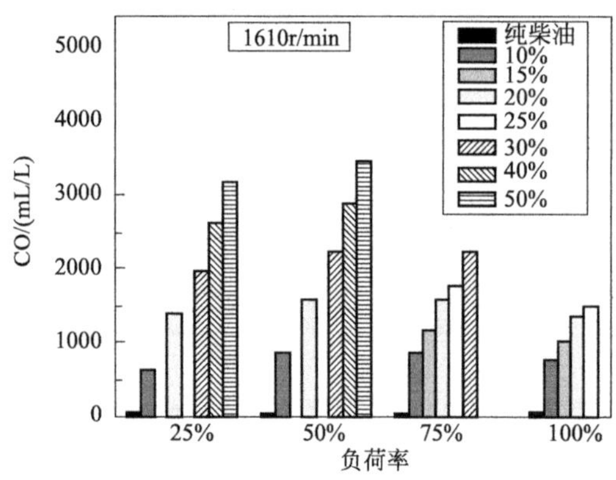

图 2-12 ESC 各工况柴油/甲醇二元燃料燃烧 CO 排放

（3）柴油/甲醇二元燃料燃烧发动机 NO_x 排放

根据化学反应动力学，NO_x 生成的条件为高温、富氧及高温持续时间。由进气道喷入甲醇，因其汽化潜热大造成的冷却效应降低了进气温度及最高燃烧温度。同时，甲醇的加入提高了燃烧速度，缩短了高温持续时间。因此，缸内的最高燃烧温度和平均燃烧温度也会相应下降，从而使得 NO_x 的正向反应速率降低。

增压中冷式发动机纯柴油模式、柴油/甲醇二元燃料模式和柴油/甲醇二元燃料加装简单后处理装置 DOC 后 NO_x 排放的对比如图 2-13 所示。由图可以看出，采用柴油/甲醇二元燃料模式后，NO_x 的排放有大幅度降低。在相同负荷条件下，转速越高，NO_x 排放越低。造成在柴油/甲醇二元燃料模式下 NO_x 排放降低的主要原因有：甲醇的加入降低了进气温度，提高了燃烧速度，缩短了高温持续时间；转速越高，燃烧持续时间越短。由于 NO_x 生成取决于高温、富氧和高温持续时间三个条件，柴油/甲醇二元燃料燃烧时向发动机进气道喷入甲醇，降低了进气温度，减少了进气量，从而使缸内最高燃烧温度下降，进而减少了 NO_x 的生成。由此可见，柴油/甲醇二元燃料燃烧对于降低高速、大负荷工况下的 NO_x 排放量具有显著效果。

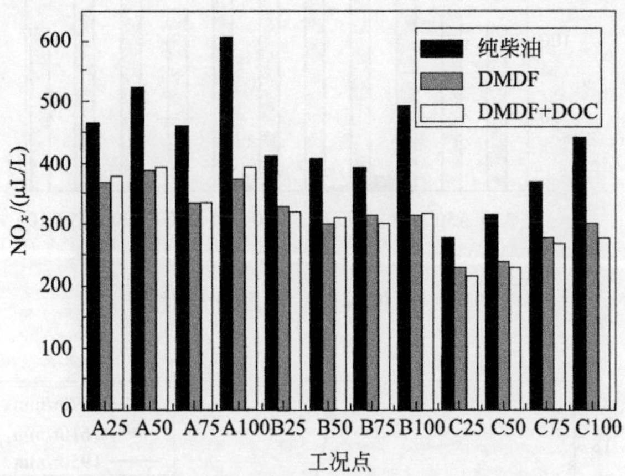

图 2-13　不同模式下的 NO_x 排放对比

（4）柴油/甲醇二元燃料燃烧发动机甲醛排放

甲醛是碳氢化合物未完全氧化的中间产物，是柴油/甲醇二元燃料发动机排气中最重要的羰基排放污染物之一。图 2-14 是 ESC（European Steady Cycle，欧洲稳态测试循环）工况点催化前纯柴油与柴油/甲醇二元燃料发动机的甲醛排放情况。从图中可以看出，原机纯柴油燃烧时也有少量的甲醛生成，而采用柴油/甲醇二元燃料燃烧以后甲醛排放量大幅度增加。

柴油/甲醇二元燃料燃烧尾气中的甲醛一部分来自汽缸，一部分在排气管中生成。汽缸内甲醛的生成机理如下：发动机在小负荷运转时，燃烧室的壁面温度较低，形成的淬熄层较厚，而淬熄层是低温氧化反应的温床，在淬熄层中存在大量的醛类，同时已燃气体温度较低，氧化作用较弱，燃烧无法完全进行，使得小负荷时生成较多醛类；随着发动机负荷的增加，燃烧反应温度升高，燃烧室壁面温度逐渐升高，缸内气流运动不断增强，燃烧反应条件得到不同程度的改善，有利于甲醛完全氧化，阻碍了不完全氧化产物醛、酮的生成。由图 2-15 可以看出低负荷时排气中的未燃甲醇较多，而在大负荷时则相对较少，由于低负荷时供给燃料少，排气中的氧浓度大，未燃甲醇与氧发生氧化反应生成甲醛，故甲醛排放较高。

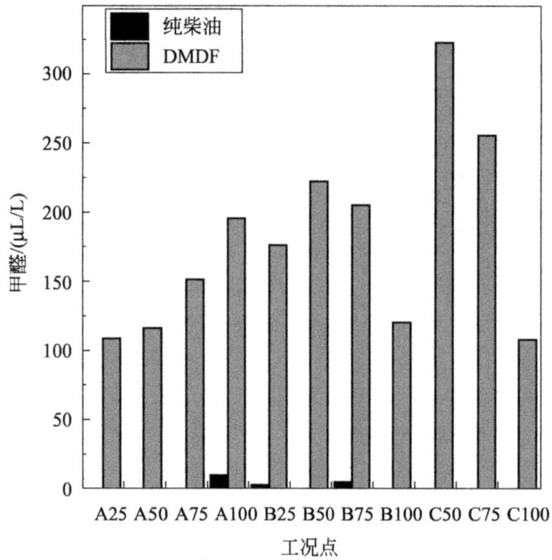

图 2-14 掺醇前后甲醛排放对比

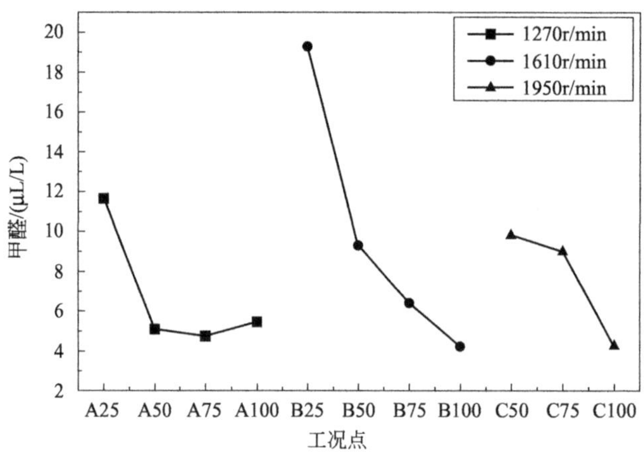

图 2-15 单位质量甲醇喷射所对应的甲醛排放量

2.5 重型甲醇发动机及重型甲醇卡车

20 世纪 80 年代起，国内外在柴油机上使用甲醇替代燃料的研究主要集中于以下几方面。

一是利用热面助燃法在柴油发动机上实现纯甲醇压燃燃烧。德国和我国的某些大学、美国底特律柴油机公司、德国大众汽车公司等机构对此进行了研究，研究中发现该技术需要特殊设计的电热塞，以保证发动机有合适的寿命。但该技术十分复杂，在现有柴油机上应用难度较大。

二是甲醇中加入 4%～5%的着火改善剂直接在柴油发动机上压燃燃烧。南非及德国利用该技术在 6 缸非增压直喷柴油机上进行了试验研究，国内也有公司做过类似的试验，但存在着火改善剂成本太高以及燃料喷射系统磨损等问题。

三是甲醇和柴油的乳化压燃燃烧。该技术在国内外研究较多，但由于甲醇和柴油的性质相差较大、乳化油不稳定等问题未能解决，因此该技术只停留在研究水平。

四是柴油引燃进气吸入甲醇的压燃技术。20 世纪 80 年代某些大学对该技术进行了较为详细的研究，但由于存在冷起动与其他技术问题，未能进行实际运用。

重型甲醇发动机是在柴油机或天然气发动机的基础上开发的，甲醇重卡的设计任务主要有整车的动力性、驱动性、加速性、舒适性、NVH 性能，以及高原、高温、低温环境下的标定，特别是装载甲醇发动机的可靠性与耐久性等。

2.5.1 重型甲醇发动机

（1）一汽重型甲醇发动机

2009 年 9 月，一汽靖烨发动机有限公司、一汽解放汽车有限公司技术发展部和无锡柴油机分公司共同在 CA6DF2-24 型柴油机的基础上，成功研发了 240 马力[❶]带增压器的高压缩比（14～19）的甲醇发动机 CA6SF2-24ME4，甲醇燃料的最低消耗率降低到 400～480g/(kW・h)之间。该发动机是一款新研发的大功率重型甲醇发动机，填补了国内空白。

CA6DF2-24 型柴油机和甲醇发动机 CA6SF2-24ME4 的主要技术指标如表 2-3 所示。

表 2-3　CA6DF2-24 型柴油机和甲醇发动机 CA6SF2-24ME4 的主要技术指标

型号	CA6DF2-24	CA6SF2-24ME4
形式	直列、六缸、柴油机	直列、六缸、甲醇机
缸径×行程/mm×mm	110×125	110×125
吸气方式	废气涡轮增压、中冷	废气涡轮增压、中冷
排量/L	7.127	7.127
压缩比	17	17
额定功率/kW	177(2300r/min)	180(2300r/min)
最大转矩/(N・m)	890(1400r/min)	910(1400r/min)
最低燃油消耗率/[g/(kW・h)]	≤202	≤440
排放指标	国Ⅱ	国Ⅲ～国Ⅵ

❶ 1 马力＝735.49875W。

（2）吉利重型甲醇发动机

吉利汽车自2005年底启动甲醇发动机和甲醇汽车的研发工作，现已开发完成了多款甲醇动力和甲醇汽车。吉利商用车自2014年成立就开始策划甲醇动力在商用车中的应用，2015年正式开发商用车甲醇发动机。

图2-16为吉利商用车开发的重型甲醇发动机。该发动机是在CNG发动机平台上开发的，对燃料供给系统、进排气系统、EGR系统、电控系统以及缸盖等进行了重新设计，结合发动机本体的工程化（耐腐蚀/甲醇机油等），满足甲醇重卡市场需求。

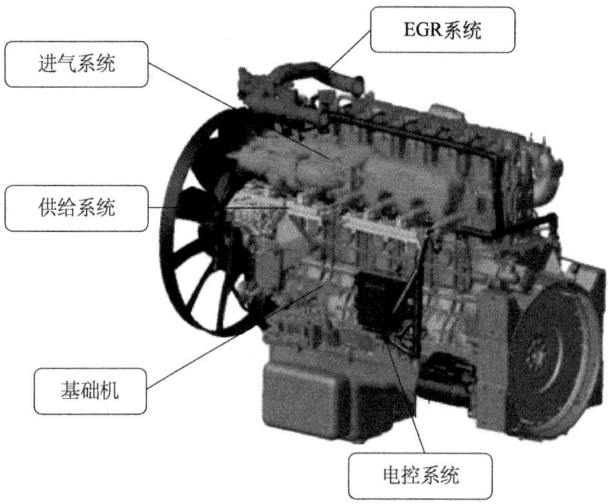

图2-16　吉利重型甲醇发动机

吉利甲醇发动机主要特点：M100甲醇、多点顺序喷射、单缸独立点火、冷却EGR、理论空燃比燃烧、增压器控制、三元催化器。

甲醇发动机解决的核心问题：

① 腐蚀与磨损　甲醇箱、甲醇液位计、甲醇尼龙管、甲醇橡胶管、甲醇滤、调压阀、甲醇轨等甲醇燃料供给系统涉醇件，主要考虑金属和合金材料的耐电化学腐蚀、非金属材料的抗化学作用（氧化）和物理作用（甲醇对材料的溶解、溶胀）、材料表面处理方式确定、焊接材料和焊接工艺参数的确定等。

对甲醇供油系统的甲醇泵和甲醇喷油器而言，甲醇泵内部的齿轮组件之间以及齿轮组件与泵盖之间、泵的轴与轴承之间和甲醇喷油器的阀芯与阀座之间，在高速流动的甲醇环境中，存在摩擦副的腐蚀磨损，其工作环境特点是常温、低载荷、高速度。

甲醇发动机燃烧产物甲酸（HCOOH，是汽油机排气中的7.4倍）、水分、未燃甲醇等在低温情况下冷凝成液态，通过缸壁上的润滑油膜及活塞环槽中的润滑油进入油底壳中，容易引起机油碱值衰减、腐蚀磨损、破坏机油油膜等故障，活塞裙部胶质物影响发动机的可靠性。对于甲醇发动机，活塞环与缸套、曲轴轴颈与轴瓦的失效主要为甲醇机燃烧产物以及燃烧产物影响机油品质后的腐蚀磨损。

② 低温起动 甲醇发动机低温难起动的原因：一是甲醇不易蒸发，甲醇是一种纯化学物质，不存在馏程的概念，可以直接用沸点表示，甲醇的沸点为64.7℃；25℃环境下甲醇的蒸气压为16.8kPa。二是甲醇的汽化潜热值高，燃料消耗量大于汽油和柴油，充分蒸发需要充足的热量。甲醇的汽化潜热约为汽油的3.5倍；甲醇热值是汽油的一半，达到相同功率，需要的甲醇约为汽油的一倍。因此，低温时受甲醇汽化潜热、蒸发特性、气道壁面温度、气流强度等影响，甲醇蒸气浓度低，油气混合气浓度达不到最低着火极限（图2-17），导致发动机冷起动困难。

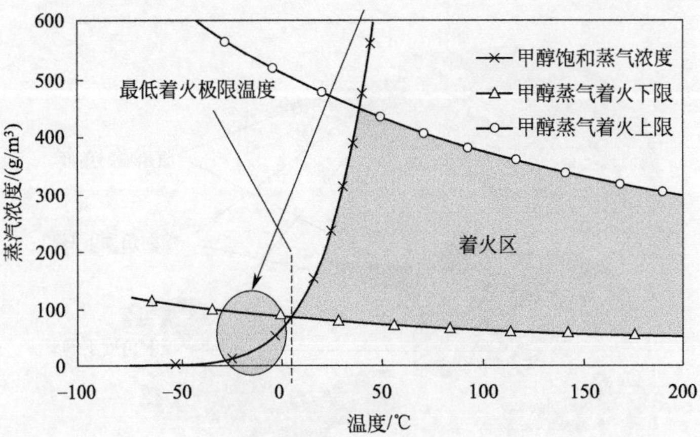

图2-17 甲醇混合气着火极限

③ 燃油喷射系统 重型甲醇发动机甲醇汽化潜热值高、喷油量大，因此甲醇发动机供油系统需满足如下要求：

a. 甲醇喷油器应有较短的喷射时间、较高的喷射压力以及优良的喷油雾化特性。

b. 合理的油束喷射方位。

c. 较高的进气温度和气道壁面温度，以提高蒸发率。

d. 进气道有较高的滚流比。

e. 燃烧室形状尺寸合理匹配。

f. 较高的点火能量和优异的喷油控制策略。

因此，甲醇喷雾燃烧研究的重点是：促进甲醇的蒸发，保证进入各缸的燃料量一致，最大限度减少气道油膜厚度，促进甲醇的燃烧，保证各缸的最大爆发压力一致。

甲醇发动机的油轨和喷油器总成如图 2-18 所示，甲醇喷射角度示意图如图 2-19 所示。

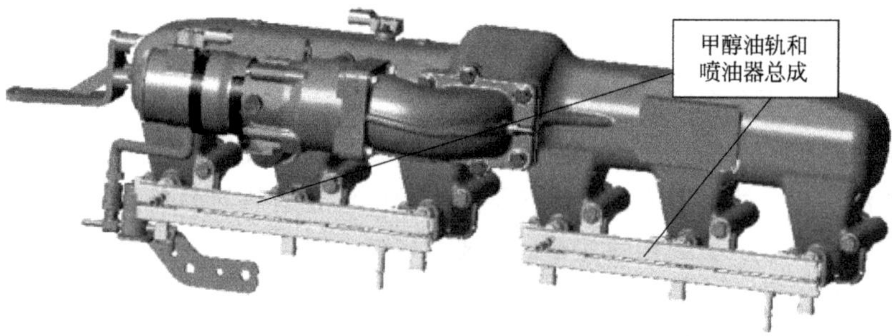

图 2-18 甲醇发动机的油轨和喷油器总成

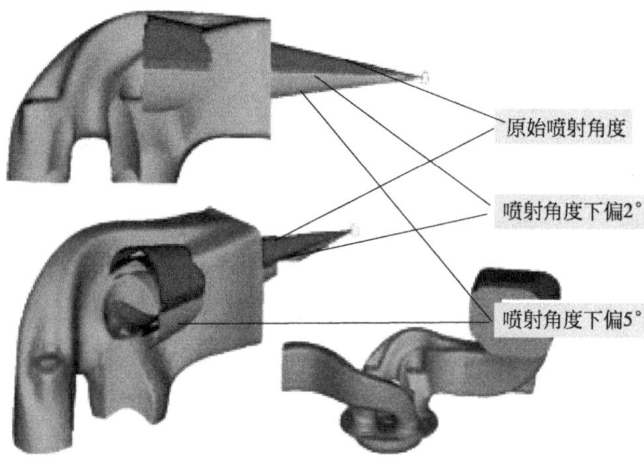

图 2-19 甲醇喷射角度示意图

④ 进排气系统 进气系统重点研究进气均匀性问题。为了确保甲醇发动机各缸燃烧均匀性，需对进气系统进行设计优化，避免各缸的甲醇混合气互相窜气，使得各缸进气均匀。

排气系统重点研究增压器的高效运行和喘振裕度，以适于高原运行，解决带增压器高压缩比甲醇发动机存在的爆震问题。为了避免爆燃等不正常燃烧，采取 EGR 和爆震传感器相结合的技术，保证废气和甲醇混合气充分混合，优化控制 EGR 率，获得最佳的动力性、经济性及排放特性。

⑤ 甲醇发动机机油 甲醇本身无润滑性能且具有腐蚀性；甲醇热值低，相同功率下，甲醇需求多，生成的酸性物质多；机油的碱值衰减快、氧化快；甲醇生成的水分多、易于形成乳化物。因此，甲醇发动机较传统发动机磨损大，机油更换周期缩短，或者需要开发专用机油。

⑥ 闭式曲轴箱　甲醇发动机需要满足国家第六阶段排放法规，且燃烧方式由柴油机的压燃式变为点燃式，因此需要采用闭式曲轴箱。

重型甲醇发动机闭式曲轴箱通风装置开发的难点：

a. 低温工作易出现结冰或者机油乳化；

b. 重型发动机内腔复杂/容积大，内部压力平衡难把握；

c. 甲醇燃烧形成的水分多，油气分离器既要分离机油还要分离水，因此，如果设计不合理，油气分离器内部和曲轴箱通风管路中会产生大量乳化物，分离器轴承腐蚀。

⑦ 电控系统　重型甲醇发动机电控系统功能包括：排放控制、甲醇燃料供给控制、点火控制、空燃比控制、爆震控制、EGR控制、冷起动控制、炭罐电磁阀的控制等，以及开发基于CAN总线通信要求的UDS功能，实现OBD诊断和电控系统零部件在线诊断功能。

整车控制应实现电子油门控制、排气制动控制、定速巡航控制、车速限制控制、自动怠速控制、电子风扇控制等功能。

重型甲醇发动机电控系统主要部件位置如图2-20所示。

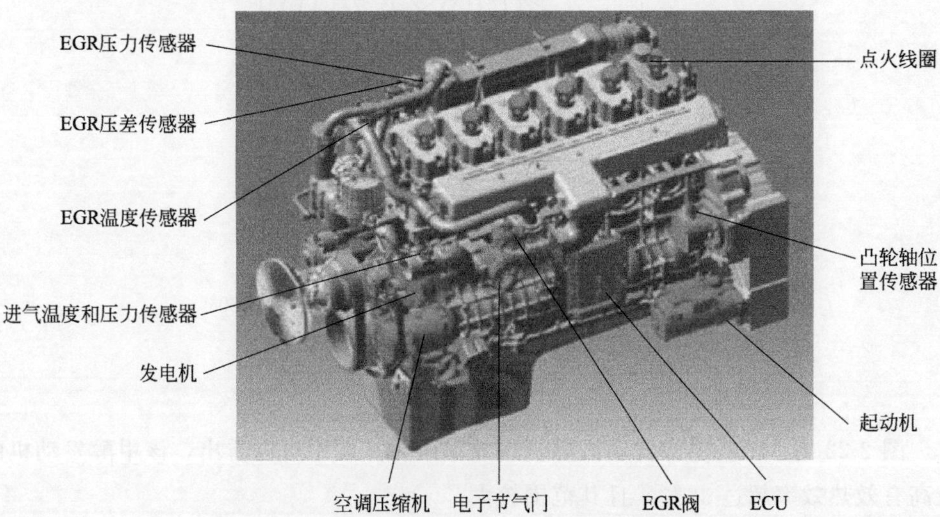

图2-20 重型甲醇发动机电控系统主要部件位置

(3) 甲醇发动机燃烧与排放特性

某M100甲醇发动机技术参数如表2-4所示。

表2-4 某M100甲醇发动机技术参数

参数名称	参数值
汽缸数	6

续表

参数名称	参数值
缸径×行程/mm ×mm	105 ×120
排量/L	6.234
压缩比	11
额定功率/kW	550(2300r/min)
最大转矩/(N·m)	710(1300～1500r/min)
最低燃油消耗率/[g/(kW·h)]	≤475
点火顺序	1—5—3—6—2—4

利用 AVL 电力测功机和 TOCEIL 油耗仪，测得该甲醇发动机各转速下的 10%、20%、40%、60%、80%、100%的转矩，功率及燃油消耗率，得到万有特性图如图 2-21 所示。万有特性图中最低燃油消耗率为发动机的额定转矩点，低于 466g /(kW·h)。

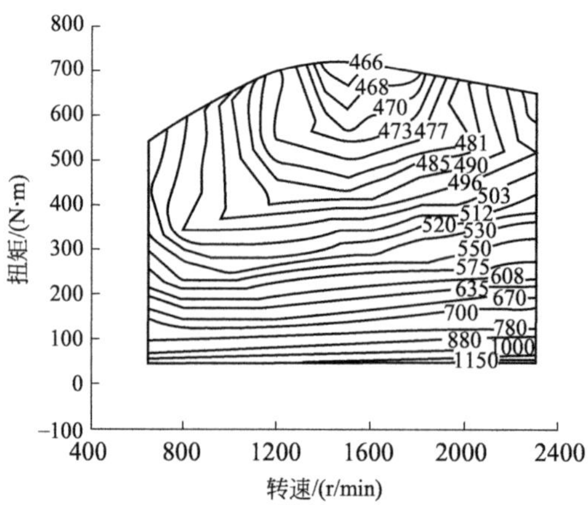

图 2-21 M100 甲醇发动机万有特性图

图 2-22 为 M100 甲醇发动机燃烧热效率图，从图中可以看出，该甲醇发动机的最高有效热效率超过 39%，且其范围较大。

根据 GB 14762—2008《重型车用汽油发动机与汽车排气污染物排放限值及测量方法（中国Ⅲ、Ⅳ 阶段）》和 GB 17691—2018《重型柴油车污染物排放限值及测量方法（中国第六阶段）》，测得甲醇发动机瞬态循环工况和 ETC 循环工况下常规污染排放物浓度如图 2-23 和图 2-24 所示。结果表明，甲醇发动机在两种法规工况下实测污染物排放值均远低于法规限值，且甲醇发动机在重型汽油机瞬态循环工况下排放均好于 ETC 循环工况。主要原因是甲醇燃料本身的燃烧特性好，同时匹配合理的三元催化器进行排放污染物的后处理。

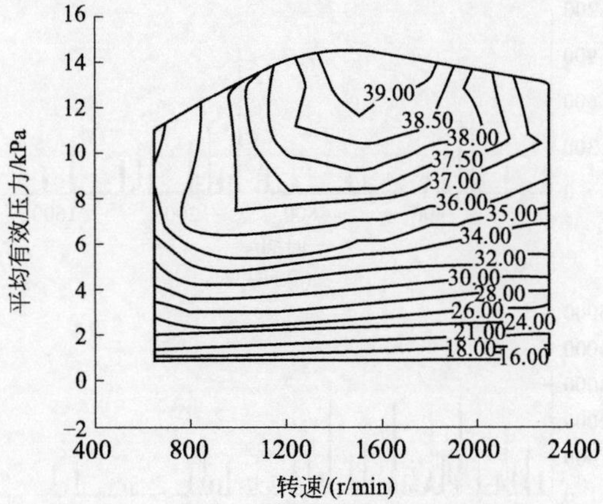

图 2-22　M100 甲醇发动机燃烧热效率图

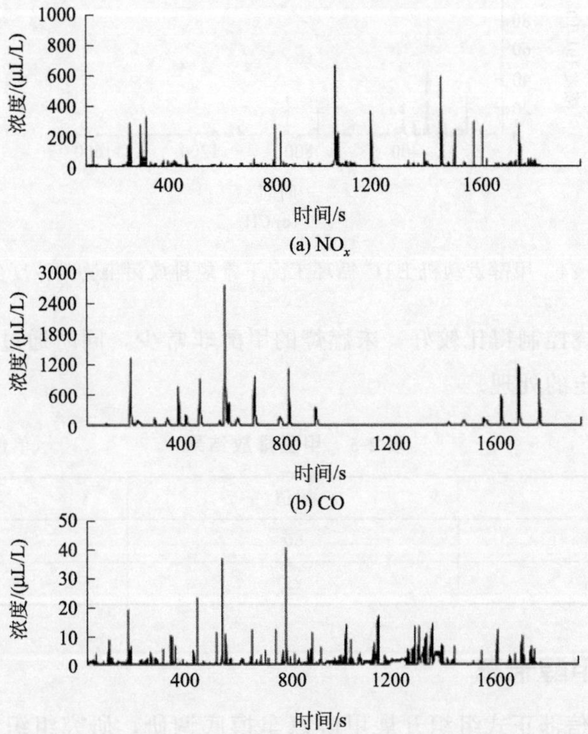

图 2-23　甲醇发动机循环工况下常规排放污染物的浓度变化

甲醇发动机的醛类排放物主要是由未燃醇在适当的含氧浓度及温度下继续反应而生成的。使用袋采装置，对甲醇发动机的排放物进行采集，利用高效液相色谱分析仪，测试甲醛排放值结果如表 2-5 所示。实测甲醛排放值低于法规限值。主要原

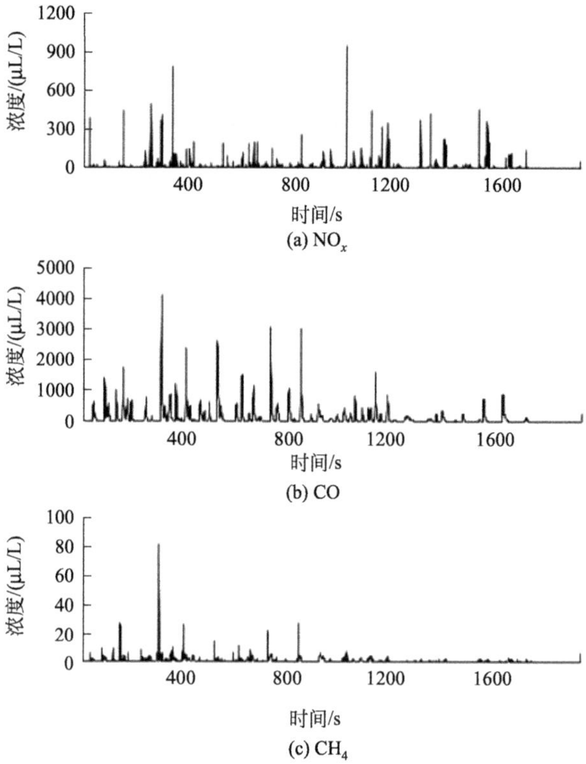

图 2-24　甲醇发动机 ETC 循环工况下常规排放污染物的浓度变化

因是发动机的燃烧控制得比较好，未燃烧的甲醇非常少，同时通过三元催化器对甲醛的排放进行一定的处理。

表 2-5　甲醛排放结果　　单位：g/(kW·h)

法规	限值	实测值
国Ⅳ限值	50	14.56
国Ⅴ限值	25	11.28

2.5.2　重型甲醇卡车

2009 年，工信部正式组织开展甲醇汽车摸底调研，研究组织开展试点工作的可行性和必要性，启动开展试点工作的各项准备。2012 年，工信部会同有关部委，先后在山西、上海、陕西、甘肃、贵州 5 省市的晋中、长治、上海、西安、宝鸡、榆林、汉中、兰州、平凉、贵阳共 10 个城市，正式组织开展甲醇汽车试点工作。2018 年 3 月，完成 10 个城市的甲醇汽车试点验收工作，总结并提出坚持能源资源禀赋和因地制宜原则，积极开展甲醇汽车推广应用的结论意见和报告。

2019 年 3 月，工信部、国家发改委和科技部等八部门联合下发《关于在部分地区开展甲醇汽车应用的指导意见》。文件提出：加快完善甲醇汽车产业政策、技术标准，推动产业合理布局；加快甲醇汽车制造体系建设，并提高市场应用水平；鼓励和支持企业研发甲醇混合动力汽车、甲醇增程式电动汽车和甲醇燃料电池汽车；鼓励资源利用生产甲醇；鼓励捕获二氧化碳制备甲醇工程化应用。文件还特别提出加快甲醇汽车科研成果转化及产业化应用。

2019 年 11 月，为做好甲醇汽车推广应用，在政策咨询和技术指导方面发挥业内专家的作用，工信部牵头正式组建甲醇汽车推广应用专家指导委员会，为后续发展甲醇汽车的政策、行政管理、技术标准、市场准入规范和组织推广应用，提供指导和服务工作。

2020 年 11 月，生态环境部发布《甲醇燃料汽车非常规污染物排放测量方法》。生态环境部机动车排污监控中心随后正式开通了机动车排放信息公开通道，由此，我国甲醇汽车的环保信息公开窗口正式向全社会开放。

2020 年 12 月，工信部发布《关于调整甲醇汽车产品准入相关要求的通知》，至此，我国甲醇汽车的行政管理正式形成规范化闭环管理，进入了国家汽车产业管理范畴。甲醇汽车全面市场化终于提上日程，迈入快车道。

2021 年 1 月，工信部以 2021 年第 4 号公告，发布了《道路机动车辆生产企业及产品》（第 340 批）公告。山西省新能源汽车工业有限公司生产的“帝豪牌”甲醇汽车，成为中国乃至全球汽车领域满足现行排放标准要求的甲醇汽车。该甲醇汽车也是可以利用现有社会资源，在实现“碳达峰”和“碳中和”进程中具有显著贡献率的汽车，是经中国政府工业主管机构核准的真正意义的新能源汽车。

作为全球首款甲醇重卡，吉利远程 M100 攻克了甲醇作为汽车燃料的众多难点，包括甲醇汽车的腐蚀、动力指标下降和管路设计等技术难题。吉利远程 M100 搭载 12.54L 的发动机，最大功率达到 460 马力，峰值转矩为 2000N·m，满足国Ⅵ排放标准。从各项指标来看，吉利远程 M100 在动力表现上和传统的柴油车已经不相上下。值得一提的是，在不牺牲动力表现的前提下，相比传统柴油车，吉利远程 M100 平均每年可节省 18%的燃料成本。

目前，吉利使用的这款 12.54L 的甲醇发动机最大功率可达 460 马力，未来还能拓展更大的功率输出。经过吐鲁番高温测试和昆仑山 5000m 海拔的带挂高原测试，这台发动机的动力表现都比较优秀。特别是在高原地区测试时，M100 的动力衰减明显要比柴油发动机小一些，这是因为甲醇燃料分子结构中自带氧分子燃烧，需要的氧气比柴油燃料少，因此在高原上的表现比柴油略好。其次是甲醇发动机的可靠性，M100 搭载的这款甲醇发动机 B10 寿命达到了 100 万千米，和市面上常见的柴油发动机相当，经过高温和高原测试，发动机并没有出现机械故障，这也验证了其机械可靠性。

从吐鲁番到格尔木距离超过 1400km，甲醇重卡百公里甲醇油耗量在 70L 左右；满载路况相对较好的情况下，百公里甲醇消耗量在 100L 左右。按照现在的甲醇平均价格 1.6 元/L 计算，满载状态下的费用大概是 1.8 元/kg 左右，相比柴油车还是有一定的优势，而且甲醇重卡还不烧尿素，这也节约了部分费用。

M100 重卡的燃油箱、燃料管线等都是经过专业的防腐蚀处理的，比如燃料箱用的材质是不锈钢，甲醇对铝合金的腐蚀比较大，因此采用的是不锈钢材质，而且内壁还有防腐蚀涂层；另外就是燃料管线，管线材质是橡胶的，同样有防腐蚀涂层，目的就是避免甲醇腐蚀这些关键部位造成泄漏。

另外，燃料箱的加注口、燃料管路进出口都做了防漏处理。比如加注口的锁盖，相比于柴油油箱的锁盖做了更高等级的防漏处理，这样做的目的是防止甲醇泄漏出来，毕竟甲醇的毒性比柴油高很多，一旦泄漏，后果很严重。

目前在新疆、陕西榆林等地已经有 M100 在正常使用，这些地方建有甲醇加注站，而且甲醇的价格不高。我们国家是一个贫油多煤少气的国家，煤炭可以制甲醇，这就使得甲醇在未来一定会成为一个重要的能源。因此，甲醇重卡在未来也会成为运输大军中重要的一员。

2.5.3　甲醇燃料电池

甲醇燃料不仅可以作为柴油机的替代燃料，还可以通过甲醇重整制氢直接为燃料电池提供 H_2。氢燃料电池具有高效环保的优点，成为了车载动力最有前景的替代能源。曹湘洪院士在氢能开发与利用的关键问题中也提出，氢能是实现一次能源高效利用的最有效途径，是最清洁的二次能源，系统完整的技术支持是实现氢能开发利用的关键。但由于制氢、储氢以及加氢站等各种技术问题，目前氢能还没有大范围应用。因为甲醇具有能量密度高、易存储、来源广泛、安全可靠以及可现场制氢等优点，是车载燃料电池理想的动力能源。甲醇燃料电池不仅可以应用于乘用车，也可以应用于物流车、大巴车、船舶等交通领域市场。

国外对车载氢燃料电池技术已有多年的研发经验，并陆续发布燃料电池车型。比如日本丰田的 Mirai、本田 Clarity、韩国现代的 FCV 等车型，而美国加州是全球最大的燃料电池乘用车市场。中国自 2002 年开发第一款燃料电池车开始，现已经过十几年的技术更新，也正逐步接近世界先进水平。目前，上汽集团的乘用车“荣威”车型已投入市场，首款量产车型大通 FCV80 宽体轻客在 2017 年开启发售，以郑州宇通客车、北汽福田汽车为代表的商用车公司已经开发出来第三代燃料电池客车，东风特汽、中国重汽也将开发各自的燃料电池车。

当前，国内外的氢燃料电池车都是直接以 H_2 为动力源，以甲醇为动力源的燃料电池车型还比较少。国内各科研机构以及企业已经开展了有关甲醇燃料电池结构、材料、性能等各方面的研究工作，各大车企和能源公司也开始研究甲醇燃料电池的应用。在商用车领域，2018 年由东风汽车公司开发的全球首批基于甲醇重整氢燃料电池轻型卡车投入商业运营。

参考文献

[1] 姚春德．柴油/甲醇二元燃料燃烧理论与实践［M］．天津：天津大学出版社，2015.

[2] 刘书萍．重型甲醇发动机的研发［J］．科学之友，2011，7：23-24.

[3] 彭辉，苏茂辉，张甲乐，等．重型 M100 甲醇发动机排放及燃烧热效率分布研究［J］．内燃机与动力，2018，35（1）：19-22.

[4] 庆绍军，侯晓宁，李林东，等．甲醇制氢应用于氢燃料电池车的可行性及其发展前景［J］．能源与节能，2019（2）：62-65.

[5] 白秀娟，刘春梅，兰维娟，等．甲醇能源的发展与应用现状［J］．能源与节能，2020，1：54-55.

[6] 吴继盛，吴家正，刘洪运．甲醇作柴油机替代燃料的研究现状与展望［J］．节能技术，2021，39（225）：9-14.

第3章 生物柴油替代燃料

生物柴油是典型的绿色可再生能源，是由植物油、动物脂肪和微生物油脂等天然油脂生产的一种新型柴油燃料。生物柴油主要生产国家和地区都十分重视生物柴油的推广利用，以推动生物柴油的发展。欧盟委员会 2003 年通过《生物燃料指令(BD)》，2009 年通过《可再生能源指令（RED）》，这两项法律指令在交通领域强制性规定使用生物燃料，要求到 2020 年运输燃料中生物柴油比例为 10%。美国环保署（EPA）也制定了可再生燃料标准计划（RFS）来推动替代燃料利用。2019 年 12 月 19 日报道，根据美国环保署 12 月 19 日确定的最终数量，美国炼油企业 2020 年将被要求在汽油和柴油中混合 200.9 亿加仑（ 1 加仑＝3.78541dm^3）的可再生燃料，占全国运输燃料供应的 10.97%。美国农业部 2020 年 2 月宣布，在市场驱动的基础上实现 2030 年生物燃料占到运输行业燃料 15%比重的掺混率目标，2050 年实现 30%的掺混率目际。

我国生物质资源种类繁多，根据来源不同，可以分为农业生物质资源、林业生物质资源、城市固体废物、废弃食用油脂等，如表 3-1 所示。其中，废弃油脂主要来源于家庭烹饪、餐饮服务业和食品加工业。根据国家粮油信息中心数据，2018—2019 年，我国食用油市场的总供给量为 3.91×10^7t。按照每消耗 1kg 食用油脂产生 0.175kg 废食用油脂，废食用油脂的回收率按 50%计算，2019 年我国可回收废食用油脂为 3.42×10^6t，可生产生物柴油为 2.91×10^6t，折合约为 4.15×10^6t 标准煤（折标系数为 1.426kg 标准煤/kg)。

表 3-1 我国生物质资源汇总表

来源	资源种类	产生量/10^8t	可能源化利用量/10^4t 标准煤
农业	农作物秸秆	8.05	7250
	农产品初加工剩余物	1.24	3100
	畜禽养殖剩余物	26.10	9301
林业	林业生物质资源	1.95	9754

续表

来源	资源种类	产生量/10^8t	可能源化利用量/10^4t标准煤
城市	城市固体废物	2.42	2764
	废弃油脂	0.034	415
合计			32584

2018年，上海印发《上海市支持餐厨废弃油脂制生物柴油推广应用暂行管理办法》的通知，在全市21个加油站试点B5生物柴油，年消耗地沟油约3.0×10^4t。目前，我国生物柴油的发展仍处于初级阶段，与国外相比还有一定差距。具体来看，我国生物柴油的生产多以民营企业为主，存在装置规模小、技术水平低、原料供应不足、质量标准不一、市场流通不规范、综合利用和深加工水平偏低等问题。

3.1 生物柴油的理化性质

生物质能源作为可再生能源，是目前世界能源消耗总量仅次于煤炭、石油和天然气的第四大能源，在整个能源系统中占有重要的地位。生物柴油的燃烧特性与柴油十分相似，其理化性质如表3-2所示。

表3-2 生物柴油理化性质

理化性质		生物柴油
冷凝点	夏季产品/℃	−10
	冬季产品/℃	−20
20℃的密度/(g/mL)		0.88
40℃运动黏度/(mm^2/s)		4～6
闪点/℃		>100
十六烷值		>56
硫含量/%		<0.001
低热值/(mJ/L)		38.8～40.2
氧含量/%		10
1kg燃料最小空气消耗量/kg		12.5
三星期后的生物分解率/%		98

生物柴油是指由动植物油脂（脂肪酸甘油三酯）与醇（甲醇或乙醇）经酯交换反应后得到的脂肪酸单烷基酯（mono-alkyl-esters），最典型的是脂肪酸甲酯。具有以下优点：

① 原料广泛且可再生。生物柴油的原料是植物油脂、动物油脂、植物油精炼

后的废料、酸化油、潲水油或各种油炸食品后的废弃油和工程海藻等微生物。其中植物类主要包括大豆、油菜、油用向日葵、棉花、芝麻、花生、蓖麻、亚麻、文冠果、乌桕树、棕榈树、椰子树、油桐树、野苏树、桉树、油茶、麻疯树、光皮树等含油质植物所榨取的油料。

② 优良的燃烧性能。生物柴油十六烷值与传统柴油相当，热值略低于柴油，其含氧量约为 10%，燃烧特性良好。燃烧残留物呈微酸性，使催化器和发动机机油的使用寿命加长。

③ 优良的排放性能。生物柴油含硫量低，因此二氧化硫和硫化物的排放低，可减少酸雨的发生；生物柴油基本不含芳香族烃类成分，燃烧产生的炭烟排放量较少；生物柴油燃烧产生的 CO_2 远低于植物整个生长过程中所吸收的 CO_2。

④ 较好的发动机低温起动性能。与国标 0 号柴油冷凝点不高于 4℃相比，生物柴油无添加剂时冷凝点达−20℃。一般地说，生物柴油的凝点为 0℃，具有较好的发动机低温起动性能。

⑤ 较好的润滑性能。生物柴油具有较高的运动黏度，在不影响燃油雾化的情况下，生物柴油更容易在汽缸内壁形成一层油膜，从而提高运动机件的润滑性能，降低发动机缸套、活塞和喷油系统的磨损率，延长其使用寿命。

⑥ 良好的适用性能。现阶段文献资料表明，在不对传统发动机进行改进的条件下，生物柴油和传统柴油可以任意比例混合在柴油机中使用。同时无需另添设加油设备、储存设备及人员的特殊技术培训。

⑦ 良好的安全性能。生物柴油闪点高（是传统柴油的 2 倍以上），不属于危险品，有利于安全运输、储存。

⑧ 优异的降解性。生物柴油降解速度比石化柴油快 4 倍，28 天生物柴油在水中可降解 85%～88%，与葡萄糖降解率相同。生物柴油不会给土地或水源带来危害。

由于生物柴油具有以上优点，全球大多数国家，特别是资源贫乏的国家均深刻认识到合理开发利用生物柴油对于促进本国经济发展、改变现有能源结构、降低石油进口依赖、环境保护等方面都将产生深远意义。美国 2000 年清洁大气环境行动（Clean Air Act）中，生物柴油成为唯一一种满足美国环保总局（EPA）颁布 TIREⅠ和 TIREⅡ法规要求的代用燃料。测试选择三种不同型号的发动机：康明斯 N-14、康明斯 B5.9 和 DDC 系列 50 型发动机。测量结果表明：碳氢排放平均降低 84.4%，一氧化碳排放降低 40.5%，炭烟排放降低 38%，而氮氧化物排放平均升高 15%。

3.2　生物柴油的制备

生物柴油是经过酯交换反应得到的脂肪酸单酯类化合物，可以单独使用，也可以与传统柴油混合使用，在20世纪80年代引发了人们对生物柴油的研究热潮。通过研究发现植物油中的主要化学组成基本一致，因此任何一种植物油都可以作为原料转化成生物柴油，包括大豆油、菜籽油、地沟油等。人们集中研究了以脂肪酸酯类化合物为目标产物的合成工艺，这种酯类产物被称为第一代生物柴油，其代表组分是FAME，即脂肪酸甲酯。1990年，奥地利投产建成了首套以菜籽油为原料的万吨级甲酯生产装置，欧洲生物柴油产能已超过1300万吨，是油脂化工中产量最大、增长最快的品种。FAME与石化柴油相比，具有较高的十六烷值、S和N等元素含量低、含有O元素，以及高闪点运输与使用更安全等特点。然而，动植物油原料中含有不同种类的脂肪酸，在生产FAME的过程中，不会改变其结构中的不饱和度。如果不饱和度高，FAME分子结构中含有大量的碳-碳不饱和键，在储存和运输过程中容易发生氧化变质，影响正常使用；如果不饱和度低，FAME凝固点高，在秋冬低温季节使用时很容易析出，堵塞发动机油路，严重时甚至会损坏发动机。

随后，许多研究者采用了以深度加氢为核心的合成路线来制备生物燃油。主要工艺过程是通过将油脂进行加氢脱氧反应和临氢异构化反应，最终获得长链的饱和烷烃，这种类似石化柴油组分的可再生生物质燃料被称为第二代生物柴油。与第一代生物柴油FAME相比，第二代生物柴油在分子结构和性能方面与石油基燃料更为接近，在产品加工和使用方面也比第一代方便，因此深受石油炼制企业的欢迎，并且已经开始进行大规模的工业化推广。

从原料方面来看，第二代生物柴油和第一代生物柴油几乎是完全相同的，二者均局限于动植物油脂。研究人员利用生物质气化技术与催化加氢技术相结合的方法，成功实现了以非油脂类生物质（如农作物秸秆、木屑等）和微生物油脂（如微藻）等原料来生产柴油烷烃的目的，采用这种工艺路线得到的生物质燃料即为第三代生物柴油。较之前两代生物柴油，在反应原料选择方面，第三代生物柴油制备技术实现了取材范围的拓展，使得生物柴油制备的经济优势更突出。科学家们在对微藻进行基因工程改造研究的同时，事实上就逐渐地过渡到了第四代生物柴油的技术范畴。第四代生物柴油主要依托于代谢工程（Metabolic engineering）和合成生物学（Synthetic biology）的发展，结合了光生物太阳能燃料（Photobiological solar fuels）和电子燃料（Electro-fuels）生产技术，利用几乎取之不尽、价格低廉且可广泛获得的水、CO_2和光生产生物柴油。

3.2.1　第一代生物柴油

从生物柴油发展的角度来看，第一代生物柴油的生产方法主要有直接混合法、微乳液法、高温热裂解和加氢裂化法、酯交换法和超临界法等。

（1）直接混合法

直接混合法属于物理方法，工艺简单，是在不改变原料结构的情况下，将植物油、柴油、降凝剂和添加剂按一定比例直接混合得到生物柴油的一种方法。将植物油与石化柴油混合后，直接用于未做任何结构改造的柴油发动机内进行燃烧试验，当植物油的加入量达到20%时，发动机能够保持运转。通过对混合燃料的对比分析表明，混合燃料的黏度、闪点和酸值高，热值低，低温流动性和挥发性差，雾化困难，着火延迟期长，燃烧不充分，积炭严重，易堵塞发动机管道，进而降低了发动机寿命。

（2）微乳液法

微乳液法也是一种物理方法，通过将植物油、柴油和溶剂与微乳液混合，根据实验情况添加一定量的表面活性剂控制体系黏度，得到分散均匀的微乳态生物柴油。微乳液是一种热力学稳定的胶体分散体系，根据不同的分散相（溶质）和连续相（溶剂），可以将微乳液划分为油包水型和水包油型。乳液还可以作为分散相制备多重乳液，分为油包水包油型和水包油包水型。在油包水型溶液中，溶剂量增大会大大降低生物柴油的生产成本。

（3）高温热裂解法与加氢裂化法

高温热裂解法是将原料放在高温条件下，通过催化剂的作用，在空气或氮气中裂解得到生物质燃料的工艺方法；加氢裂化法是在氢气的优化条件下进行高温裂解。采用高温裂解法制备生物柴油主要有生物质热裂解和植物油热裂解两种途径。普通高温裂解方法得到的生物柴油产品中含有更多的不饱和碳氢化合物，在工艺过程中通入氢气进行加氢裂化有助于改善产品质量。虽然高温裂解法和加氢裂化法具有对原料的要求不高、得到的产品具有与普通柴油性质相近等优点，但是高温裂化的工艺流程比较复杂，投入大、设备成本高，产物中高附加值的成分质量收率较低。

（4）酯交换法

植物油中的主要成分为脂肪酸甘油三酯类化合物，在催化剂的作用下，利用短碳链的醇类（多为甲醇）将甘油三酯中的甘油置换，从而得到分子量近似是原来1/3的脂肪酸单酯类化合物，这种工艺方法即为酯交换法，也叫醇解反应。所有生物柴油生产工艺中，酯交换法是较成熟的工艺，主要反应机理如图3-1所示。酯交换法生产的生物柴油产量高，性能与柴油相当，成本较低。酯交换是由一种酯生产另一种酯的过程，目的是降低油的黏度。在生物柴油生产中，原料主要是三酰甘油（即长链脂肪酸的甘油酯）和低分子量醇（甲醇、乙醇、丙醇、丁醇）组成的植物油。

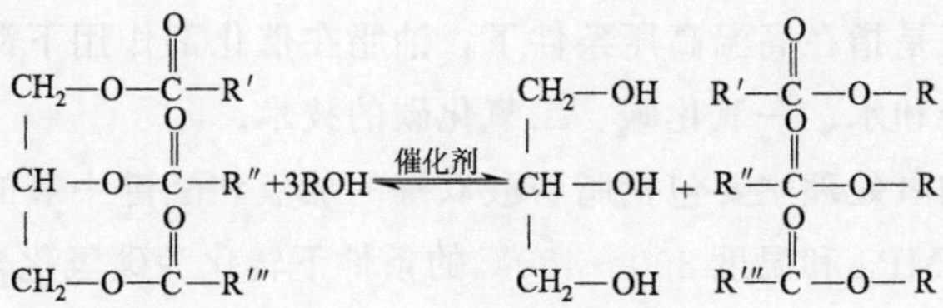

图 3-1　酯交换反应机理图

（5）超临界法

在任何压力下当系统内物质温度超过其临界温度时，该物质的气液两态的相界面消失，处于无法区分的状态，人们称这种状态为超临界状态。超临界法生产生物柴油技术是在无需催化剂的条件下，植物油和甲醇可以在超临界条件下直接进行酯交换反应和酯化反应，并最终得到生物柴油。在超临界条件下，物质的扩散速率变大，溶解度增加，能够加快反应速率，同时杂质对反应物的影响降低，可以大大提高产品收率。图 3-2 所示为典型的采用超临界方法制备生物柴油的工艺流程。

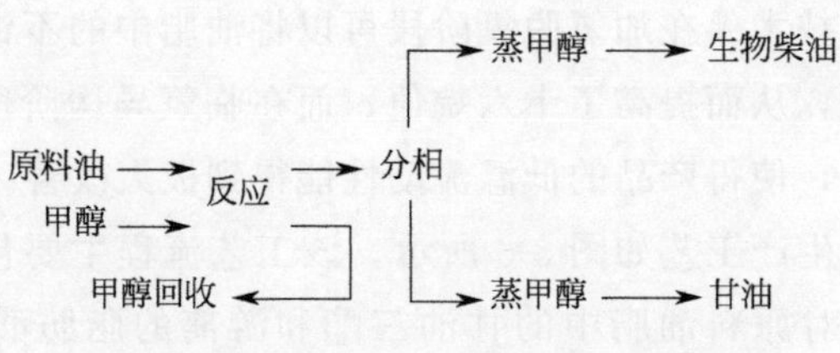

图 3-2　超临界法制备生物柴油工艺流程图

3.2.2　第二代生物柴油

通过对第一代生物柴油进行加氢脱氧、异构化等处理得到第二代生物柴油——类似柴油组分的烷烃类物质。以脂肪酸甲酯为主要成分的第一代生物柴油，在生产过程中有甘油、肥皂等副产品产生，且因其高含氧量而存在许多固有的严重缺陷，如在酸度、黏度、低温流动性、氧化稳定性等方面无法与第二代生物柴油相比。在柴油机中应用时，第一代生物柴油热值低且与石化柴油机兼容性不完全，而第二代生物柴油则具有更高的十六烷值和更高的热值。在燃烧气体排放方面，第二代生物柴油的燃烧气体中硫、氮含量几乎为零，因而比第一代生物柴油燃烧更加完全，温室气体排放量更低。

第二代生物柴油的生产工艺主要有直接加氢脱氧和加氢脱氧异构法。

（1）直接加氢脱氧

直接加氢脱氧是指在高温高压条件下，油脂在催化剂作用下深度加氢，脱去氧生成饱和单链烷烃和水、一氧化碳、二氧化碳的技术。

甘油三酯的加氢处理主要包括脂肪酸双键的加氢和酯键中氧的去除。甘油三酯在氢气压力超过 3MPa 和温度 300～450℃的条件下转化为碳氢化合物，主要是正构烷烃。通过几个连续步骤的复杂过程和不同的脱氧反应（例如加氢脱氧、脱羧和脱羰反应）确定了最终的烃混合物，从而将甘油三酯中的氧除去，产生柴油范围的蜡质油。此外，甘油三酯脱氧的过程中还涉及一些杂质的脱除，包括加氢脱氮（HDN）、加氢脱硫（HDS）和加氢脱湿（HDM）。伴随脱氧过程一般还会发生裂解，裂解反应会将正构烷烃裂化为较小的短链分子。裂解一般在无定形载体的酸性位点上进行，而加氢处理在催化剂的金属活性位点上进行。在金属氧化物催化剂的存在下，大多数富含甘油三酯的植物油的加氢处理导致生成 C_{15}～C_{18} 烃的液体混合物，这些液体烃的混合物与化石燃料有很多相似之处，因此国外也称之为绿色柴油（Green diesel）。

（2）加氢脱氧异构

加氢脱氧异构是指通过加氢脱氧和临氢异构两步工艺实现产品的高十六烷值和良好的低温流动性的技术。在加氢脱氧阶段可以将油脂中的不饱和双键和氧原子去除得到饱和正构烷烃，从而提高了十六烷值；而在临氢异构阶段，正构烷烃通过异构化反应实现支链化，使得产品的低温流动性能得到极大改善。

第二代生物柴油生产工艺如图 3-3 所示。该工艺流程主要包括 5 个步骤：一是原料油品加氢脱氧，对原料油脂中的甘油三酯和游离的脂肪酸等组分进行加氢反应，使其转化为不含 O 元素的正构烷烃；二是对副产物回收（如丙烷等轻烃气体）；三是干燥脱水过程，确保后段工序催化剂免受污染；四是临氢异构化和催化裂化得

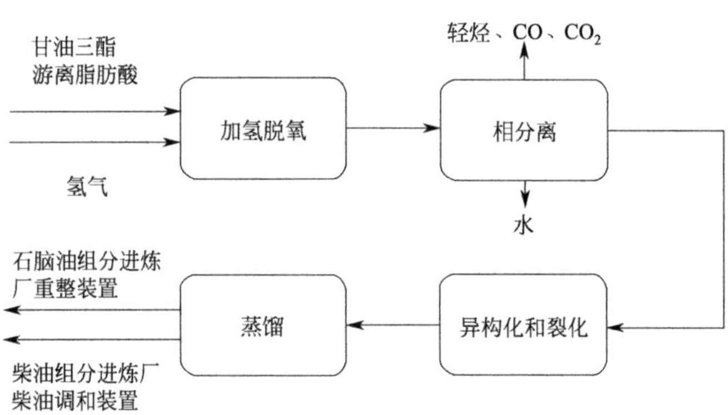

图 3-3　第二代生物柴油生产工艺图

到高品质生物柴油或喷气燃料级的异构烷烃；五是蒸馏分离。

3.2.3 第三代生物柴油

第三代生物柴油（third generation biodiesel）主要是在生产生物柴油的原料范围上进行拓展，由原来的棕榈油、妥尔油、废弃油脂等拓展到高脂肪含量的一类单细胞生物——微藻（microalga）。微藻是简单的自养和/或异养的光合生物，在淡水和海洋水环境中生长。真核微藻细胞包含细胞核、叶绿体、内质网、细胞壁和色素等。这些细胞结构使其具有更大的比表面积，从而使它们能够高效生长。据估计，大约5万种微藻已被发现和研究。这些光合作用生物可以有效地利用CO_2（碳源）、光（能源）和水来合成磷脂、蛋白质、核酸和富含碳的脂质，这些脂质可以通过酯交换过程或加氢处理转化为生物柴油。

利用微藻生产生物柴油的优点如下：

① 与陆地植物相比，微藻易于培养、生长周期短、脂肪含量高。许多微藻的脂肪含量超过生物量干重的20%，在最佳条件下，一些物种可以在生物量中积累超过70%的脂肪（按质量计）。

② 与植物源生物柴油相比，具有良好的环保性。与油料作物相比，微藻的生长不需要使用除草剂或杀虫剂。藻类的生长需要的水资源与陆地植物相比要少很多，有些微藻在海水中可以生长良好，不需要淡水。一些学者利用废水来培养微藻，并取得了很大进展，这降低了废水处理的成本，提高了微藻养殖者的收入。此外，微藻在生长过程中需要消耗CO_2，可以起到固定大气中CO_2的作用，对于缓解大气CO_2含量不断增加是有利的。有的学者利用微藻为酵母提供O_2，而酵母为微藻提供CO_2，开发出微藻-酵母共生系统，这对于提高微藻产脂量具有积极作用。

③ 微藻的生长不需要优质农用地，甚至不需要占用农田，这将减少与耕地的争夺，对粮食供应的影响很小。

④ 微藻本身具有高的附加值。除了油脂外，微藻还富含蛋白质、维生素等营养成分，有的可以产生色素、抗氧化剂等，在饲料、营养和食品添加剂领域具有很大的潜力。此外，提取油脂后的微藻废物还可以进一步开发利用以提高微藻的利用价值。

3.2.4 第四代生物柴油

第四代生物柴油主要依托于代谢工程（metabolic engineering）和合成生物学（synthetic biology）的发展，结合了光生物太阳能燃料（photobiological solar fuels）和电子燃料（electro-fuels）生产技术，利用价格低廉且可广泛获得的水、CO_2和光生产生物柴油。目前，对这些“设计生物”的研究目标是10%的光子-燃料转换效率（photon to fuel conversion efficiency，PFCE），但“设计菌”的产生仍需要在几个基础研究领域取得革命性的科学突破。

光生物太阳能燃料是在光合作用电池中由太阳能制成的，只使用水，或者只使用水和 CO_2 作为原材料（这取决于所要产生的燃料是氢基燃料还是碳基燃料）。微生物电合成（MES）依赖于某些微生物从电极（从太阳能电池或任何可再生电源）直接捕获电子的能力，将还原当量的电子同化到新陈代谢中，在这个过程中吸收 CO_2。通过 MES 将来自太阳的能量转化为可存储的能源，称为电子燃料。

作为非常有潜力的改造对象，蓝藻已经被基因工程改造用来生产各种燃料和化学品（如氢气、乙醇、乳酸等）。通过合成生物学方法将各种发酵代谢途径引入蓝藻细胞，使得直接从太阳能和 Calvin-Benson 循环中间体生产生物燃料成为可能。第四代生物柴油目前仍处于研究的初步阶段，它所使用的合成生物学技术、代谢工程技术等，是生物柴油技术发展的未来趋势。

3.3　生物柴油燃烧与排放特性

生物柴油在柴油机上的应用研究较多，其中上海交通大学黄震等在国家自然科学基金重点项目“压燃式发动机高效低温燃烧的基础研究”和教育部重大项目“燃用生物柴油的压燃式柴油发动机的研究”，对生物柴油燃烧和排放特性做了较为深入的研究。试验结果表明：燃用体积比低于15%的菜籽油甲酯，发动机的缸内燃烧过程和纯柴油基本一致；增压柴油机燃用菜籽油甲酯和柴油的混合燃料可以有效降低炭烟、HC 和 CO 的排放；NO_x 排放略有上升；15%以内的菜籽油甲酯对柴油机燃料经济性影响很小。研究认为：增压柴油机相对自然吸气式柴油机具有更好的生物柴油燃料适应性；在不改变发动机参数的条件下，低比例的菜籽油甲酯具有良好的推广应用前景。

3.3.1　柴油机燃用生物柴油燃烧特性

图 3-4～图 3-7 分别为某柴油机最大转矩工况和标定工况下，燃用 0 号柴油、B5 和 B15 的示功图以及压力升高率、瞬时放热率和累计放热率的比较。由图可见，燃用 3 种燃料时，发动机的缸压、燃烧放热率及累计燃烧放热率差别很小，差异基本可以忽略。原因在于：生物柴油的十六烷值比柴油高，且增压柴油机缸内进气温度较高，导致混合燃料的滞燃期缩短，有使缸内燃烧提早的趋势；即便是纯生物柴油燃料，在密度、黏度等物性的综合作用下，喷油提前角大约仅比纯柴油有 1°CA 左右的提前，本研究中掺混比例很小，燃料物性引起的供油提前角的差异小；生物柴油的黏度比柴油大，使燃油喷射和雾化能力变差。实际发动机缸内燃烧是上述因

素的综合作用结果。和纯柴油相比，体积分数低于 15%的 RME 对车用增压柴油机缸内燃烧规律基本没有影响。

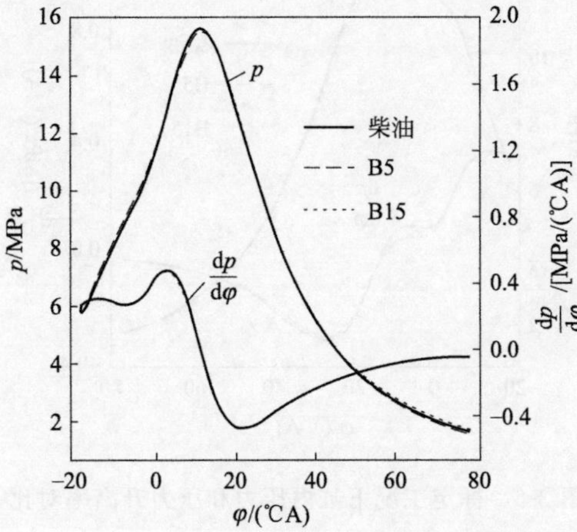

图 3-4　最大转矩工况下缸内压力和压力升高率对比

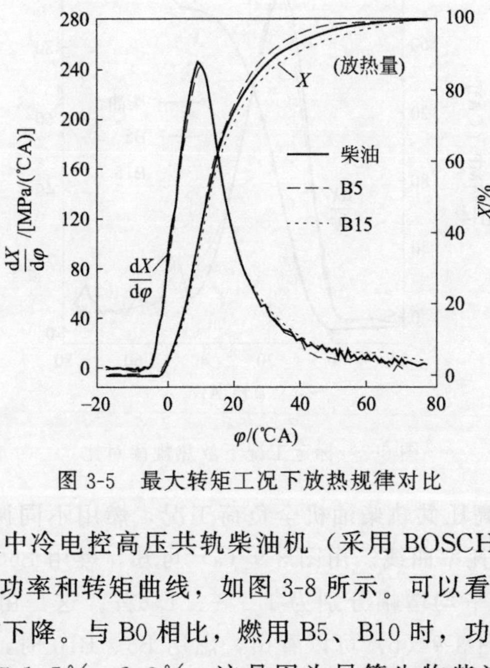

图 3-5　最大转矩工况下放热规律对比

某直列 4 缸增压中冷电控高压共轨柴油机（采用 BOSCH 燃油喷射系统），燃用 B0、B5 和 B10 的功率和转矩曲线，如图 3-8 所示。可以看出，掺烧生物柴油会导致功率和转矩略有下降。与 B0 相比，燃用 B5、B10 时，功率和转矩平均降幅分别为 3.1%、5.3% 和 1.5%、2.3%。这是因为尽管生物柴油的低热值为柴油的 73.3%，但该机采用了电控共轨喷油系统，喷油量、喷油率等参数会根据燃料密度、进气压力、温度等参数调整，另一方面，由于掺混比例较低，调和燃料的热值约为柴油的 95%、92%，同时，生物柴油 11%的含氧量能改善燃烧过程，因此燃用调和燃料时功率和转矩与原机相当。

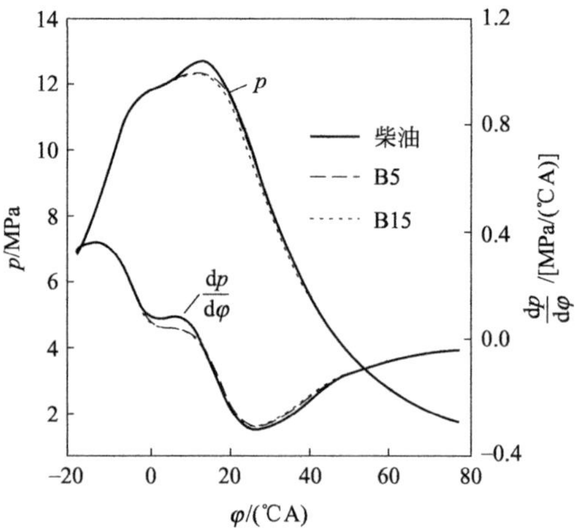

图 3-6 标定工况下缸内压力和压力升高率对比

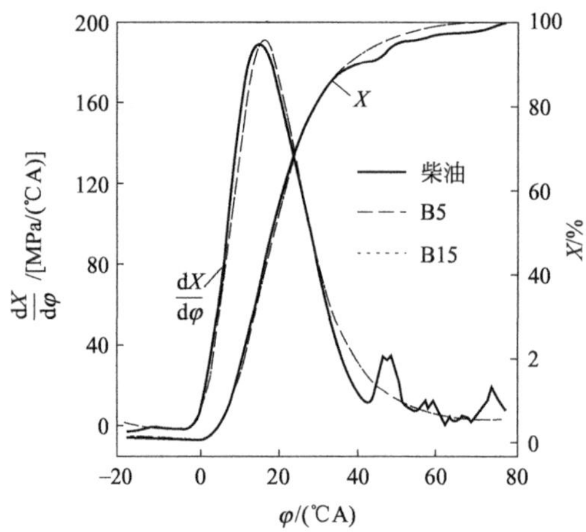

图 3-7 标定工况下放热规律对比

图 3-9 为某电控高压共轨柴油机全负荷工况，燃用不同调和比例生物柴油的燃油消耗率和能量消耗率曲线。由图 3-9（a）可知，燃用 B5、B10 时，燃油消耗率较原机略有增加，平均增幅分别为 1.1％、1.6％。这是由于 B5、B10 的热值较 B0 低造成的。从图 3-9（b）可以看出，燃用 B5、B10 时，能量消耗率略有改善，且在中、高转速尤为明显。与原机相比，能量消耗率平均降幅分别为 3.5％、6.8％。这主要是由于生物柴油具有自供氧能力，改善了燃烧状况；另一方面，生物柴油十六烷值较高，较柴油易燃，燃用 B5、B10 时，柴油机的燃烧热效率有所提高。

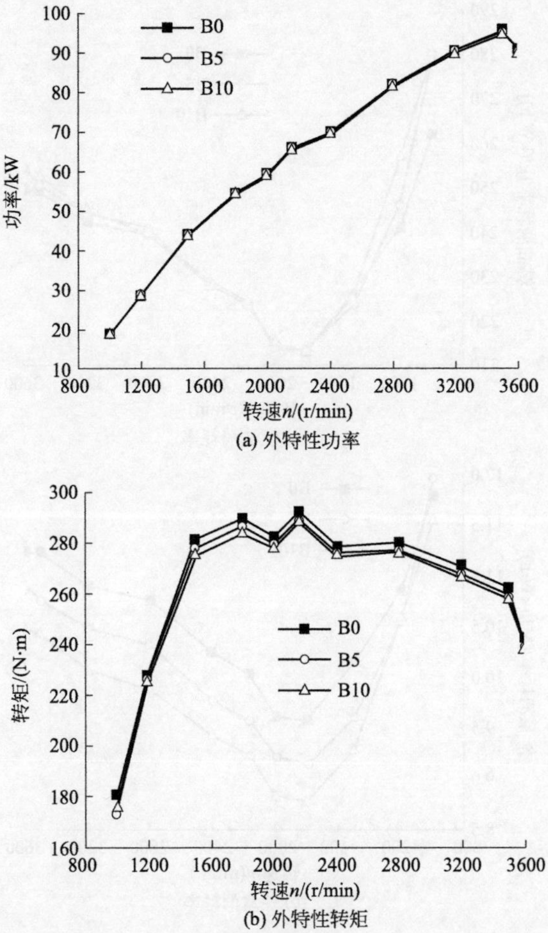

图 3-8　生物柴油对柴油机动力性的影响

3.3.2 柴油机燃用生物柴油排放特性

（1）比排放特性

在某直列 4 缸增压中冷电控高压共轨柴油机（采用 BOSCH 燃油喷射系统）结构和参数不做任何调整的情况下，燃用 B0、B5、B10 进行 ESC 稳态排放测试，比较燃用不同燃料时，共轨柴油机的 CO、HC、NO_x、PM 在不同工况下的比排放量、加权比排放量、十三工况加权平均比排放量、不同工况点污染物比排放量的分担率。计算公式如式（3-1）～式（3-3）。

比排放量：

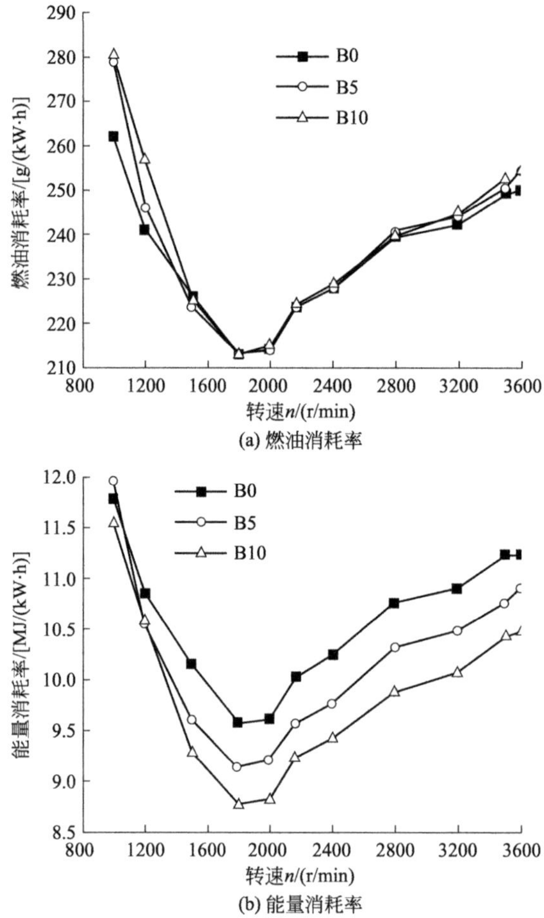

图 3-9　生物柴油对柴油机经济性的影响

$$X_i=\frac{X_{mi}}{P(n)_i} \tag{3-1}$$

加权比排放量：

$$X_i=\frac{X_{mi}\times W_{Fi}}{\sum_{i=1}^{13}P(n)_i\times W_{Fi}} \tag{3-2}$$

十三工况加权平均比排放量：

$$X_i=\sum_{i=1}^{13}\frac{X_{mi}\times W_{Fi}}{\sum_{i=1}^{13}P(n)_i\times W_{Fi}} \tag{3-3}$$

式中，X_i 为第 i 种工况下排气污染物的比排放量；X_{mi} 为第 i 种工况下排气污染物的质量流量；$P(n)_i$ 为第 i 种工况的净功率；W_{Fi} 为第 i 种工况对应的加权系数；i 为工况序号，$i=1$，2，3，…，13。

图 3-10 所示为高压共轨柴油机 2750r/min、不同功率下的比排放曲线。

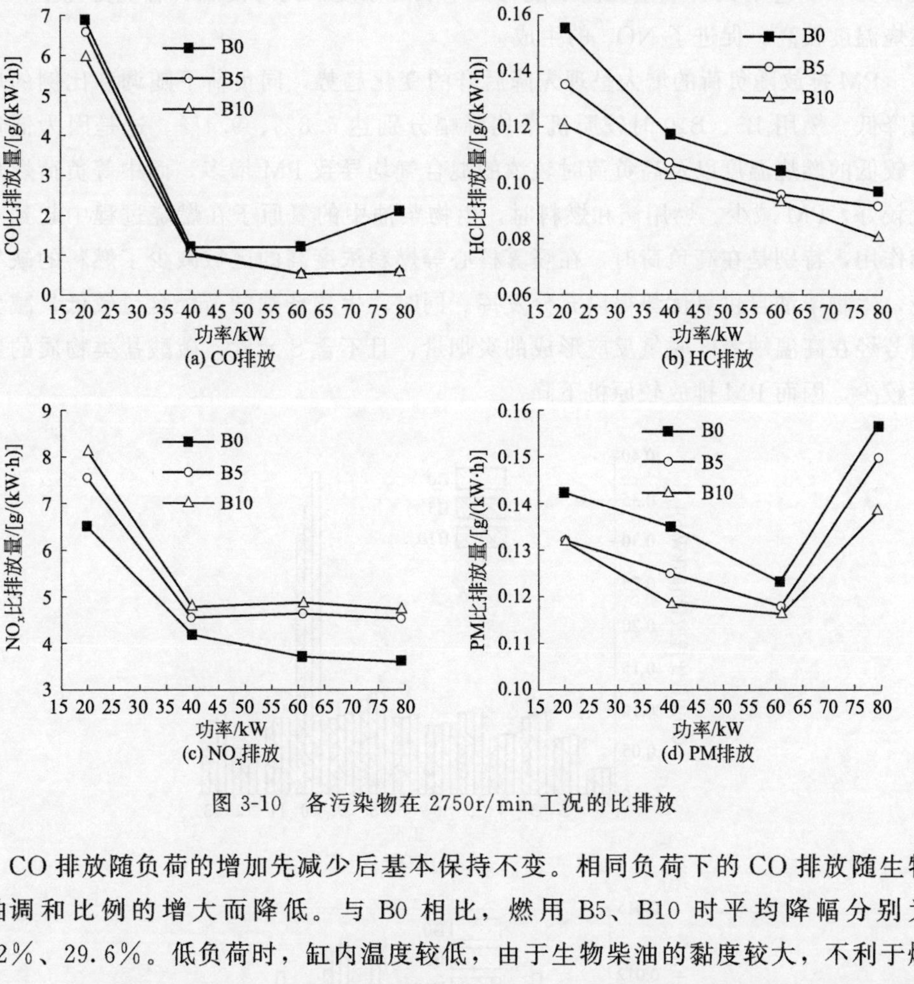

图 3-10　各污染物在 2750r/min 工况的比排放

CO 排放随负荷的增加先减少后基本保持不变。相同负荷下的 CO 排放随生物柴油调和比例的增大而降低。与 B0 相比，燃用 B5、B10 时平均降幅分别为 23.2%、29.6%。低负荷时，缸内温度较低，由于生物柴油的黏度较大，不利于燃料雾化，导致燃烧不完全，此时缸内氧气较充足，生物柴油含氧的优势发挥不明显，因而 CO 排放降幅较小。增大负荷后，空燃比减小，生物柴油的自供氧能力发挥明显，燃烧改善，导致 CO 排放降幅增大。

HC 排放随负荷的增大逐渐下降，同负荷下 HC 排放随生物柴油调和比例的增加而略有下降，且小负荷时降幅较为明显。与 B0 相比，燃用 B5、B10 时平均降低 0.01 g/（kW·h）、0.02g/（kW·h）。这是由于小负荷时空燃比较大，缸内温度低，着火和燃烧条件差，而生物柴油的十六烷值较高，滞燃期缩短，局部熄火而产生的 HC 排放减少；随着负荷的增大，喷油量增多，混合气局部熄火的情况得以改善，生物柴油的优势发挥变得不明显，导致 HC 排放差别不大。

NO_x 排放随负荷增大而降低，相同负荷下随调和比例的增大而升高，且在中高负荷较明显。燃用 B5、B10 时较原机平均增幅分别达 18.5%、25.3%。这是因为中高负荷时混合气较浓，混合气的氧化能力弱，不利于 NO_x 的生成。而生物柴油自身 11%左右的含氧量提高了混合气中氧的浓度，同时使燃料燃烧更完全，导致燃烧温度较高，促进了 NO_x 的生成。

PM 排放随负荷的增大呈现先降后升的变化趋势，同负荷下随调和比例的增大而降低。燃用 B5、B10 时较原机平均降幅分别达 5.8%、9.4%。这是因为低负荷时较低的燃烧温度以及高负荷时较浓的混合气均导致 PM 增多，而中等负荷燃烧状况较好，PM 减少。燃用调和燃料时，生物柴油中的氧原子在燃烧过程中起到了助燃作用，特别是在高负荷时，在喷雾核心等燃料浓度高的区域减少了燃料的缺氧燃烧，生物柴油自供氧优势得以充分发挥。同时，生物柴油的芳烃含量较低，减少了因芳烃在高温缺氧区脱氢反应形成的炭烟量，且不含 S 元素，硫酸盐类物质的生成量较少，因而 PM 排放较原机下降。

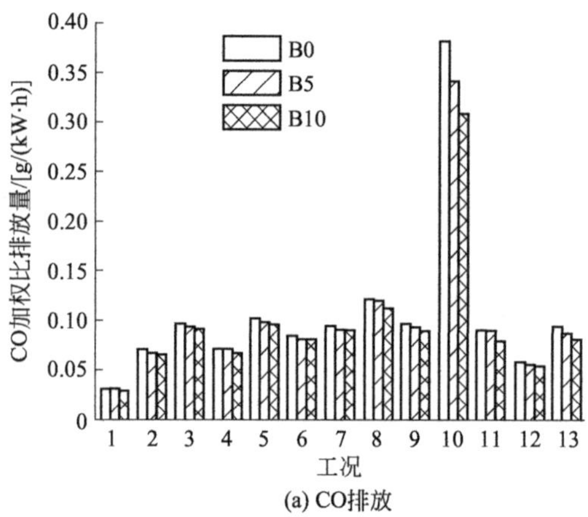

(a) CO排放

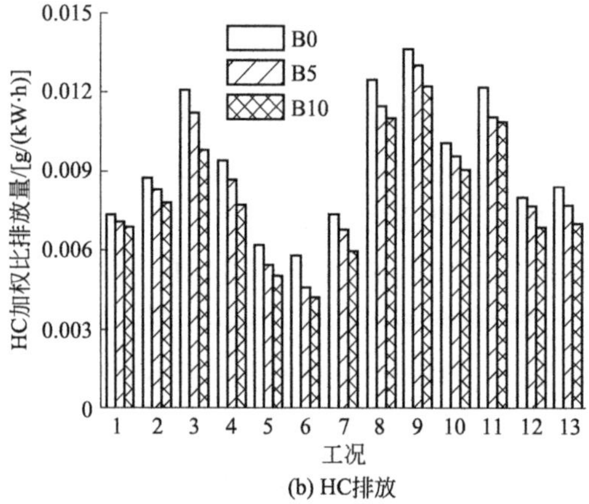

(b) HC排放

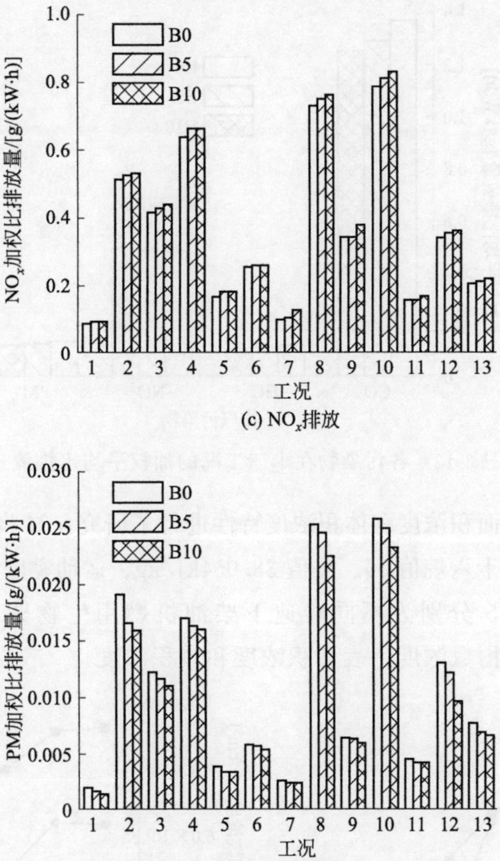

(c) NO_x排放

(d) PM排放

图 3-11　各污染物在不同工况下的加权比排放量

图 3-11 和图 3-12 分别为某柴油机燃用 B0、B5、B10 时污染物在不同工况点的加权比排放量和十三工况加权平均比排放量。从图 3-11 可以看出，随着生物柴油掺混比例的增加，CO、PM、HC 的加权比排放量逐渐减少，NO_x 的加权比排放量逐渐增加。这是因为生物柴油较大的十六烷值和较高的含氧量改善了着火和燃烧过程，抑制了 CO 和 HC 的生成；不含 S 元素，减少了颗粒中硫酸盐组分的生成，芳烃含量低，减少了高温裂解组分的形成，使 PM 排放降低；同时，较大的十六烷值缩短了滞燃期，提高了燃烧温度，形成了富氧和高温的环境，导致 NO_x 排放升高。如图 3-12 所示，与 B0 相比，燃用 B5、B10 时，CO 分别减少了 6.1%、9.1%，HC 分别减少了 4.3%、9.7%，PM 减少了 2.2%、7.4%，而 NO_x 增加了 2.2%、4.9%（十三工况加权平均比排放量）。

（2）超细颗粒物排放特性

长安大学采用 TSI SMPS-3938 气溶胶粒径谱仪对一台六缸柴油机燃用生物柴油超

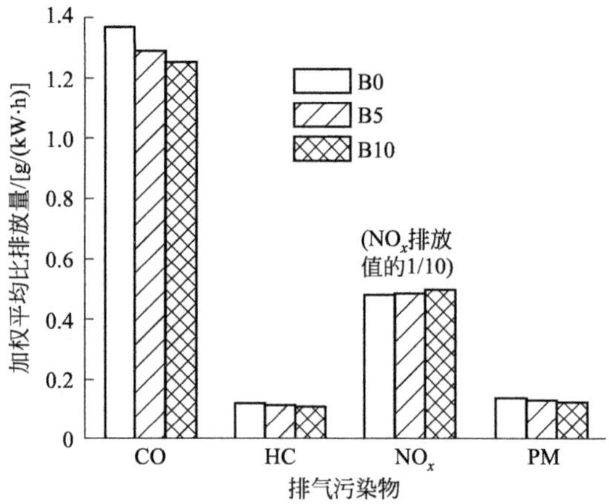

图 3-12 各污染物在十三工况的加权平均比排放量

细颗粒物数浓度、表面积浓度和体积浓度特性进行了研究。试验用生物柴油为餐饮废油制取的生物柴油（十六烷值 55、热值 38.054kJ/kg、运动黏度 5.96mm^2/s）。

图 3-13～图 3-15 分别为不同转速下柴油机燃用生物柴油（BD100）和柴油（D100）的超细颗粒物数浓度、表面积浓度和体积浓度。

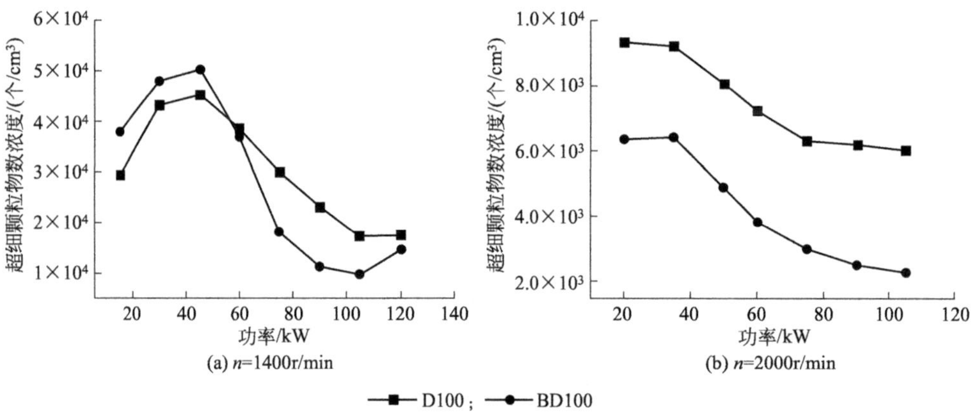

图 3-13 超细颗粒物数浓度

由图 3-13～图 3-15 可以看出，转速为 1400r/min 时，随着负荷的增大，BD100 和 D100 的超细颗粒物数浓度、表面积浓度及体积浓度呈现先增大而后减小的趋势。其中在小负荷和部分负荷时，BD100 的超细颗粒物数浓度比 D100 高，而中等以上负荷下，情况相反；所有负荷状态下，BD100 的超细颗粒物表面浓度和体积浓度均低于 D100。转速为 2000r/min 时，BD100 和 D100 的超细颗粒物数浓度、表面积浓度及体积浓度均随负荷的增加呈现先增大后减小趋势；且 BD100 均低于 D100。BD100 和 D100 理化性质的差异，使得核态颗粒物（D<50nm）数量增加，爱根核

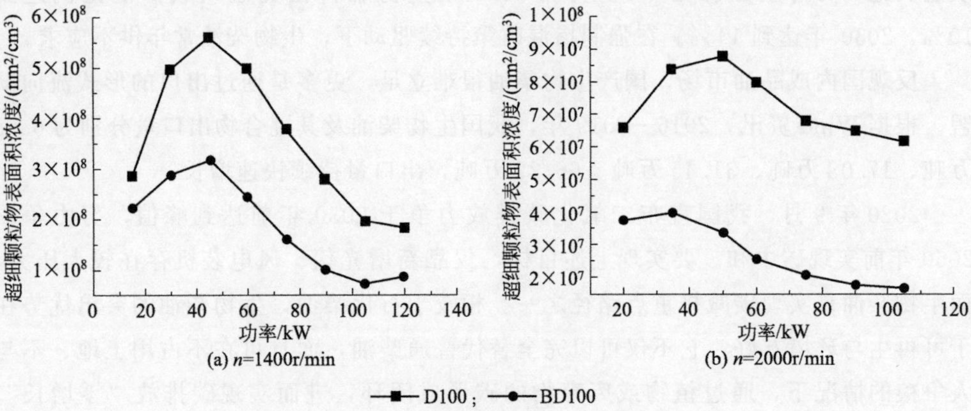

图 3-14　超细颗粒物表面积浓度

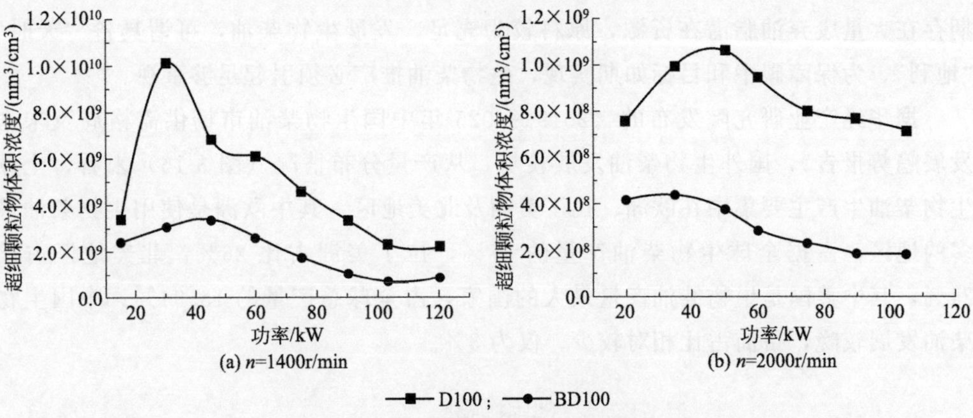

图 3-15　超细颗粒物体积浓度

模态颗粒物（50nm⩽D<100nm）数量降低，从而导致 1400r/min、小负荷时，虽然 BD100 超细颗粒物数浓度高于 D100，但是表面积浓度及体积浓度均低于 D100。

3.4　生物柴油的应用与发展

《经济日报》2021 年 1 月 1 日报道，在碳中和战略下，生物柴油成了“香饽饽”。普氏（Platts）数据显示，生物柴油价格已于 2020 年 12 月中旬升至当年高点，达 1110 美元/t。生物柴油价格上涨的主要推动力来自于欧盟国家在碳减排压力下的巨大需求。

生物柴油是以植物和废弃油脂等生物基材料为原料加工的柴油，减排效果好，但生产成本相对于化石能源没有优势，其推广离不开政策强力支持。早在 2009 年，欧盟实施《可再生能源指令》，明确 2020 年生物燃料在交通领域掺混比例达到 10%，2030 年达到 14%。在强制掺混政策持续驱动下，生物柴油常年供不应求。

反观国内成品油市场，国产生物柴油很难立足，更多是通过出口的形式流向欧盟。根据 Wind 资讯，2016—2019 年，我国生物柴油及其混合物出口量分别为 6.68 万吨、17.03 万吨、31.45 万吨、66.22 万吨，出口量持续快速增长。

2020 年 9 月，我国宣布二氧化碳排放力争于 2030 年前达到峰值，努力争取 2060 年前实现碳中和。要实现上述目标，仅靠新增光伏、风电装机存在较大压力，而生物柴油是实现碳减排重点路径之一。相较于石化柴油，生物柴油的突出优势在于可再生与环境友好。它不仅可以完全替代普通柴油，而且可在不占用土地、不与人争粮的情况下，通过植物或废弃物的碳形成闭环，进而实现碳排放“零增长”。可以说，生物柴油是降低交通运输领域碳排放直接、有效的手段之一。

目前，我国生物柴油产业的产品、技术、装备均已达到国际先进水平；国内长期存在大量废弃油脂潜在资源，原料较为充足。发展生物柴油，可谓具备“天时”“地利”。为保障碳中和目标如期实现，生物柴油推广必须引起足够重视。

据华经产业研究院发布的《2019—2025 年中国生物柴油市场供需格局及未来发展趋势报告》，国外生物柴油发展较早，从产量分布情况（图 3-16）来看，全球生物柴油生产主要集中在欧洲、拉丁美洲及北美地区，其中欧洲是使用生物柴油最多的地区，占据全球生物柴油产量的 37%，拉丁美洲占比 26%，北美地区占比 21%，其中美国是生物柴油产量最大的国家，占全球总产量的 13.94%。中国生物柴油发展较晚，目前占比相对较少，仅为 3%。

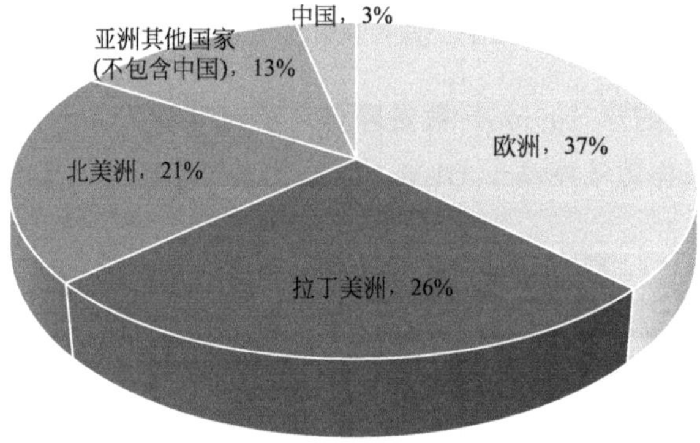

图 3-16　全球生物柴油主要产区产量分布情况

生物柴油具有较好的安全性能和燃烧性能，其主要成分是碳水化合物，硫、氮等有害杂质很少，且更易充分燃烧，同时不新增温室气体排放量，环保效益显著。在生物柴油的应用领域中，作为燃料用途占比达 98.53%。2017 年全球生物柴油在燃料领域的消耗量为 2731 万吨（图 3-17）。

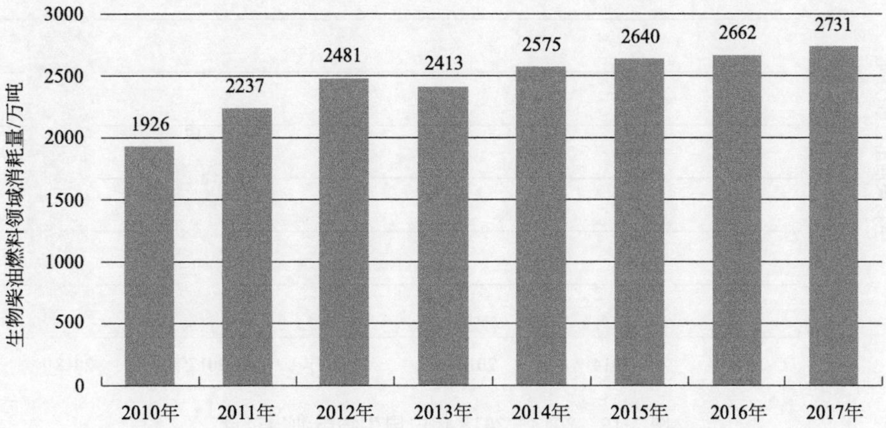

图 3-17　2010—2017 年生物柴油在燃料领域的消耗情况

我国生物柴油行业于 21 世纪初才开始兴起，从近几年生物柴油产量（图 3-18）来看，2013—2015 年受原油价格下跌影响，我国生物柴油产量出现下滑。而 2016 年下半年开始，国际原油价格有所回升，生物柴油行业也开始逐步回暖，2016—2018 年我国生物柴油产量呈现上升趋势，2018 年生物柴油产量达 103 万吨，同比增长 41.1%。

图 3-18　2013—2018 年中国生物柴油生产量

我国生物柴油主要以废油脂为生产原料，作为柴油的部分替代品，近几年我国生物柴油出口量呈现较快增长，2013 年我国生物柴油出口量仅为 75t，2014 年达 2 万吨，到 2018 年我国生物柴油出口量达 31 万吨，同比 2017 年增加了 82%（图 3-19）。

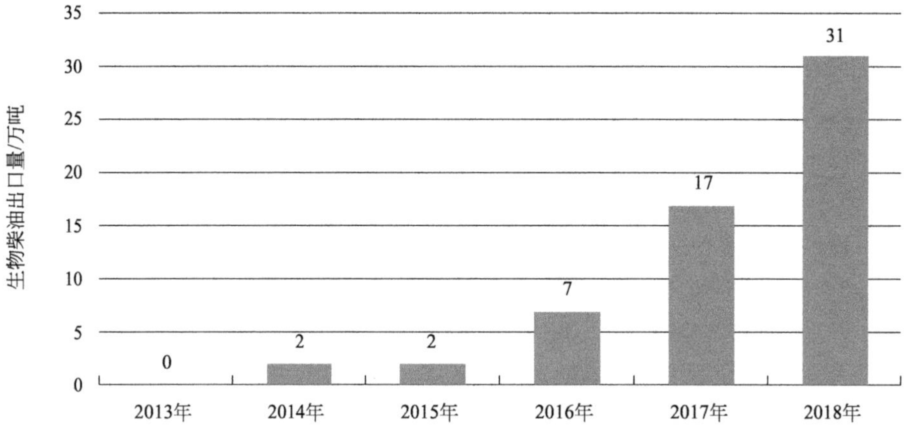

图 3-19 2013—2018 年中国生物柴油出口量

废油脂构成复杂、杂质含量高、色泽深，生产工艺复杂，而且若要生产满足高端市场要求的生物柴油，所需要的技术难度更大。目前我国生产生物柴油的企业主要为民营企业，分布在河北、山东、湖北、四川、河南等地。

参考文献

[1] 田宜水，单明，孔庚，等．我国生物质经济发展战略研究［J］．中国工程科学，2021，23（1）：133-140.

[2] 祁耀年．生物柴油的生产和应用［J］．中国油脂，2001（5）：72 -74.

[3] 葛蕴珊，信建民，吴思进，等．增压柴油机燃用生物柴油的排放特性［J］．燃烧科学与技术，2004，10（2）：125-129.

[4] 张丽坤，张武高，张利静，等．增压柴油机燃用不同掺比菜籽油甲酯的燃烧和排放的试验研究［J］，内燃机工程，2007，28（6）：24-27.

[5] 董广达．加氢脱氧法制备第二代生物柴油试验研究［D］．北京：北京化工大学，2013.

[6] 王铁辰．生物柴油不应墙内开花墙外香［N］．经济日报，2021-01-15.

[7] 毛功平，王忠，吴婧．高压共轨柴油机燃用生物柴油的排放特性分析［J］．车用发动机，2013，6：62-67，74.

[8] 谢斌，贺晶晶，马文晓，等．柴油机燃用生物柴油超细颗粒物排放特性研究［J］．环境工程，2018，36（增刊）：73-76.

[9] 张伟，韩立峰．国内外生物柴油研究现状及发展趋势［J］．信息与技术，2021，04：72-73.

第4章 聚甲氧基二甲醚替代燃料

聚甲氧基二甲醚（polyoxymethylene dimethyl ethers，PODE）是国际上公认的降低油耗和减少烟气排放的新型环保型燃油添加剂，具有较高的含氧量和较高的十六烷值。在柴油中调和5%～20%（质量分数）的PODE，即可降低柴油凝点、颗粒物和氮氧化物的排放。因此以甲醇为原料生产PODE新型柴油改良剂受到了广泛关注，工信部已将该产品列为国家重点发展的化工新产品。

4.1 聚甲氧基二甲醚理化性质

燃料的理化性质在很大程度上决定了柴油发动机混合气的形成、着火和燃烧过程，它们又会对燃空当量比分布、燃烧热效率、缸内平均过量空气系数产生重要影响，进而改变柴油机动力、经济和排放性。

PODE是由不同碳链组成的混合物，其组分理化性质如表4-1所示。随着分子中碳链的增加，氧含量增加。当$2 \leqslant n \leqslant 5$时，PODE具有较高的氧含量（>45%）和较高的密度（$\geqslant 960 kg/m^3$），但运动黏度较低。研究表明，柴油机掺混较高十六烷值和含氧量的PODE能够促进燃烧，改善燃烧质量，提升柴油机热效率，而且可

表4-1 PODE各组分理化性质

理化参数	二甲醚	甲缩醛	PODE				
	$n=0$	$n=1$	$n=2$	$n=3$	$n=4$	$n=5$	$n=6$
名称	DME	DMM	$PODE_2$	$PODE_3$	$PODE_4$	$PODE_5$	$PODE_6$
熔点/℃	−141.5	−105	−69.7	−42.5	−9.8	18.3	48
沸点/℃	−25	42	105	156	202	242	280
密度/(kg/m^3)	661	860	960	1024	1067	1100	1140
十六烷值	55	29	63	78	90	100	104
动力黏度/(mPa·s)	0.45	0.58	0.64	1.05	1.75	2.24	—
低热值/(MJ/kg)	31	22.4	20.3	19.1	18.4	17.9	17.5
氧含量/%	34.7	42.1	45.2	47	48.1	48.9	49.5

以实现较低的排放。但 PODE 热值和运动黏度较低，不宜在柴油机中单独使用，应该适量与柴油混合使用，防止柴油机出现喷油器磨损、动力明显下降等问题。

4.1.1 PODE 分子结构

聚甲氧基二甲醚（PODE）是由不同聚合度的聚醚类混合而成的，各组分是在甲缩醛（dimethoxy methane，DMM）基础上通过与甲醇反应后增加—CH_2O—而生成（图 4-1）的，它们有着相似的分子结构。

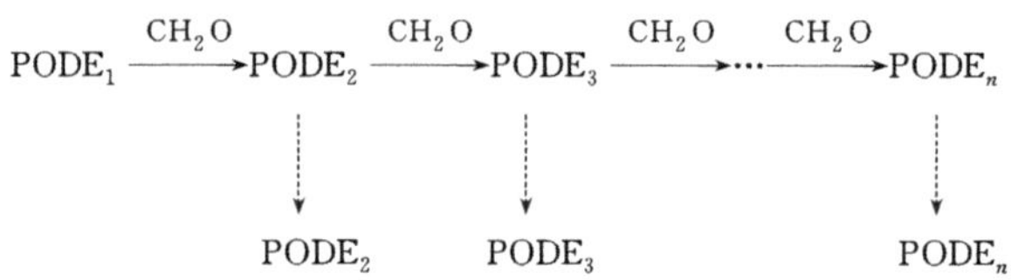

图 4-1 由 $PODE_1$ 逐步缩合生成 $PODE_n$ 的示意图

DMM 主要由两个碳原子与两个氧原子按照折线结构形式构成，根据碳氧键所生成的二面角度，DMM 分子结构可分为 TT、GT、G^+G^- 和 G^+G^+ 四种类型，这四种类型对应的二面夹角分别为 106.6°，110.3°、114°和 119.1°，如图 4-2 所示。在几种构型中，TT 构型所占比例最高，其五个原子在同一平面内呈锯齿排列。随着 PODE 中碳链增加，其锯齿排列越来越长，这种结构与直链烷烃结构有些类似，但不同的是每个碳原子相邻的碳原子由氧原子来替代。

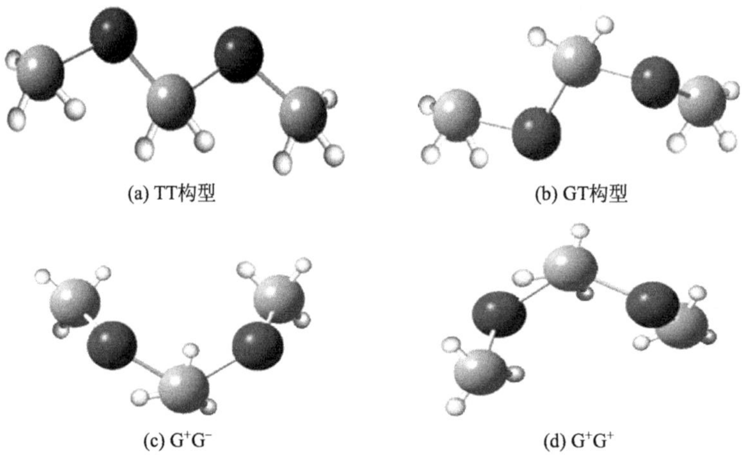

图 4-2 DMM 不同构型结构示意图

和直链烷烃类似，PODE 随着碳链的增加单位体积内堆积的分子量增加，密度增加。如图 4-3 所示，PODE 每增加 1 个碳原子，密度平均增加 41.6kg/m^3。但和烷烃不同的是，PODE 中碳氧键的距离（0.143nm）比碳碳键（0.154nm）短，分子骨架比对应的碳氢化合物更紧密。在聚甲氧基二甲醚中稳定的扭转排列的分子结构，使得其在液体中也呈现螺旋式结构，而不像烃类中的锯齿状排列结构，因此聚甲氧基二甲醚密度比直链烷烃和支链烷烃高；但受碳原子数目限制，其密度低于多环芳烃。

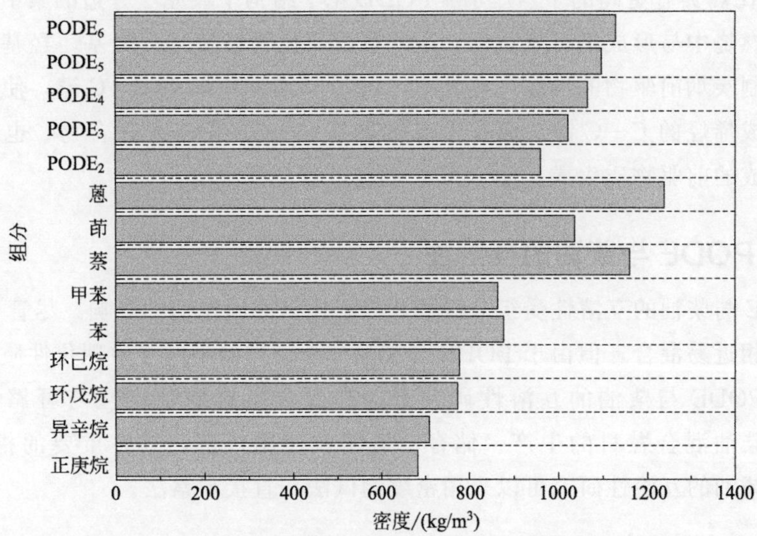

图 4-3　常温下柴油与 PODE 组分密度对比

碳链中原子数目的增加，同样会对黏度产生影响。如图 4-4 所示，随着 PODE 中碳原子数增加，黏度增大。主要是因为分子量越大，分子之间的接触表面越大，摩擦增加，黏度也增大。黏度特性和分子组分之间的关系可以用 Mark-Houwink 方

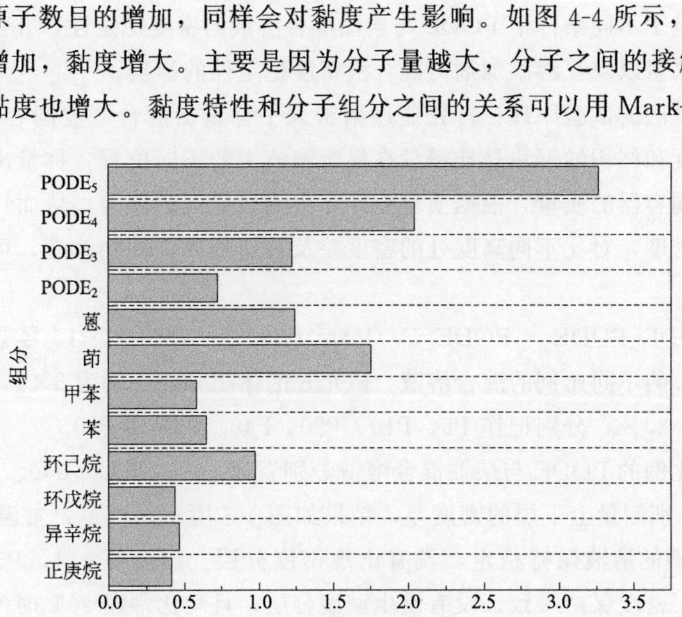

图 4-4　常温下柴油与 PODE 组分的黏度

程表示。相比于柴油组分，PODE氧原子比碳原子原子大，相同体积下，PODE比直链烷烃有着更高的分子量，黏度随之增大。

此外，烃类分子内碳碳间裂解能为362.3kJ/mol，而碳氧间裂解能仅为326kJ/mol，且氧原子的增加减少了碳氢间的裂解能，使得PODE裂解所需能量降低，因此PODE比烃类有更高的十六烷值。PODE化学结构中氧原子旁边的聚甲氧基团使其在早期燃烧中易形成氢过氧化物，这些氢过氧化物易转化为羟基，羟基在氧化过程中会抑制炭烟前驱物的形成。此外PODE分子结构中缺少C—C键，使得在氧化中不会形成烯烃的C—C键，而是生成含羰基（—C═O—）化合物，也有利于减少炭烟生成的前驱物质生成，使PODE燃烧过程更为清洁。

4.1.2 PODE与柴油的互溶性

PODE与柴油的互溶性受组分极性和掺混比例共同作用的影响。尽管PODE与柴油极性相近易混合，但由于PODE与柴油分子结构的不同导致理化性质还存在一定差异。PODE与柴油的互溶性研究对提高混合燃料的稳定性与可靠性，制定PODE与柴油混合燃料的生产、储存、运输及使用规范，具有重要的指导作用。PODE与柴油的互溶性研究可以采用密度测试法和直接观察法。

（1）密度测试法

上海交通大学动力机械与动力工程教育部重点实验室根据浮力作用原理，利用精密天平测量了不同条件下PODE与柴油混合溶液的密度稳定性，并重点研究了环境温度、含水量以及互溶添加剂对混合液密度稳定性的影响。

密度测试法的试验原理：首先通过精密天平称量出混合液连同容器的总质量，再将已知密度和体积的铜块悬挂浸没在混合溶液中的不同位置，称量出悬挂铜块下的混合液连同容器的质量，根据质量差计算出铜块受到的浮力，从而计算出不同位置的混合液密度，对比不同高度处的密度差及其随外界条件的改变，可以判断混合液的稳定性。

采用PODE[$PODE_3$∶$PODE_4$(V/V)＝65∶35]和市售－10号柴油配制出总容积为60mL的不同比例的混合溶液。PODE的体积分数分别为5％、10％、20％、40％、60％、80％，分别记作P5、P10、P20、P40、P60和P80。

将不同比例的PODE与柴油混合溶液分别置于20℃、5℃、0℃、－5℃的环境中，24h后分别测量上下层的密度差，结果如图4-5所示。可见，常温20℃时，不同PODE比例的溶液保持稳定，没有出现密度分层。温度5℃时，P5、P10、P20溶液的上下层密度保持一致，没有发生密度分层，且均比常温20℃时的密度大。而5℃时，P40、P60、P80的溶液发生明显分层，所以上层密度都接近该温度下的柴油密度，下层密度都接近该温度下PODE的密度。温度0℃时，P5、P10溶液仍然没有发生分层，密度保持稳定，P20 溶液部分分层，P40、P60、P80 溶液进一步分层，上层密度减小，下层密度增大。−5℃时，保持与温度 0℃时相同的规律。

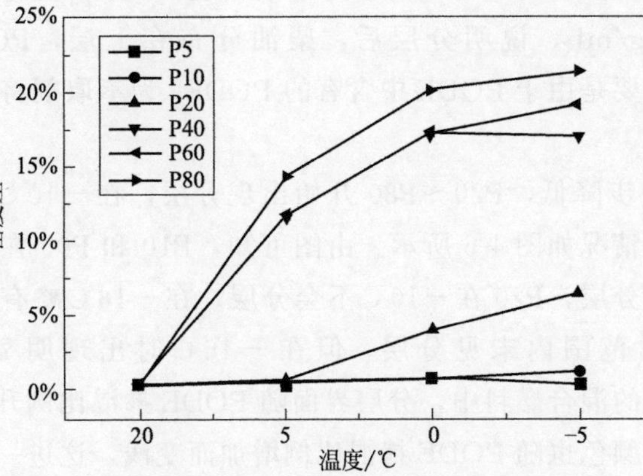

图 4-5　温度对不同 PODE 含量混合溶液密度的影响

（2）直接观测法

笔者团队采用直接观测法，利用恒温试验箱进行了不同温度、不同 PODE 掺混比 PODE/柴油混合燃料的互溶性试验。柴油为 −35 号柴油，PODE 由 $PODE_2$、$PODE_3$、$PODE_4$、$PODE_5$、$PODE_6$ 组成，质量分数分别为 1.52%、48.82%、35.77%、13.39%和 0.43%。在常温条件下（25℃），分别按照体积分数配制含 0%、10%、20%、30%、40%、50%、60%、70%、80%、90%和 100% PODE 的 PODE/柴油混合燃料，分别命名为 P0、P10、P20、P30、P40、P50、P60、P70、P80、P90 和 P100。其中，P0 和 P100 为参考，通过电磁搅拌器充分混合。依次调节恒温箱温度由高至低为 15℃、10℃、5℃、0℃、−5℃、−10℃和−16℃，并静置 24h，分别观察不同掺混比例 PODE/柴油混合燃料的互溶性。

常温下，PODE 与柴油能够以任意比例互溶，混合燃料澄清未出现任何分层。但添加过程发现，PODE 与柴油初始互溶时会在互溶界面出现丝状物质，但随着进一步掺混，浑浊消失，混合燃料会逐步澄清。这主要是由于 PODE 与柴油分子互溶过程中，颜色不同分子相互运动导致的。随着 PODE 掺混比例的增加，混合燃料逐渐由浅黄色过渡为无色透明液体。

将不同掺混比例燃料各取 10mL 添加到试管内，并放置在恒温箱内，调节恒温箱温度，观察混合燃料互溶情况。通过试验发现随着温度降低，混合燃料在 10℃、5℃均未发现有分层现象产生。当温度降低至 0℃时静置 24h 后，P40 在距离试管底部 0.7mm（总高度 63mm）处开始出现浑浊，浑浊处随温度升高会消失。

当温度降低至−5℃时静置 24h 后，P10、P20、P60、P70、P80、P90 未见分层，P30 在距离试管底部 0.7mm（总高度 65.5mm）处出现分层现象，P40 在距离试管底部 11mm 处（总高度 63mm）、P50 在距离试管底部 23mm 处（总高度 68.5mm）出现分层，分层后下半部分溶液呈现偏黄色，颜色比例随 PODE 掺混比例升高而减弱，上部分较为澄清。测量上下层密度发现，下层密度为 1.056g/mL，上层密度为 0.83g/mL，说明分层后，柴油分布在上层，PODE 分布在下层，PODE 呈现黄色主要是由于 PODE 中含有的 $PODE_2$ 为萃取剂将柴油中的色素萃取到 PODE 中。

随着温度进一步降低，P20～P80 开始出现分层，在－10℃与－16℃静置 24h 后各掺混比例分层情况如图 4-6 所示。由图可知，P10 和 P90 在－10～－16℃范围内，不会发生任何分层，P20 在－10℃不会分层，在－16℃略有分层，但分层不明显。P80 在－10℃范围内未见分层，但在－16℃时出现明显分层。在－10～－16℃，出现分层的混合燃料中，分层界面随 PODE 掺混比例升高而增加，呈现近似线性关系，下部颜色也随 PODE 掺混比例增加而变浅，这进一步印证了上文中的分层底部为 PODE，上部为柴油的结论。值得注意的是 P50～P60 分层界面出现了下降点，P60～P80 继续升高。当 PODE 掺混比例低于 50%时，溶液分布类型为 PODE 由柴油包裹，而大于 P50 时，变为 PODE 包裹柴油。非极性分子之间的力主要为范德华力中的色散力，PODE 与柴油分子相互接近时，分子瞬时偶极矩之间会产生很弱的吸引力。色散力使得 PODE 与柴油能够互相溶解，但随着温度降低，低温条件下分子运动减弱，PODE 与柴油密度差值增加，导致 PODE 与柴油之间由于密度差异产生的浮力大于色散力，最终 PODE 下落至分界层底部，柴油上升至分界层上部，由 P50 升高至 P60 出现下降点，说明 PODE 包裹柴油的范德华力大于柴油包裹 PODE 范德华力。

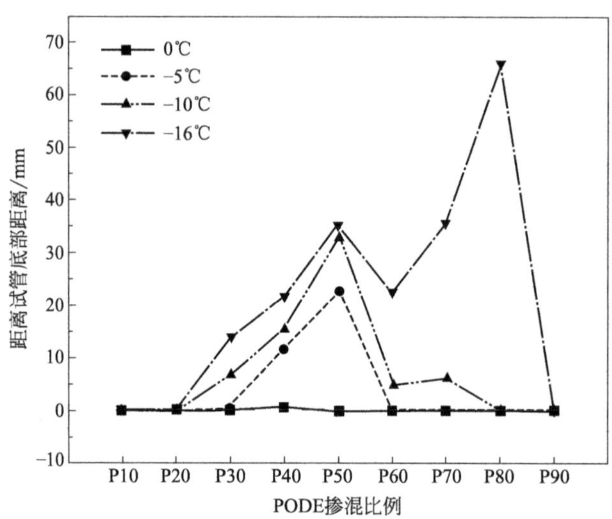

图 4-6 －16℃、－10℃、－5℃和 0℃各混合溶液分层情况

4.1.3 PODE/柴油混合燃料理化性质

根据PODE/柴油混合燃料互溶性的研究，P10和P20为最适合的掺混比例，为此选取柴油、P10、P20和PODE为研究对象，研究混合燃料的氧含量、密度、运动黏度、十六烷值、润滑性、冷滤点、硫含量、酸度和馏程等理化特性。

(1) 常温下PODE/柴油理化性质

① 氧化安定性　氧化安定性是燃料在常温条件下抵抗氧化变质的能力，主要影响燃料长期存储的能力。如果氧化安定性较差，燃料会受空气或空气中水分的影响，生成沉淀物和胶质，这些沉淀会堵塞过滤器，并在燃烧过程中形成积炭，降低柴油机使用寿命。由表4-2可知，PODE氧化安定性比柴油略高，但P10和P20氧化安定性与柴油相同，在使用过程中不会因为PODE含量增加导致燃油在存储过程中品质变差。

表4-2　不同掺混比例PODE/柴油氧化安定性

项　　目	P0	P10	P20	P100
氧化安定性/(mg/100mL)	0.5	0.5	0.5	0.6

② 密度　密度是燃料最重要的参数之一。密度作为燃料基础属性不仅会影响燃料部分理化性质，而且会影响燃料喷雾特性，进而对柴油发动机动力性、经济性和排放特性产生一定影响。由图4-7可知，随着掺混比例逐渐增加，密度呈线性递增的趋势，PODE密度甚至超过了水的密度达到$1.05g/cm^3$。PODE含量每增加

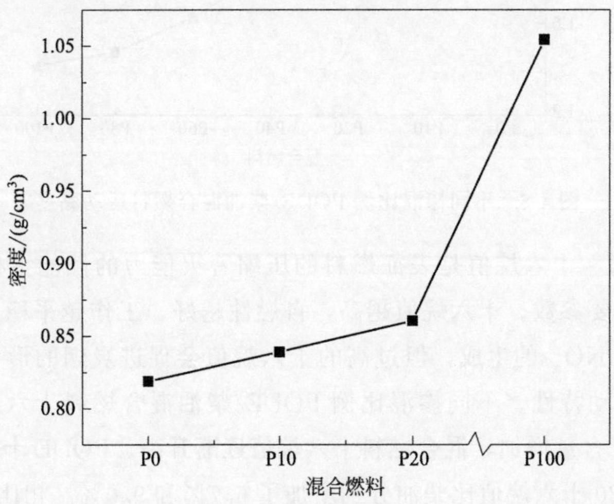

图4-7　常温条件下（25℃）不同掺混比例PODE/柴油混合燃料密度

10%，混合溶液密度增加 0.0208g/cm^3，由此可推出 PODE/柴油混合燃料密度公式为：

$$\rho_{mix}=0.2379\xi+0.8158 \qquad R^2=0.9995 \tag{4-1}$$

式中，ρ_{mix} 为混合溶液密度，g/cm^3；ξ 为混合溶液中 PODE 体积分数；R^2 为相关系数，$R^2>0.99$ 表明具有线性关系。

③ 运动黏度　运动黏度是衡量燃料流动性能的重要指标之一，反映了流体内部阻碍其相对运动的特性。运动黏度不仅直接影响燃料的喷雾特性，还会影响柴油发动机燃油喷射系统的润滑性。柴油机工作过程中，其他条件相同时，燃料较大的运动黏度，降低喷雾锥角的同时，燃油喷雾体积随之下降，最终导致雾化不良。而如果黏度过低，会降低油束射程和雾化后油滴直径，燃油雾化后分布不均匀，不利于燃烧的改善。此外，黏度过低时，燃油无法为油泵、喷油嘴提供足够润滑，导致磨损增加。由图 4-8 可知，相比于柴油，随着 PODE 含量增加，混合燃料运动黏度逐渐降低，PODE 运动黏度比柴油低 52.1%。

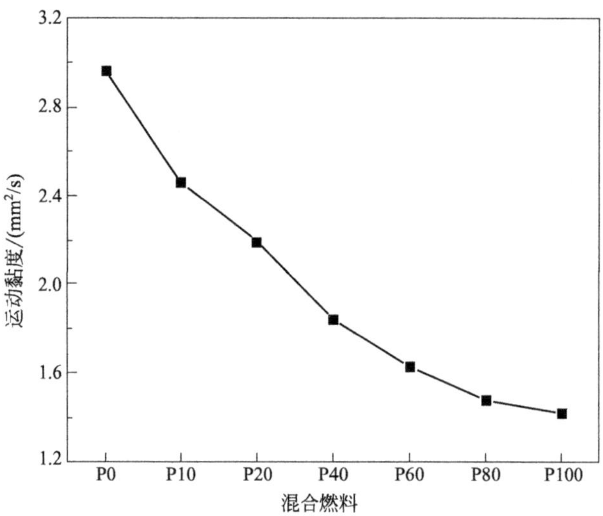

图 4-8　不同掺混比例 PODE/柴油混合燃料运动黏度

④ 十六烷值　十六烷值是表征燃料的压缩着火能力的性能指标，是影响柴油机燃烧效率的重要参数。十六烷值越高，自燃性越好，工作越平稳。十六烷值高还能够降低排放中 NO_x 的生成，但过高的十六烷值会促进炭烟的形成，同时还会降低燃料的低温流动特性。不同掺混比例 PODE/柴油混合燃料十六烷值如图 4-9 所示，随着 PODE 含量增加，混合燃料十六烷值逐渐升高。PODE 十六烷值比柴油高 29.4，P10 和 P20 十六烷值比柴油分别增加了 6.7%和 9.0%。相比于柴油，PODE 分子结构中氧位于链的中间位置，着火过程中更容易脱去其周围的氢原子。

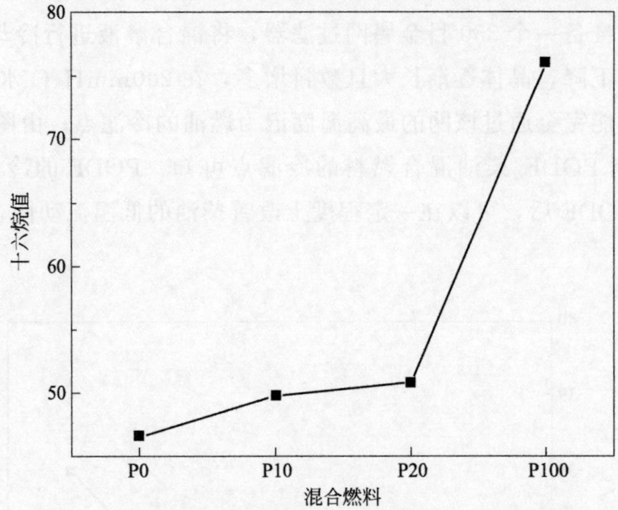

图 4-9　不同掺混比例 PODE/柴油混合燃料十六烷值

⑤ 润滑性　喷油系统中的高压油泵、喷油器等精密器件，精密度较高，配合间隙较小，主要靠燃料本身进行润滑。燃料润滑性差会降低喷油系统零部件之间的配合精度，造成磨损加剧。燃油的润滑性一般用校正磨痕直径来表示，根据标准 SH/T 0765—2005 测得不同掺混比例 PODE/柴油混合燃料 60℃的校正磨痕直径，如图 4-10 所示。由图可知，随着 PODE 含量增加，混合燃料校正磨痕直径下降，相比于柴油，P10、P20 和 P100 的校正磨痕直径分别降低了 6.8%、22.2% 和 25%。

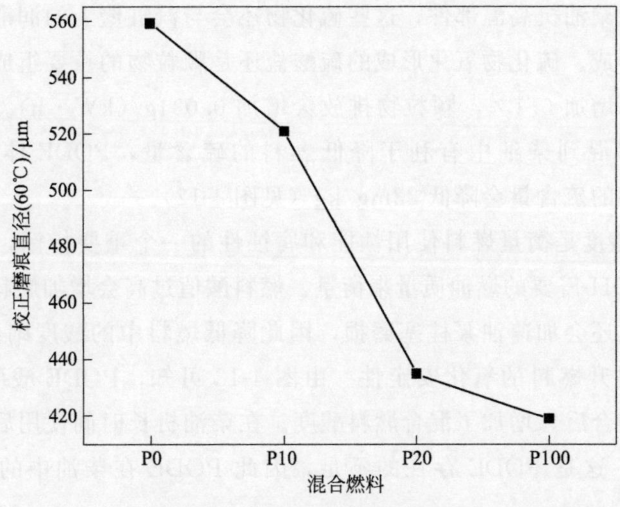

图 4-10　不同掺混比例 PODE/柴油混合燃料校正磨痕直径

⑥ 冷滤点　冷滤点反映燃料低温临界温度，是衡量燃料低温应用的重要指标之一。在测量时准备一个 350 目金属网过滤器，将混合溶液进行冷却。在冷却过程中，随着温度的下降，晶体逐渐长大且数目增多，在 200mmH_2O 水柱抽力下 1min 内 20mL 样品不能完全通过该网的最高温度记为燃油的冷滤点。由图 4-11 所示的四种不同掺混比例 PODE/柴油混合燃料的冷滤点可知，PODE 的冷滤点低于柴油，在柴油中添加 PODE 后，可以在一定程度上改善柴油的低温流动性，更适合用于高海拔寒冷地区。

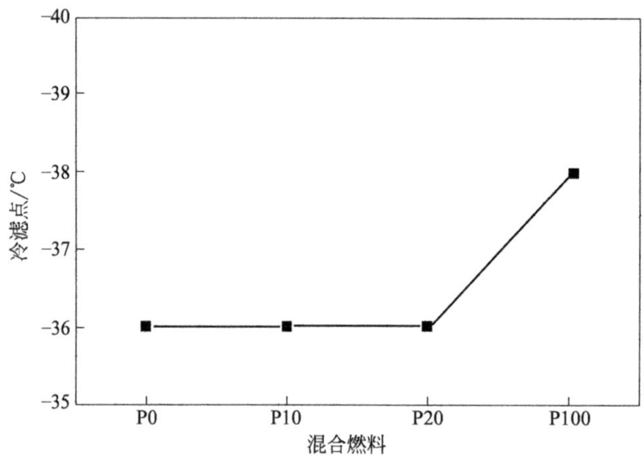

图 4-11　不同掺混比例 PODE/柴油混合燃料冷滤点

⑦ 硫含量　硫含量的多少主要影响柴油机排放和工作寿命。燃料中的硫化物燃烧后形成的 SO_2 和 SO_3 遇到燃烧产生的水蒸气，在高温条件下易形成亚硫酸和硫酸，严重腐蚀柴油机高温部件，这些硫化物还会与汽缸壁上的润滑油反应，加速漆膜和积炭的形成。硫化物氧化形成的硫酸盐还是颗粒物的重要组成部分，已有研究表明硫含量每增加 0.1%，颗粒物排放会增加 0.034g/(kW·h)。PODE 不含硫元素，PODE 掺混到柴油中有利于降低燃料的硫含量，PODE 体积分数每增加 10%，混合燃料的硫含量会降低 22mg/kg（见图 4-12）。

⑧ 酸度　酸度是衡量燃料使用性能和腐蚀性的一个重要指标。测试中主要以中和 100mL KOH 需要的燃油质量来衡量。燃料酸值过高会增加燃料对燃油喷射系统的腐蚀，而且还会加速油泵柱塞磨损，因此降低燃料中的酸度则会降低腐蚀性，并且还有利于提升燃料的氧化安定性。由图 4-13 可知，PODE 酸度远大于柴油，PODE 和柴油混合后，增加了混合燃料酸度。在柴油机长时间使用后，可能会导致柴油机的腐蚀，这是 PODE 存在的不足，因此 PODE 在柴油中的添加比例不宜过高。

⑨ 馏程　燃料的馏程主要用来表征燃料的蒸发性，馏程高低与沸点大小密切

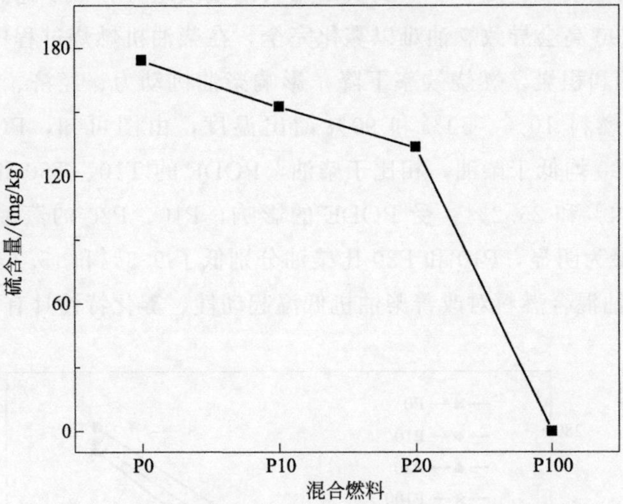

图 4-12　不同掺混比例 PODE/柴油混合燃料硫含量

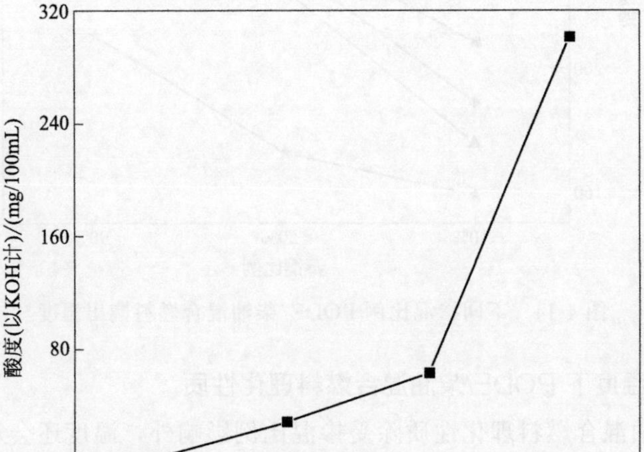

图 4-13　不同掺混比例 PODE/柴油混合燃料酸度

相关。柴油和 PODE 都是有机混合物，各组分的沸点不同，因此其沸点不是一个常数而是在一定的范围之中。试验时，将 100mL 燃料加热至沸腾，对燃油进行蒸馏，馏出第一滴油时的温度至蒸馏结束时对应的温度，即为该燃料的馏程。而对于燃油蒸馏出 10mL、50mL 和 90mL 时，燃油所对应的温度为该燃料的 10%、50%和 90%馏程，分别用 T10、T50 和 T90 表示。T10 反映燃料中轻质组分的含量，主要影响柴油机冷起动性能，T10 越低，说明轻馏分越多，蒸发和燃烧速度越快，有利于柴油机的起动。T50 反映燃料的平均蒸发性，主要影响发动机加速性和工作稳定性，温度越低其蒸发性越好。T90 反映出燃料的重质组分，T90 越高说明燃料中重质组分越多，T90 高会导致燃油难以雾化完全，在柴油机燃烧过程中，难以完全燃烧，易产生黑烟和积炭，燃烧效率下降，影响柴油机动力、经济、排放和可靠性。图 4-14 为不同燃料 10%、50% 和 90% 馏出温度，由图可知，PODE(P100) 的 T10、T50 和 T90 均低于柴油，相比于柴油，PODE 的 T10、T50 和 T90 分别降低了 23.6%、28.4%和 25.2%。受 PODE 的影响，P10、P20 的蒸馏点也均低于柴油，尤其 T10 最为明显，P10 和 P20 比柴油分别低了 9.3%和 15.7%。因此可以推断出 PODE/柴油混合燃料对改善柴油机低温起动性、雾化特性具有很大的潜力。

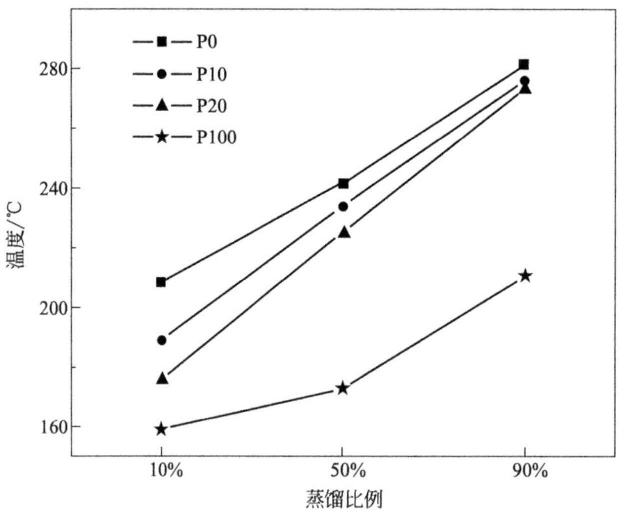

图 4-14　不同掺混比例 PODE/柴油混合燃料馏出温度

（2）不同温度下 PODE/柴油混合燃料理化性质

PODE/柴油混合燃料理化性质除受掺混比例影响外，温度还会对混合燃料一些理化性质产生一定的影响，其中密度和运动黏度受温度影响最为明显。

① 不同温度下 PODE/柴油混合燃料密度　图 4-15 为柴油与 PODE 组分密度随温度的变化曲线。由图可知，不同温度条件下，PODE 组分密度均高于柴油组分密度。随着温度升高，各组分密度均呈近似线性降低的趋势。温度升高，液体受热膨胀，体积增大，因此相对密度减小。

燃料各组分与温度呈线性关系，可以用一次项公式来表示：

$$\rho = aT + b \tag{4-2}$$

式中，ρ 为液体密度，g/cm^3；T 为温度，K；a，b 为系数。

此外，温度对密度影响规律可以通过膨胀系数来表示，其定义为：单位体积增大的量。设 β 为燃料的体积膨胀系数，其表达式为：

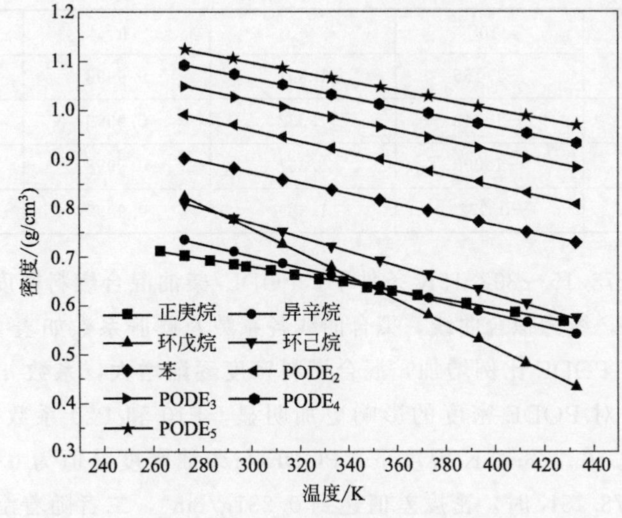

图 4-15　不同温度下柴油与 PODE 不同组分密度变化

$$\beta=\frac{\mathrm{d}\nu}{V\mathrm{d}t}=\frac{\mathrm{d}\,\frac{1}{\rho}}{\mathrm{d}t/\rho}=(aT+b)\frac{\mathrm{d}\,\frac{1}{aT+b}}{\mathrm{d}t}=-\frac{1}{T+b/a} \tag{4-3}$$

式中，V 为液体体积，cm^3；a 和 b 均为系数。

由于膨胀系数主要受 a 和 b 的影响，这里取 T 为温度的平均值，由此可得燃料各组分密度参数 a、b，相关系数 R^2 和体积膨胀系数 β 如表 4-3 所示。由表 4-3 可知，各组分密度与温度之间呈现高度的线性关系，温度对柴油组分的影响，从大至小依次为环戊烷、环已烷、异辛烷、苯、正庚烷。由此可以看出，柴油组分中环烷烃受温度影响最大，直链烷烃受温度影响较小。环烷烃分子间结构属于折叠结构，分子间较为紧凑，随着温度升高分子运动速度加快，密度变化明显；而直链烷烃结构较为稀疏，温度对单位体积内分子数量分布影响较小。温度对 PODE 成分影响，随分子链的增加而减小。随着温度升高，分子间间距增大的效果明显，因此膨胀系数增大。

表 4-3　柴油/PODE 各组分参数

组分	$a/10^{-3}$	b	R^2	$\beta/10^{-3}$
正庚烷	−0.5553	0.9343	0.9991	0.62
异辛烷	−1.215	1.067	0.9997	1.87
环戊烷	−2.435	1.488	0.9997	3.73
环已烷	−1.46	1.206	0.9998	2.07
苯	−1.08	1.196	0.9996	1.31

续表

组分	$a/10^{-3}$	b	R^2	$\beta/10^{-3}$
$PODE_2$	−1.155	1.307	0.9998	1.27
$PODE_3$	−1.042	1.332	0.9999	1.07
$PODE_4$	−1.008	1.367	0.9998	0.99
$PODE_5$	−0.9723	1.389	0.9999	0.92

图 4-16 为 278.15～398.15K 条件下，PODE/柴油混合燃料密度变化规律。图中点为试验所测，线为拟合曲线，拟合曲线各系数及膨胀系数如表 4-4 所示。由图 4-16 可知，随着 PODE 比例增加，混合燃料密度逐渐增大，系数 a 逐渐减小。相比于柴油，温度对 PODE 密度的影响更加明显，P10 和 P20 系数 a 分别减小了 9.03%和 9.6%。在 378.15K 温度下，PODE 与柴油密度差值为 0.189g/cm^3，而当温度降低至 278.15K 时，密度差值达到 0.231g/cm^3，二者随着温度降低，密度差值逐渐增大，因此在低温下因密度差增大的原因，出现分层现象。膨胀系数随着 PODE 含量增加略有增加，说明 PODE 添加会增大燃油密度对温度的敏感性。

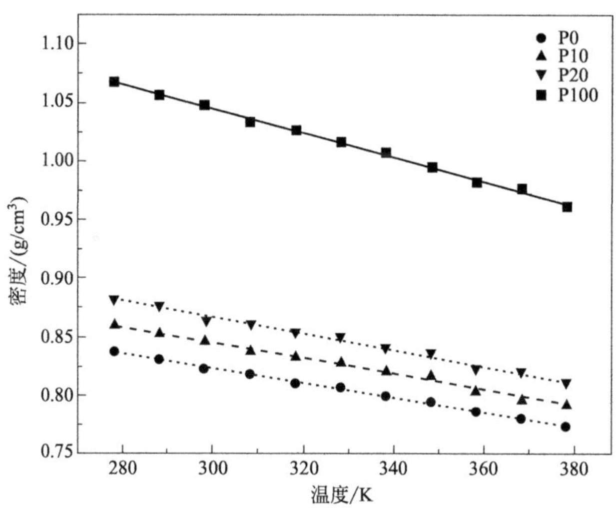

图 4-16　不同温度下 PODE/柴油混合燃料密度

表 4-4　不同温度 PODE/柴油参数

燃料类型	$a/10^{-3}$	b	R^2	$\beta/10^{-3}$
P0	−0.6245	1.01	0.9991	0.78
P10	−0.6809	1.049	0.9997	0.83
P20	−0.6845	1.072	0.9997	0.81
P100	−1.036	1.355	0.9998	1.02

② 不同温度下 PODE/柴油混合燃料黏度　图 4-17 为不同温度柴油与 PODE 组分黏度随温度的变化曲线。由图可知，随着温度升高黏度逐步降低，降低趋势随温度升高而减小，且各组分间的黏度差值逐渐减小并在高温下逐渐趋于一致。温度升高分子运动加剧，分子之间距离增大，接触表面减小，摩擦减小，宏观表现出黏度减小。相同温度条件下，柴油组分中芳烃黏度最大，直链烷烃黏度最小，由小到大依次为正庚烷、环戊烷、异辛烷、甲苯、苯、环已烷、茚；PODE 黏度随着碳链增长而增大。常温条件下，$PODE_3$、$PODE_4$、$PODE_5$ 黏度分别升高了 66.4%、176.2%和 330.7%；300K 温度下，$PODE_4$、$PODE_5$ 大于茚，$PODE_3$ 与 $PODE_2$ 介于茚和环烷烃之间。

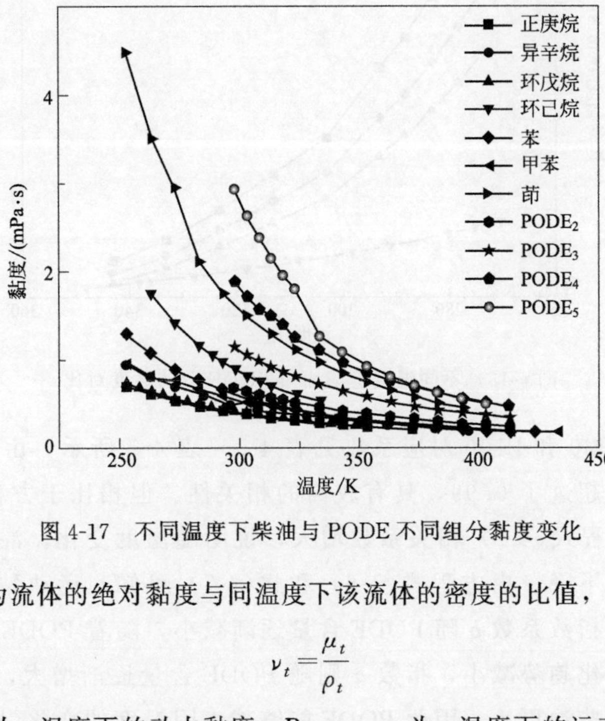

图 4-17　不同温度下柴油与 PODE 不同组分黏度变化

运动黏度为流体的绝对黏度与同温度下该流体的密度的比值，可表示为：

$$\nu_t = \frac{\mu_t}{\rho_t} \tag{4-4}$$

式中，μ_t 为 t 温度下的动力黏度，Pa·s；ν_t 为 t 温度下的运动黏度，mm^2/s；ρ_t 为 t 温度下的密度，g/cm^3。

图 4-18 为不同温度下 PODE/柴油混合燃料运动黏度。由图可以看出，278K 温度下，P10、P20 和 P100 运动黏度相比于柴油分别降低了 17%、29.2%和 60.9%。随着温度升高，运动黏度差值逐渐减小，343K 温度 P10、P20 和 P100 运动黏度相比于柴油分别降低了 8.4%、14.3%和 17.8%。通过对试验数据研究发现运动黏度随温度满足关系：

$$\nu_{mix} = \frac{a+T}{b+cT} \tag{4-5}$$

$$\nu_{mix}=\exp\left(a+\frac{b}{T}\right) \tag{4-6}$$

$$\nu_{mix}=\exp\left(a+\frac{b}{T+c}\right) \tag{4-7}$$

式中，ν_{mix} 为混合燃料运动黏度，mm^2/s；T 为温度，K；a、b、c 分别为相关系数。

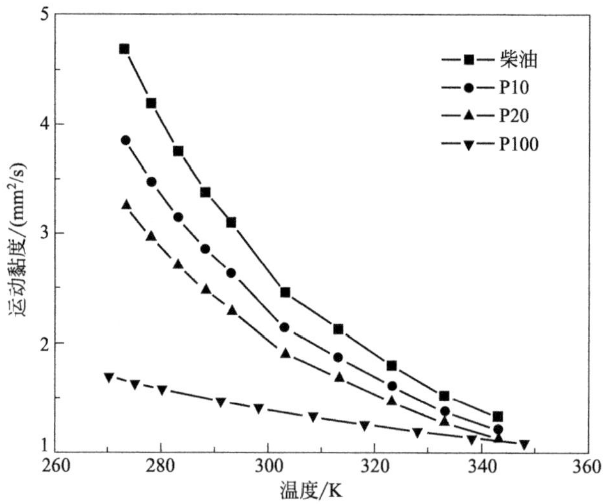

图 4-18 不同温度下柴油与 PODE 运动黏度对比

P0、P10、P20 和 P100 对应系数见表 4-5～表 4-7 所示，由表可知每个方程的回归系数均超过了 0.99，具有较高的相关性。但相比于方程式(4-5)，方程式(4-6) 与方程式(4-7) 相关系数增大，说明随温度变化，混合燃料的运动黏度更倾向指数下降。由方程式(4-6) 和式(4-7) 可知，运动黏度与温度的倒数呈指数关系，指数系数 b 随 PODE 含量逐渐减小，随着 PODE 含量增加，运动黏度随温度变化趋势减小，指数 a 则随 PODE 含量逐渐增大，PODE 运动黏度受温度影响比柴油更小。因此 PODE 能够减小因温度的变化引起的理化性质的变化。

表 4-5 方程式(4-5) 中参数及对应系数

燃料类型	$\nu_{mix}=(a+T)/(b+cT)$			
	a	b	c	R^2
P0	1.068×106	−1.709×106	7067	0.9903
P10	−501.6	226.9	−1.047	0.9994
P20	−537.1	277.4	−1.312	0.9995
P100	2445	−1786	12.53	0.9999

表 4-6　方程式(4-6) 中参数及对应系数

燃料类型	$\nu_{mix}=\exp(a+b/T)$		
	a	b	R^2
P0	−4.697	1705	0.9995
P10	−4.359	1559	0.9995
P20	−4.021	1421	0.9995
P100	−1.471	540.4	0.9999

表 4-7　方程式(4-7) 中参数及对应系数

燃料类型	$\nu_{mix}=\exp[a+b/(T+c)]$			
	a	b	c	R^2
P0	−4.367	1513	−17.21	0.9995
P10	−4.055	1382	−17.4	0.9995
P20	−3.747	1261	−17.3	0.9995
P100	−1.471	540.5	0.0264	0.9999

4.2 聚甲氧基二甲醚的合成

聚甲氧基二甲醚作为一种新型绿色环保柴油添加剂，具有较高的十六烷值和含氧量，能有效降低燃烧后的污染物排放，同时完善以煤基甲醇为源头的煤化工产业结构，这使得其合成工艺及产业化进程受到国内外学者的广泛关注。我国煤炭储量丰富，为聚甲氧基二甲醚生产提供了丰富的原料，首先将煤炭进行气化转化成合成气（H_2 和 CO），然后将合成气转化成甲醇，甲醇是合成 PODE 中间单体化合物和封端化合物的重要原料，发展 PODE 产业能够完善甲醇下游产业链，缓解目前甲醇产能过剩。因此，开展 PODE 生产工艺的改进，是现代煤化工走精细化发展道路，实现“差别化、高端化、高附加值”目标的重要方法之一。

4.2.1 PODE 合成工艺

由聚甲氧基二甲醚的分子式知聚甲氧基二甲醚的合成原料需要中间段低聚醛的化合物（甲醛、三聚甲醛、多聚甲醛等）和提供两端封端的甲基化合物（甲醇、二甲醚、甲缩醛等），其合成路径如图 4-19 所示。

在 PODE 生产过程中，无论使用哪种合成原料都要在催化剂作用下进行，催化剂的种类和活性对 PODE 生产效率和生产质量起着关键作用。液体酸催化剂是最早发现也是最常使用的催化剂。早在 1948 年 William 就发现在硫酸或盐酸催化下甲醇、甲醛和多聚甲醛等原料能够合成 PODE。

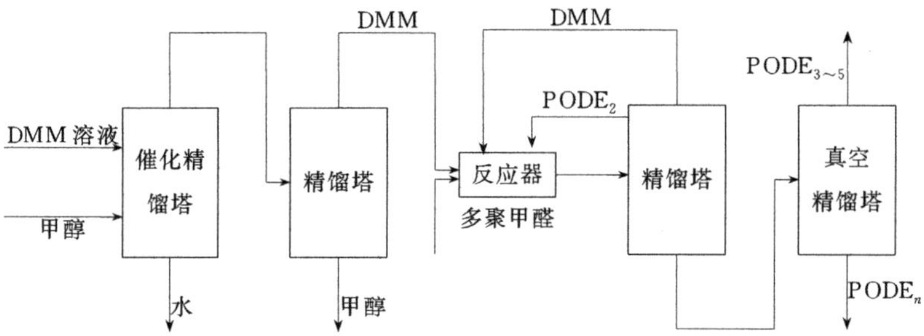

图 4-19 PODE 合成图

美国 BP Amoco 公司利用甲醇或二甲醚氧化或脱氢所制的甲醇-甲醛混合物与甲醇等可以提供两端封端的甲基化合物在酸性条件下得到 PODE，并通过精馏对这些产物进行分离，但同时发现 PODE 收率很低，一般低于 10%。针对该现象，中科院兰州化学物理研究所提出了固体超强酸的概念，他们以甲醇和三聚甲醛为原料，以 SO_4^{2-}/Fe_2O_3 为催化剂来制取 PODE，结果表明通过该催化剂可以使得 $PODE_{3\sim8}$ 收率提高至 22%。但强酸存在腐蚀性问题，极易与反应器发生反应产生杂质，使得催化剂分离和回收利用复杂化。为了解决上述问题，一些学者尝试采用离子交换树脂作为催化剂，BASF 的 Doucet 采用 Amberlyst A15 强酸性阳离子交换树脂在 50℃下催化甲缩醛和三聚甲醛产生 PODE，精馏后未反应的产物可以继续送入反应器中进行二次反应。华东理工大学在甲醛和甲缩醛合成 PODE 的反应中，使用大孔阳离子交换树脂作为催化剂，使得甲醇的转化率达到 69.72%，$PODE_{3\sim8}$ 选择性达到 62.08%。通过离子交换树脂作为催化剂，能够避免反应中水的生成，但树脂的耐热、耐压性存在一定不足，还需要进行改进。

随着 PODE 合成技术的发展，分子筛催化剂受到越来越多学者的青睐。2011 年，中科院山西煤炭化学研究所对不同种类分子筛催化剂开展了相关研究，得到了不同催化剂对三聚甲醛和甲醇反应的催化作用。研究发现，HY 分子筛能够促进短链的甲缩醛反应，Hβ 和 HZSM-5 分子筛上能主要反应得到 $n=1\sim3$ 的 PODE，HMCM-22 分子筛则对 PODE 长链起促进作用，使得 $PODE_{3\sim8}$ 的收率达到 29.39%。在甲缩醛和三聚甲醛合成 PODE 反应时采用 HZSM-5 沸石分子筛作为催化剂，催化剂能够将 $PODE_{2\sim8}$ 的选择性提高至 88.5%，将三聚甲醛转化率提高至 85.3%。分子筛作催化剂具有易分离、腐蚀小、利于循环等优点，但在反应中必须添加三聚甲醛，而三聚甲醛成本较为昂贵，在以后发展中还需要进一步改进。

针对催化剂产率较低的不足，中科院兰州化学物理研究所提出了用离子液体作催化剂的方法，并与山东辰信新能源有限公司合作成功进行了中试。常州大学则在甲醇和三聚甲醛中添加酸功能化离子液体来生产 PODE，发现在 110℃温度下用含 2%离子液的催化剂，能够使三聚甲醛转化率提升至 97.69%，$PODE_{3\sim8}$ 选择性提升至32.54%。采用离子液作催化剂，效率高，腐蚀性低，但其造价较高，大规模工业化生产还存在一些问题。

（1）甲醇提供封端甲基

以甲醇为初始原料制备产品PODE，首先甲醇会部分氧化为甲醛，剩余甲醇再与甲醛发生缩醛化反应生成PODE。该合成工艺包含甲醇制甲醛、甲缩醛以及甲醛制三聚甲醛单元，原料甲醇成本低廉，但反应过程中会生成副产物水和半缩醛。反应过程如式(4-8)～式(4-10) 所示。

$$2CH_3OH + nHCHO \longrightarrow CH_3O(CH_2O)_nCH_3 + H_2O \tag{4-8}$$

$$2CH_3OH + n/3(CH_2O)_3 \longrightarrow CH_3O(CH_2O)_nCH_3 + H_2O \tag{4-9}$$

$$2CH_3OH + HO(CH_2O)_nH \longrightarrow CH_3O(CH_2O)_nCH_3 + 2H_2O \tag{4-10}$$

国内外甲醇提供封端甲基的工艺主要有：甲醇在离子液体催化剂下的PODE合成工艺、甲醇与三聚甲醛为原料来制备聚甲氧基二甲醚的工艺、甲醇和三聚甲醛反应制备PODE的工艺、利用甲醛与甲醇二步反应合成PODE的工艺，以及以甲醇和甲醛为原料，采用液体酸催化剂，在均相催化反应器和沸石吸附或膜材料下制备和精制获得$PODE_n$ 产品的工艺。

以甲醇和甲醛制备PODE的工艺路线虽相对简单，但工艺过程中的水含量仍处于一个较高水平。为了促进反应正向进行，在甲醇提供封端甲基的合成过程中，从简单反应器到反应与精馏耦合的反应精馏塔，体现了PODE合成工艺的不断改进，正在从单一反应器合成工艺逐步向分离促进反应的反应精馏制备工艺转变。

（2）二甲醚提供封端甲基

以二甲醚提供封端甲基的PODE制备工艺，因其原子利用率更高，所以国外有关二甲醚合成PODE工艺研究较多。而合成PODE的中间主链—OCH_2O—主要由甲醛、三聚甲醛或多聚甲醛等提供。类似甲醇提供封端甲基制备PODE，二甲醚首先氧化成甲醛，然后二甲醚再与甲醛、三聚甲醛或多聚甲醛等发生缩醛化反应得到产品，反应过程如式(4-11)～式(4-13) 所示，其中二甲醚与多聚甲醛的反应有副产物水的产生。

$$CH_3OCH_3 + nHCHO \longrightarrow CH_3O(CH_2O)_nCH_3 \tag{4-11}$$

$$CH_3OCH_3 + n/3(CH_2O)_3 \longrightarrow CH_3O(CH_2O)_nCH_3 \tag{4-12}$$

$$CH_3OCH_3 + HO(CH_2O)_nH \longrightarrow CH_3O(CH_2O)_nCH_3 + H_2O \tag{4-13}$$

尽管作为反应原料二甲醚参与反应的原子利用率高，但其为气体且易燃易爆，在PODE安全生产中大大增加了工艺的成本。同时，在二甲醚提供封端甲基的PODE合成工艺中，一般将二甲醚与其氧化成的甲醛发生缩醛反应，但二甲醚制备甲醛的反应过程要求的反应温度高且过程复杂。

(3) 甲缩醛提供封端甲基

以甲缩醛提供封端甲基制备 PODE 的工艺，中间主链—OCH_2O—主要由甲醛溶液、三聚甲醛和多聚甲醛等提供。以甲醇为初始原料的制备工艺，包含提供封端甲基的甲缩醛以及提供中间主链的甲醛、三聚甲醛或多聚甲醛的制备单元、$PODE_n$ 制备单元和 $PODE_n$ 精制单元，其中提供封端甲基的甲缩醛与提供中间主链的甲醛、三聚甲醛或多聚甲醛的反应方程式如式(4-14)～式(4-16) 所示。

$$CH_3OCH_2OCH_3 + nHCHO \longrightarrow CH_3O(CH_2O)_{n+1}CH_3 \tag{4-14}$$

$$CH_3OCH_2OCH_3 + n/3(CH_2O)_3 \longrightarrow CH_3O(CH_2O)_{n+1}CH_3 \tag{4-15}$$

$$CH_3OCH_2OCH_3 + HO(CH_2O)_nH \longrightarrow CH_3O(CH_2O)_{n+1}CH_3 + H_2O \tag{4-16}$$

合成工艺中，以甲醛提供中间主链，其必须存在于水溶液中，由于大量水存在，加剧了副反应，因此反应前后均需要进行各种方式的脱水处理，工艺过程相对复杂，成本和能耗增加。由三聚甲醛提供中间主链的合成工艺中，虽由于水含量少使得反应转化率以及产品纯度和收率均提高，但若三聚甲醛来自外购，由于其市场价格较高，势必增加工艺成本，降低效益。在合成工艺中，中间主链由多聚甲醛提供，因多聚甲醛是固体，在连续反应过程中易发生管道堵塞，从而很难实现连续进料，而间歇过程效率低，这势必降低反应转化率，影响产品纯度和收率。因此，在反应精馏提高转化率的同时，简化工艺路线，降低生产成本，提高总利润，对于 PODE 工业化推广具有重要意义。

4.2.2 工业化应用

PODE 产业化发展规模是 PODE 未来应用的保障，PODE 产业是以煤和甲醇为基础的。国外主要以二甲醚提供封端甲基研究 PODE 制备的工艺路线，国内主要研究以甲醇或甲缩醛提供封端甲基合成 PODE 的工艺和工业化路线。尽管我国关于 PODE 的研究起步较晚，但由于能源结构（多煤少油）的迫切需要，以及甲醇产能过剩的条件，通过产学结合的思路建成了一批 PODE 工业化示范生产装置，有力促进了 PODE 产业的发展。国内 PODE 量产情况如表 4-8 所示，通过量产有力保证了 PODE 供应，为 PODE 开展相关研究提供了基础。

表 4-8　国内 PODE 量产规模

企业	地点	合作单位	技术路线	运行日期
山东玉皇化工（集团）有限公司	菏泽	清华大学	以甲醛为原料	2014 年 6 月建成万吨级工业化示范装置
山东辰信新能源有限公司	菏泽	中国科学院兰州化学物理研究所	以离子液体催化甲醇和三聚甲醛	2013 年 7 月建成万吨级工业化示范装置

续表

企业	地点	合作单位	技术路线	运行日期
四川达兴新能源股份有限公司	达州	北京东方红新能源应用技术研究院	以甲缩醛和多聚甲醛为原料路线	2013 年 12 月千吨级工业装置通过 72h 运行考核
北京旭阳化工技术研究院有限公司	邢台	北京旭阳化工技术研究院	甲缩醛和多聚甲醛合成	2013 年 12 月千吨级工业装置运行考核
中国平煤神马集团	平顶山	华东理工大学	甲醇和甲醛	2016 年进行了中试试验
陕西中润新能源有限公司	渭南	青岛迈特达新材料有限公司	甲醛和甲缩醛合成	2017 年 5 月开工建设
陕西省实业发展集团能源科技有限公司	宝鸡	—	甲醛和甲缩醛合成	2017 年 2 月开工建设
兖州煤业榆林能化公司	榆林	青岛迈特达新材料有限公司	甲醇与三聚甲醛反应合成	2019 年 7 月一期年产 10 万吨

4.3　聚甲氧基二甲醚化学反应机理

燃料的燃烧过程耦合了流动、传热、传质和化学反应等多种物理和化学过程。化学反应机理对于燃料的着火、低温和高温氧化反应、燃烧剧烈程度和燃烧产物生成等发挥着关键性作用。PODE 化学反应机理研究起步较晚，近些年国内部分研究机构才开始相关研究。最早由清华大学在 2017 年提出 $PODE_3$ 的详细高温反应动力学机理，通过试验获得了 PODE 的预混合火焰结构和层流燃烧速度并与反应机理很好契合；通过机理研究发现由于 PODE 不含 C—C 结构，高温条件下 PODE 会裂解连续脱 CH_2O，反应过程缺少炭烟前驱物 C_2H_2，使得 PODE 极大抑制了炭烟的生成。

4.3.1　简化反应机理

PODE 和柴油都是包含多种组分的混合物，每一种组分在燃烧过程中包含成千上万步基元反应，对每一种组分建立相对应的化学反应动力学模型不仅工程量烦琐，而且计算量浩瀚，在实际操作中难以实现。根据燃料特性选出能够反应物质本身特征的反应物，是国内外开展燃烧化学反应机理研究采用的方式。

正庚烷的十六烷值与柴油接近，是目前应用最广泛的柴油替代组分，但考虑到柴油本身包含较高比例的芳烃，一种组分难以表征柴油的燃烧特性，一些研究者提出了由烷烃和芳烃组成的混合物。Pitz 等人通过研究发现正庚烷、异辛烷、甲基环己烷和甲苯的混合物具有与柴油接近的燃烧特性，正庚烷和甲苯可以近似表征以上特性。Corcione 等人更进一步提出了用包含 70%正庚烷和 30%甲苯的混合物来替代柴油，并针对该替代混合物与柴油喷雾特性通过试验进行了对比，得到了较为满意的效果。天津大学将 TRF20 与 TRF30 与柴油对比，发现 TRF20 在传统燃烧或低温燃烧模式下与柴油燃烧过程都更为接近，因此通过构建 TRF20 机理来近似替代柴油。PODE 燃料中 $PODE_3$ 是 PODE 的主要组分，因此通过构建 $PODE_3$ 化学反应机理近似替代 PODE。

（1）正庚烷氧化机理

图 4-20 为劳伦斯实验室提出的正庚烷氧化过程路径，正庚烷氧化主要包括低温反应（600～1000K）和高温反应（1000～1800K）两个阶段。

低温时，主要进行氧气对正庚烷的初始脱氢反应，一次加氧、二次加氧分别生成过氧化烷基和过氧化氢基，同时产生两个 OH·自由基并最终生成过氧化氢酮。

随着温度升高，在低温反应基础上增加了·$C_7H_{14}OOH$ 分解为共轭烯烃、环醚和 β-裂解产物的反应路径，在主链进行过程中，存在一些支链反应；随着温度升高，过氧氢酮和过氧羟烷基发生分解，产生大量自由基，进一步促进了主链和支链反应，主链和支链存在竞争关系，反应剧烈程度随温度变化而此起彼伏。

在一定温度范围内，着火时间随温度呈现典型的负温度（negative temperature coefficient，NTC）现象。当温度超过约 800K 时，过氧氢酮分解出至少包括 OH·在内的两种自由基，这些自由基会促进分支反应，并进而形成自由基群，此外在反应过程中伴随着一系列放热反应，提升了化学反应的温度。随着反应进行，H·、O·、OH·开始主导正庚烷的脱氢反应。随着温度增加，烷基的裂解开始占据主导作用，尤其是 OH·大量生成，促进了反应基裂解反应的进一步加剧，同时烯烃氧化增加，促进氧化反应速率。

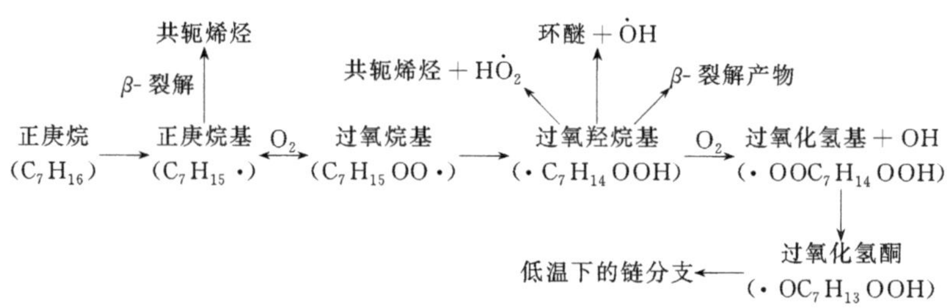

图 4-20　正庚烷氧化机理路径

（2）甲苯氧化机理

图 4-21 为甲苯化学反应机理的简化路径。由氧化机理可知，甲苯氧化过程与正庚烷和异辛烷类似，首先经历脱氢过程，生成苄基。所不同的是，甲苯在低温氧化过程中表现出的是惰性，由于苯环中 C—H 键较为稳固，共振能很大（152kJ/mol），甲苯中的甲基和苯环形成超共轭较为稳定的结构，要破坏这种共振结构需要

较高的温度才能实现。

在低温氧化过程中，甲苯中甲基的 H 原子更容易脱氢，700～1000K 温度时，其脱氢速率与正庚烷脱氢速率常数基本相同，而苯环的脱氢速率更为微弱。苄基上的亚甲基存在未成对的电子，能够和苯环上的电子云形成更为稳定的共振结构，抑制了反应进行。

随着温度升高，苄基中的亚甲基和氧气结合生成苯甲醛，苯甲醛在高温条件下会进一步脱氢，生成苯加酰基，苯加酰基上的过氧基难以与苯环上的 H 原子形成过渡环结构而解离。因此，甲苯氧化过程与直链和支链烷烃氧化过程不同，不存在二次加氧链分支过程，只是在高温条件下，苯加酰基会进一步裂解为苯基，苯基和氧气结合为苯氧基，苯氧基最终裂解为 CO 和 C_4H_4。可以看出，芳烃氧化过程中，并未形成反应所需的 C_2H_2 等小分子烯烃参与到其他反应中，减小了整个化学反应机理中的反应活性。

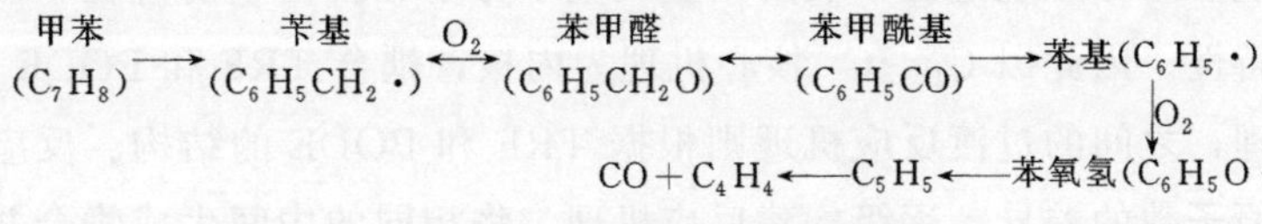

图 4-21　甲苯氧化机理路径

（3）PODE 氧化机理

He 等人发展了 $PODE_1$ 的反应机理，并进一步通过系统性和层级递进式的方法，将其拓展成为适用于 $PODE_3$ 的反应动力学机理。该机理包含 16 种主要反应类型（表 4-9）、225 种组分和 1082 步化学反应。

表 4-9　$PODE_{1\text{-}3}$ 主要反应类型

编号	反应类型	编号	反应类型
S1	$RH \longrightarrow R'+R''$	S9	RO 结构分解
S2	$RH \longrightarrow R'H+CH_2O$	S10	QOOH ⟶ 环醚＋OH
S3	$RH+M \longrightarrow R+HM$	S11	QOOH ⟶ 羰基团＋OH
S4	$R \longrightarrow R'$＋羟基团	S12	$QOOH+O_2 \longrightarrow OOQOOH$（第二次氧化）
S5	$R+O_2 \longrightarrow RO_2$（第一次氧化）	S13	OOQOOH ⟶ KET（羰基氢氧化物）＋ OH
S6	$RO_2 \longrightarrow QOOH$	S14	KET ⟶ 含氧物质 ＋ OH
S7	$RO_2+RO_2 \longrightarrow RO+RO+O_2$	S15	环醚与 OH/HO_2 氧化反应
S8	$ROOH \longrightarrow RO+OH$	S16	羰基的裂解

注：R、R′和 R″为 $C_nH_{2n+1}O_x$ 自由基或结构，Q 为 $C_nH_{2n}O_x$ 自由基或结构。

PODE 低温主要反应路径为 S5～S16，由于 PODE 与直链烷烃结构相类似，反应路径也有一定相似性。首先进行不同碳位的脱氢反应生成自由基，然后自由基与氧气结合，经过一次和二次加氧及分子异构生成氢氧化物，氢氧化物会进行进一步分解，其中 R、RO_2 和 QOOH 在低温反应时起关键性作用。

在高温条件下（主要反应 S1～S4），主要进行 PODE 的脱氢、分解和 β-裂解等反应产生 H·和 OH·，为后续反应提供支撑，高温下 PODE 不同碳键的断裂生成不同的裂解产物。

（4）化学反应动力学模型

对 PODE/柴油混合燃料化学反应动力学模型的构建，需要对表征 PODE 的组分和柴油的组分进行耦合。将 He 等人提出的包含 225 个物种、1082 步反应的 $PODE_3$ 详细化学反应机理和 Wang 等人提出的包含 109 个物种、543 步反应的 TRF 动力学机理进行整合，两种物质骨架机理不同，包含的基元反应不同。为此，根据两种分子化学反应机理分析发现，$PODE_3$ 和 TRF 都包含长碳链的大分子裂解反应和小分子氧化反应，在燃烧激发状态下，小分子和自由基之间高度的耦合关系主要影响燃油的火焰传播速度和着火延迟，尤其 C_1～C_3 之间高敏感性反应较多，而大分子则主要主导燃烧过程中裂解产生大量小分子和自由基的过程，影响着火后和火焰传播特性。因此以 C_1～C_3 核心机理为内核，耦合 TRF 和 $PODE_3$ 大分子裂解和氧化机理，之间的过渡反应机理则根据 TRF 和 PODE 的结构、反应类型及起始反应物碳原子数的差异，逐级构建反应机理。将相同的中间生成物合并，并剔除掉相同的基元反应。

耦合后的机理较为复杂，涉及的物质种类和基元反应数目多，这样会导致计算效率降低。为此还需要对机理进行进一步简化，保留反应中较为重要的物质和反应，去除对结果影响较小的物质和反应。传统的直接关系图简化方法具有计算简单、计算速度快的特点，但可能会在简化过程中去除一些在计算中影响较小但对整个燃烧反应非常重要的物质，从而导致化学反应动力学模型出现较大偏差。为克服这种方法的不足，采用基于误差传播的直接关系图法（directed relation graph with error propagation，DRGEP），在 DRG 基础上对主要物质的敏感性进行分析，剔除掉敏感性较差的反应，来有效简化反应机理。剔除某一种反应时，计算其在最坏情况下引进的误差，将误差与阈值进行比较，小于阈值则保留，反之则去除，最终得到包含 219 个物种，903 个反应的 TRF-PODE 化学反应简化机理。

4.3.2 TRF-PODE 简化机理的验证

对于简化机理的验证，一般采用着火时间、物质组分浓度、层流火焰速度等作为化学动力学反应机理检验的指标。

（1）着火时间的验证

着火时间是检验化学反应动力学机理有效性的重要途径之一。对着火时间的验证在 CHEMKIN PRO 的闭式均相反应器（closed homogenous batch reactor）模块中进行，该反应模块能够模拟激波管内定容、均质、绝热的环境，着火时间定义为当系统温度升高 400K 时对应的时间。

为了验证所构建机理的准确性，分别选定 Curran 正庚烷详细化学反应机理以及 Shen 和 Herzler 等人在快速压缩机和激波管中的实验数据作为对比。由图 4-22 对比结果可以看出，在 850～1000K 温度范围内，试验数据与仿真数据都呈现出典型的负温度特性。在正庚烷着火主链传递过程中，随着温度升高一些支链反应速率增加，抑制主链的传递，对自燃起负面作用；且支链反应与主链争夺链中间产物，它们之间的竞争随温度变化呈现此消彼长的现象，从而导致在该温度范围内随着温度升高，着火时间短暂增加的现象，但这一现象会随着当量比降低而减弱。同时还可以看出，简化机理在较广的温度范围内能够较好预测正庚烷着火时间。

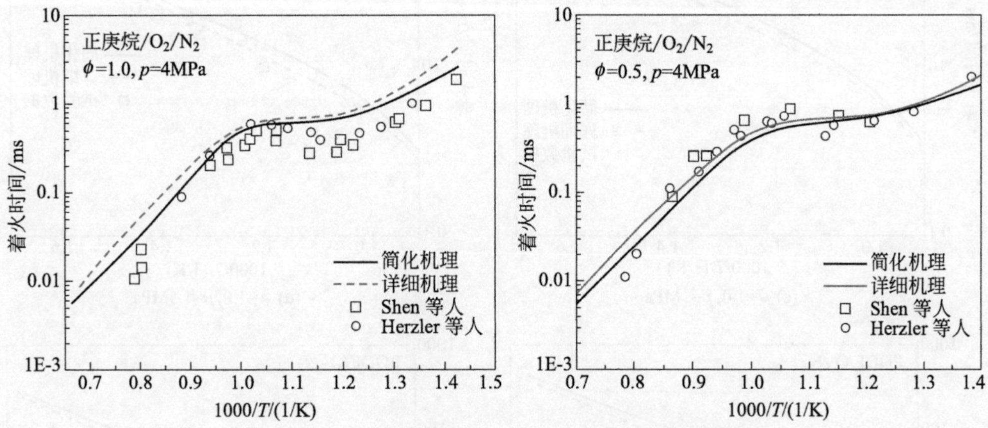

图 4-22　正庚烷着火时间试验值与仿真值对比

选取 He 所建立的 PODE 详细化学反应机理和 Ren 论文中的试验数据对建立的机理进行 PODE/空气着火时间验证，在温度 600～1100K，当量比（ϕ）0.5～1.5，压力（p）1～1.5MPa 条件下，结果如图 4-23 所示。由图可知，相比于正庚烷，PODE 着火时间的负温度系数不明显，随着温度升高，着火时间逐渐递减。相比于详细机理，简化机理略有升高，但仿真计算值始终在试验数据波动范围内，说明在该温度范围内，创建的化学反应机理能够较好地描述 PODE 的着火过程。

（2）层流火焰速度的验证

层流火焰速度是一维平面火焰面相对未燃预混合气体的速度，是表征燃料特性、预测发动机燃烧特性的重要参数之一。利用 Chemkin-pro 的火焰速度模块

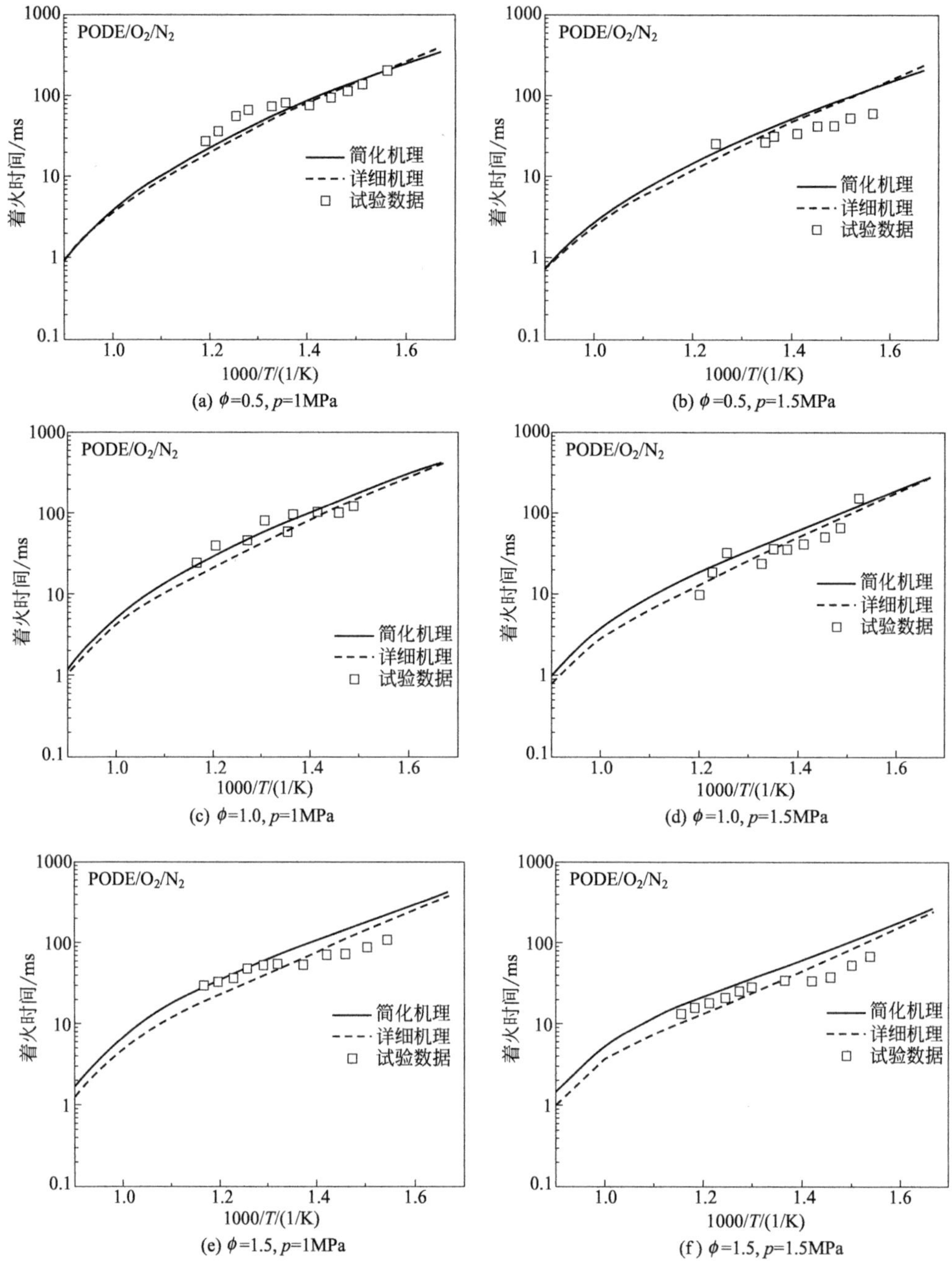

(a) ϕ=0.5, p=1MPa　(b) ϕ=0.5, p=1.5MPa

(c) ϕ=1.0, p=1MPa　(d) ϕ=1.0, p=1.5MPa

(e) ϕ=1.5, p=1MPa　(f) ϕ=1.5, p=1.5MPa

图 4-23　不同条件下 PODE 着火时间仿真值与试验值对比

(premixed laminar flame-speed calculation) 对机理中包含的正庚烷、甲苯和 PODE 层流火焰速度进行验证。Lipzing、Dagaut P.、Sun 分别测量了正庚烷/空气在 298K、0.1MPa 条件下，甲苯/空气在 298K、0.1MPa 条件下，PODE/空

气在 408K、0.1MPa 条件下的层流火焰速度，如图 4-24 所示。由图可知，随着当量比增加，火焰传播速度呈现先上升后下降的趋势，在理论当量比稍高处火焰速度达到最大。构建的正庚烷和 PODE 机理火焰速度仿真计算值比试验值稍高，主要是由于在机理构建过程中，省去了部分中间组分的反应，导致计算值比试验值高，但差异值低于计算所允许的 5% 范围，因此能够准确反映出火焰速度的变化趋势。

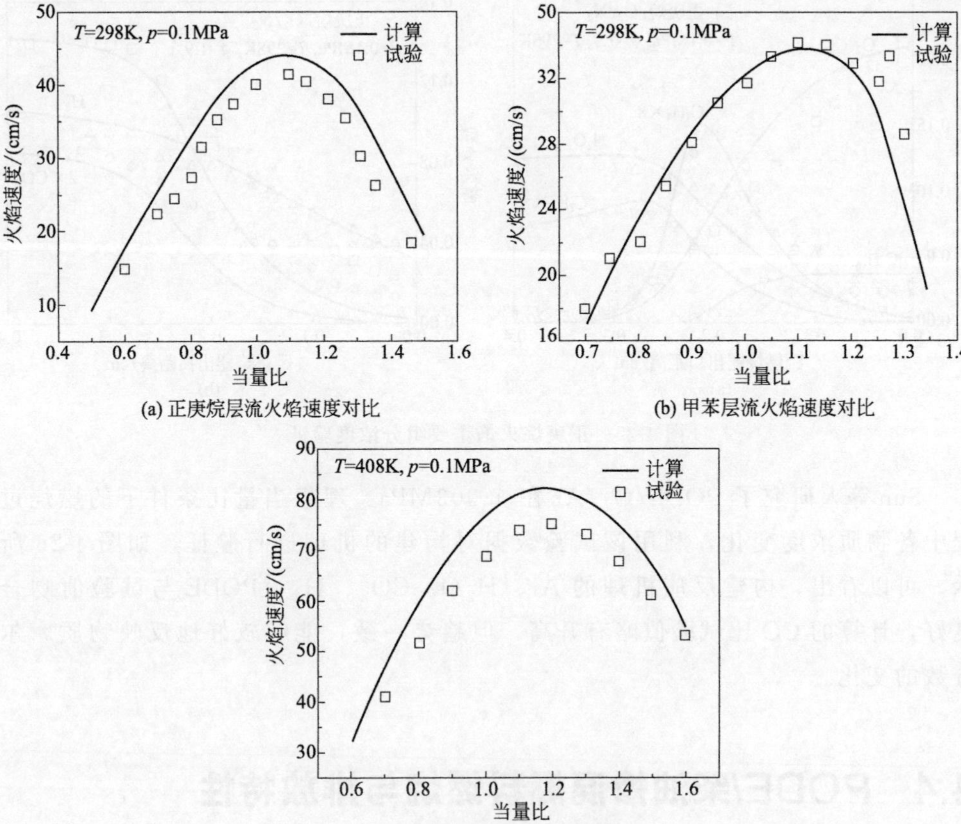

(a) 正庚烷层流火焰速度对比　(b) 甲苯层流火焰速度对比

(c) PODE层流火焰速度对比

图 4-24　简化机理层流火焰速度验证

(3) 组分浓度验证

对主要物质浓度的预测能力验证是检验所构建机理模型预测精度的重要指标。组分浓度验证可在预混燃烧器模块（premixed laminar burner stabilized flamed）中进行。Ann 等人测量了 0.1MPa、298K 条件下正庚烷反应过程中几种重要组分的变化，如图 4-25 中所示（图中点为试验数据，实线为计算数据）。nC_7H_{16} 和 O_2 都随燃烧器出口距离增加急剧下降，中间产物 C_2H_4 摩尔分数随燃烧器出口距离增加先增大后减小，在距燃烧器出口距离 0.2cm 处达到顶峰。此外 H_2、CO、CO_2、H_2O 以及 C_2H_2 摩尔分数都是逐渐增加，在 nC_7H_{16} 和 O_2 消耗殆尽后，增加至最大值。由图中可以看出，机理模型中的 CO_2、CO 初始摩尔分数比试验值偏低，主要由于在机理构建过程中，省去了部分中间反应，但预测趋势完全一致，其他物种摩尔分数与试验值吻合良好，满足精度要求。

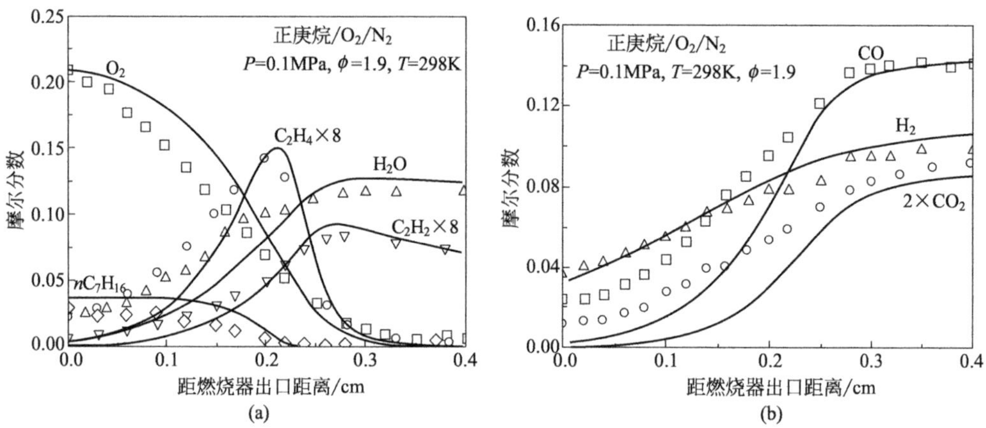

图 4-25　正庚烷火焰重要组分浓度验证

Sun 等人研究了 PODE/O_2/Ar 在 0.003MPa、理想当量比条件下的燃烧过程中各物质浓度变化，利用该试验数据对构建的机理进行验证，如图 4-26 所示。可以看出，构建反应机理的 Ar、H_2O、CO_2、H_2、PODE 与试验值吻合良好，计算的 CO 比试验值略有升高，但趋势一致，能够较好地反映物质摩尔分数的变化。

4.4　PODE/柴油掺混燃料燃烧与排放特性

近年来，PODE 在柴油机上的研究受到国内外学者的高度关注。由于 PODE 具有高十六烷值和高含氧量的特点，因此早期的研究中 PODE 通常被用于与柴油燃料掺混以改善传统柴油机的燃烧和排放性能。2003 年，意大利埃尼集团就在其国际专利中提出采用 PODE 作为柴油的替代燃料。随后 Burger 等人于 2010 年在其综述文章中指出，PODE 的高含氧量、高挥发性和无碳-碳键等特性可改善柴油机炭烟排放。Pellegrini 等人在光学单缸机上开展了燃用柴油/PODE 混合燃料的研究，发现掺混 PODE 能提高柴油燃烧反应速率，使最高燃烧温度增加，PODE 的高含氧量结合高的燃烧温度有利于提高炭烟的后期

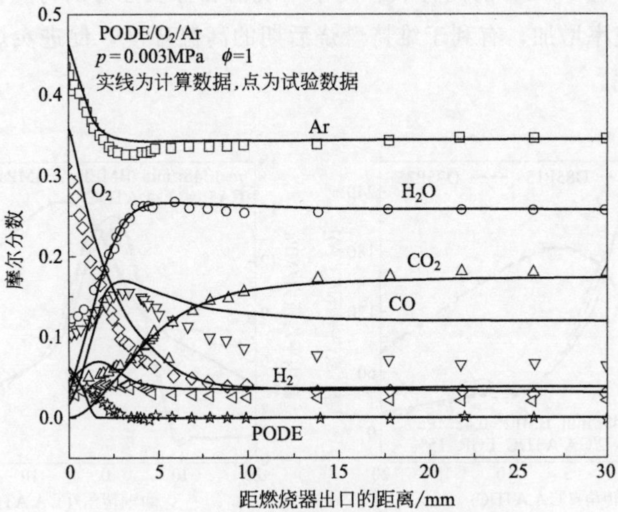

图 4-26　PODE 火焰重要组分浓度验证

氧化速率，从而降低炭烟排放。国内相关研究结果表明，掺混 PODE 对柴油机燃烧放热规律影响较小，但发动机热效率提高；HC、CO 和炭烟排放显著降低，NO_x 排放略微增加。掺混 20% 的 PODE 的六缸重型柴油机 ESC 测试循环的加权 HC、CO 和炭烟排放分别降低 14.7%、33.3% 和 36.2%，加权 NO_x 排放增加 12.9%。

4.4.1 PODE/柴油掺混燃料燃烧特性

天津大学在一台多缸重型柴油机上探究柴油掺混 PODE 在不同工况下的燃烧和排放性能，并基于欧Ⅵ稳态测试循环（WHSC）加权结果，综合评价掺混 PODE 改善柴油机性能和排放的效果。D85P15、D75P25 分别表示在柴油中添加体积浓度 15% 和 25% 的 PODE 构成的混合燃料。

PODE 对柴油机不同负荷工况燃烧放热规律的影响如图 4-27 所示。PODE 的十六烷值较高，但随着掺混比例的增加，混合燃料的着火时刻仅略微提前。在小负荷工况，掺混 PODE 使放热率峰值明显降低，主要是因为柴油/PODE 混合燃料的低热值低，且滞燃期缩短，其在着火前形成的可燃混合气总量降低，导致放热率峰值降低。随负荷的增加，缸内压缩温度增加，着火过程主要受热力学控制，PODE 对柴油着火滞燃期的影响随负荷增加逐渐减弱。缸内温度增加提高了柴油/PODE 混合燃料喷雾雾化和混合速率，同时 PODE 较好的挥发性也有利于弥补由于混合燃料低热值低导致单位时间内可燃混合气总能量降低的损失，因此随着负荷增加混合燃料的放热率峰值与柴油逐渐接近。另外，混合燃料低热值低导致喷油持续期和燃烧持续期增加，但 PODE 的高含氧、高十六烷值和挥发性好的特点使混合燃料在燃烧后期的放热速率增加，有利于维持燃烧后期的高温环境，促进炭烟及未完全燃烧产物的后期氧化。

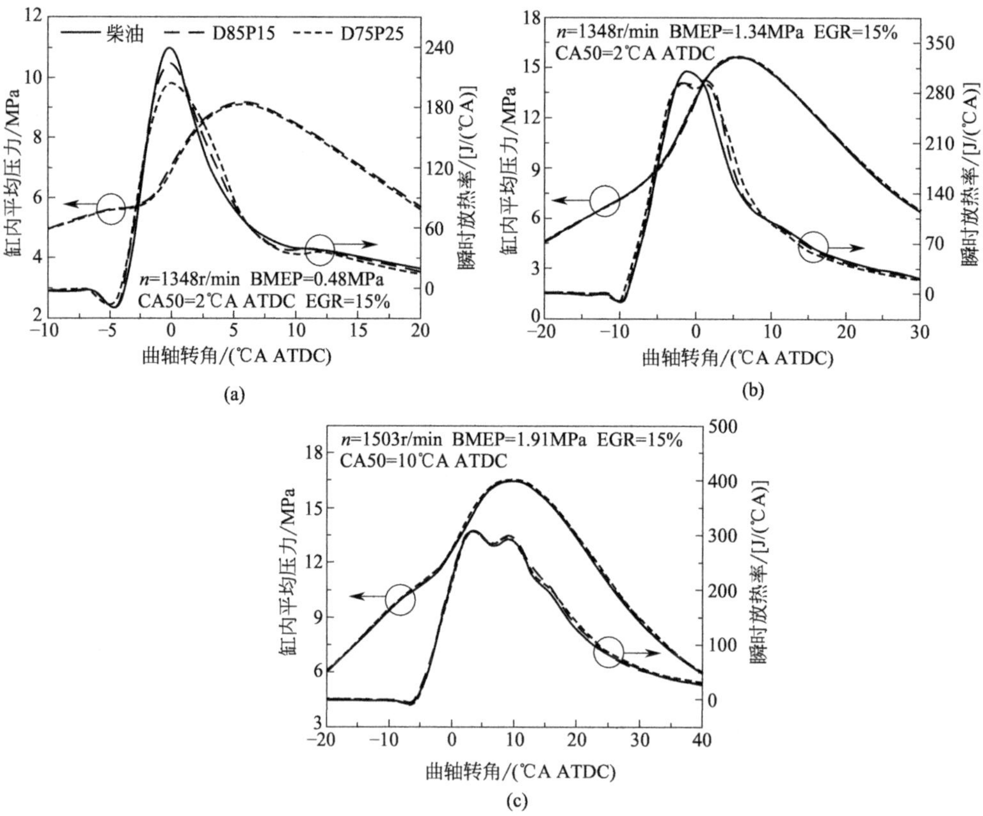

图 4-27　PODE 对传统柴油机不同工况下燃烧放热规律的影响❶

混 PODE 对柴油机后期燃烧速率（CA90❷-CA50）的影响如图 4-28 所示。总体而言，掺混 PODE 使 CA90-CA50 减小，表明 PODE 可提高后期燃烧速率。这主要是由于 PODE 具有高十六烷值、高含氧量和高挥发性等特点，有利于提高燃烧反应速率。在不同负荷下，随着 EGR 率的增加，氧浓度降低，CA90-CA50 增加，表明 EGR 能降低后期的燃烧速率，EGR 对 PODE 的后期燃烧速率的影响规律与柴油一致，但 PODE 的后期燃烧速率仍高于柴油。因此，掺混 PODE 可通过提高后期的燃烧速率来部分弥补由于喷油持续期长造成的燃烧定容度损失。

---

❶ 图中，BMEP 为平均有效压力；EGR 为废气再循环；CA50 为累积放热量达到总放热量 50%时所对应的曲轴转角。

❷ CA90：累积放热量达到总放热量 90%时对应的曲轴转角。

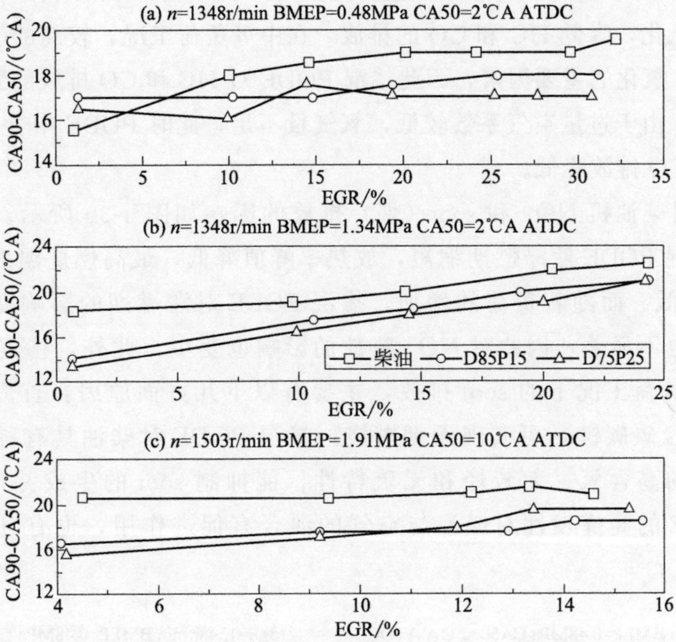

图 4-28 PODE对不同工况下 CA90-CA50 的影响

4.4.2 PODE/柴油掺混燃料排放特性

PODE对柴油机HC和CO排放特性的影响如图4-29所示。在小负荷工况，掺

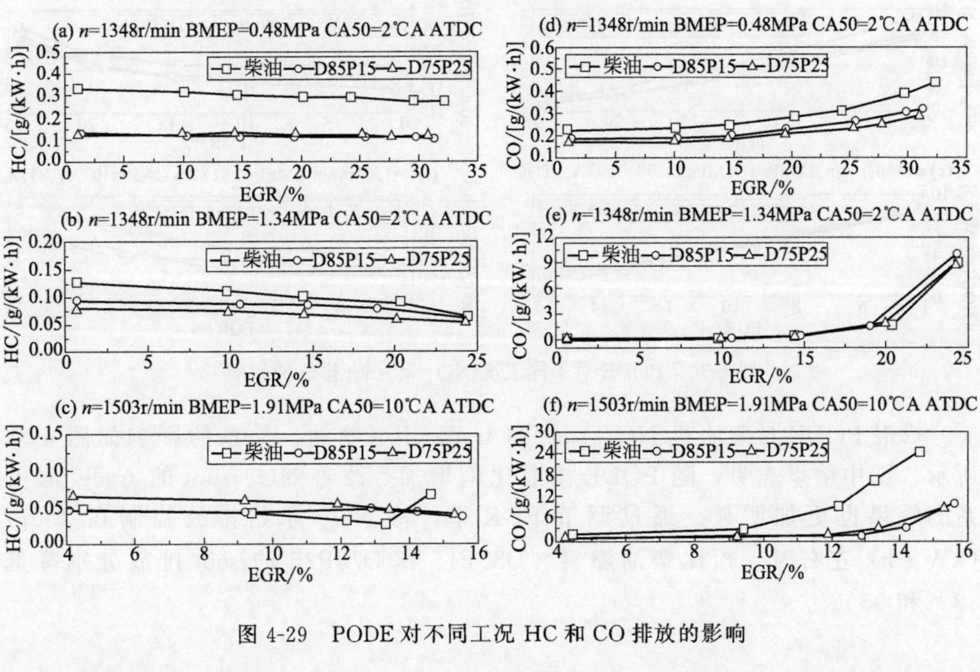

图 4-29 PODE对不同工况 HC和CO排放的影响

混 PODE 能改善 HC 和 CO 排放，主要是因为 PODE 分子内含氧，有利于不完全燃烧产物的氧化，降低 HC 和 CO 的排放。在中等负荷工况，较高的燃烧温度是决定 CO 和 HC 氧化的主要因素，因此掺混 PODE 对 HC 和 CO 排放的影响不大。在大负荷工况，由于过量空气系数较低，氧气量不足，此时 PODE 中含氧有利于 CO 的氧化，使 CO 排放降低。

PODE 对柴油机 NO_x 和 soot（烟）排放的影响如图 4-30 所示。在小负荷工况，由于掺混 PODE 使滞燃期缩短，放热率峰值降低，最高燃烧温度降低，因此 NO_x 排放降低。而随着负荷的增加，掺混 PODE 对滞燃期的影响变小，放热率峰值的影响也不显著，因此对 NO_x 排放的影响也变小。此外，掺混 PODE 能显著改善不同负荷工况下的 soot 排放，主要有以下几方面原因：首先，PODE 分子结构中不含碳碳键，可实现无烟燃烧，掺混 PODE 对柴油具有稀释作用；其次，PODE 的高含氧、无芳烃和无硫特性，能抑制 soot 的生成并加速其氧化；最后，PODE 的高挥发性对燃油与空气的混合有促进作用，也有利于抑制炭烟生成。

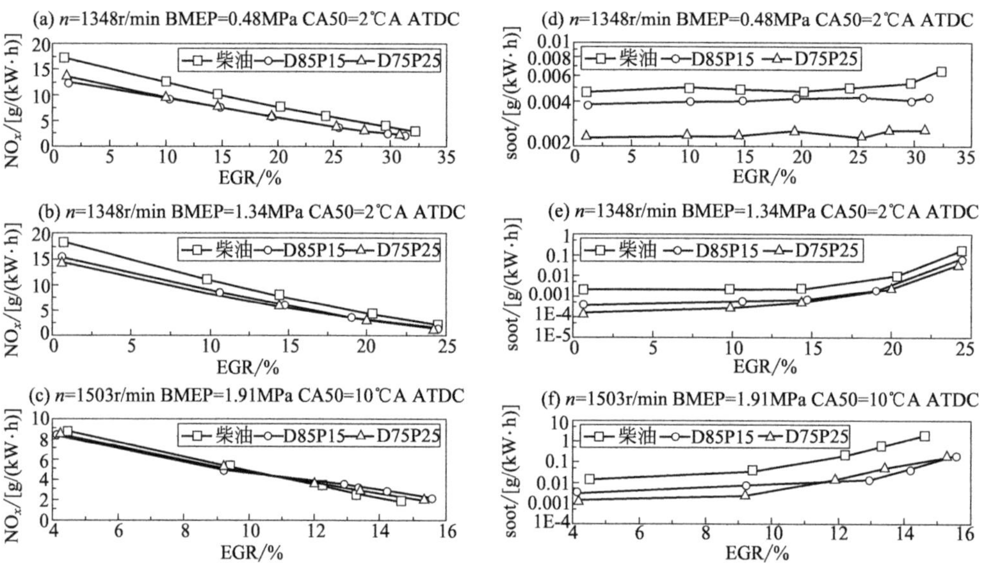

图 4-30 PODE 对不同工况 NO_x 和 soot 排放的影响

掺混 PODE 对柴油机 NO_x-soot 的 trade off（制约）关系的影响如图 4-31 所示。图中结果表明，随 PODE 掺混比例增加，改善 NO_x-soot 的 trade off 关系的效果也更加明显。通过调节 EGR 率，将 NO_x 原始排放控制在 2.0g/(kW·h) 左右时，相比柴油燃料，D85P15 和 D75P25 的 soot 排放分别降低 88%和 95%。

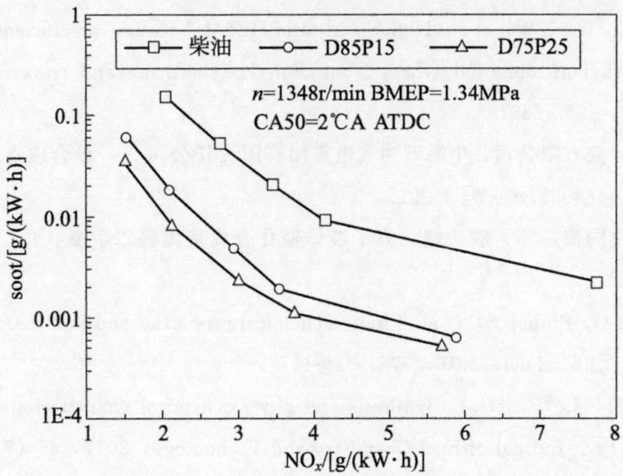

图 4-31　PODE 对柴油 NO_x-soot 的 trade off 关系的影响

参考文献

[1] 刘超锋，付汉卿，刘应凡，等．全球首套万吨级新型柴油添加剂聚甲醛二甲醚装置投产［J]．天然气化工，2013，4：41.

[2] Zheng YY，Tang Q，Wang T F，et al. Synthesis of a green diesel fuel additive over cation resins［J］. Chem Eng Tech，2013，36：1951-1956.

[3] 王志，刘浩业，张俊，等．聚甲氧基二甲醚与柴油混合燃料的燃烧与排放特性［J］．汽车安全与节能学报，2015，6（02）：191-197.

[4] 王旭东，熊春华，安高军，等．高原环境柴油机燃用聚醚型含氧燃料燃烧特性［J］．内燃机学报，2015，33（5）：407-412.

[5] Liu H，Wang Z，Li YF，et al. Recent progress in the application in compression ignition engines and the synthesis technologies of polyoxymethylene dimethyl ethers［J］. Applied Energy，2019：599-611.

[6] Willian F，Richard E. Preparation of polyformals：2449469［P］. 1948.

[7] Hagen G P，Spangler M J. Preparation of polyoxymethylene dialkane ethers by catalytic conversion of formaldehyde formed by dehydrogenation of methanol or dimethyl ether：US 6350919［P］. 2002.

[8] Hagen G P，Spangler M J. Preparation of polyoxymethylene dimethyl ethers by catalytic conversion of formaldehyde formed by oxy-dehydrogenation of dimethyl ether：US 10/310624［P］. 2002-12-05.

[9] 赵峰，李华举，宋焕玲，等．三聚甲醛与甲醇在 SO_4^{2-}/Fe_2O_3 固体超强酸上的开环缩合反应研究［J]．天然气化工—C1 化学与化工，2013，38（1）：1-6.

[10] Doucet C，Germanaud L，Couturier J L，et al. Mixtures of symmetrical and unsymmetrical polyoxymethylene dialkyl ethers，used in fuel compositions based on hydrocarbon distillates，especially diesel fuel：FR2906815A1［P］. 2008-04-11.

[11] 施敏浩，刘殿华，赵光，等．甲醇和甲醛催化合成聚甲氧基二甲醚［J]．化工学报，2013，64（3）：931-935.

[12] 赵启，王辉，秦张峰，等．分子筛催化剂上甲醇与三聚甲醛缩合制聚甲醛二甲醚［J］．燃料化学学报，

2015，39（12）：918-923.

[13] Wu J B，Zhu H Q，Wu Z W，et al. High Si/Al ratio HZSM-5 zeolite：an efficient catalyst for the synthesis of polyoxymethylene dimethyl ethers from dimethoxymethane and trioxymethylene [J]. Green Chem，2015，17：2353-2357.

[14] 西南化工研究设计院有限公司，中海石油气电集团有限责任公司．一种合成高品质煤制天然气的甲烷化装置及工艺：104830391A [P]. 2015.

[15] 李为民，赵强，左同梅，等．酸功能化离子液体催化合成聚缩醛二甲醚 [J]. 燃料化学学报，2015，42（4）：501-506.

[16] Ludger L，Dorian O，Philipp S，et al. Physico-chemical properties and fuel characteristics of oxymethylene dialkyl ethers [J]. Fuel，2016，173：129-137.

[17] Kang M，Song H，Jin F，et al. Synthesis and physicochemical characterization of polyoxymethylene dimethyl ethers [J]. Journal of Fuel Chemistry and Technology，2017，45（7）：837-845.

[18] Tadashi U，Yukio K，Masaji K，et al. The Dipole Moments and the Structures of Polyoxymethylene Dimethyl Ethers [J]. JOURNAI OF POLYMER SCIENCE，1956，515：365-372.

[19] 肖潇，郑轶，王云芳，等．聚甲氧基二甲醚（PODE）与柴油的互溶性研究 [J]. 柴油机，2015，37（3）：24-28.

[20] 邓小丹，韩冬云，李秀萍，等．聚甲氧基二甲醚对柴油性质的影响 [J]. 当代化工，2013，42（11）：1508-1510，1515.

[21] Li D，Gao Y，Liu S，et al. Effect of polyoxymethylene dimethyl ethers addition on spray and atomization characteristics using a common rail diesel injection system [J]. Fuel，2016，186：235-247.

[22] Suh H K，Park S H，Kim H J，et al. Influence of ambient flow conditions on the droplet atomization characteristics of dimethyl ether（DME） [J]. Fuel，2009，88（6）：1070-1077.

[23] Blaz V，Luka L，Gorazd B，et al. The numerical simulation of biofuels spray [J]. Fuel，2015，144：71-79.

[24] 黄豪中，贾超杰，史程，等．柴油/PODE _（3-4）混合燃料喷雾特性的试验 [J]. 内燃机学报，2019，37（02）：105-113.

[25] 耿雪丽，孟莹，从海峰，等．聚甲氧基二甲醚合成工艺及产业化述评 [J]. 化工进展，2020，39（12）：105-113.

[26] Sun W，Wang G，Li S，et al. Speciation and the laminar burning velocities of poly（oxymethylene）dimethyl ether 3（POMDME3）flames：An experimental and modeling study [J]. Proceedings of the Combustion Institute，2017，36（1）：1269-1278.

[27] He T，Wang Z，You X，et al. A chemical kinetic mechanism for the low- and intermediate-temperature combustion of Polyoxymethylene Dimethyl Ether 3（$PODE_3$）[J]. Fuel，2018，212：223-235.

[28] William J，Pitz J. HCCI experiments with toluene reference fuels modeled by a semidetailed chemical kinetic model [J]. Combustion and Flame，2008，155（4），696-712.

[29] Corcione F E，Costa M，Allocca L，et al. Study of multiple injections and auto-ignition of diesel sprays in a constant volume vessel [C]. The 6th Internat. Symp. on Diagnostics and Modeling of Combust. in Internal Combust Engines，2004.

[30] 雒婧．柴油燃料替代混合物低温燃烧机理数值模拟与试验研究 [D]. 天津：天津大学，2012.

[31] 刘佳林．柴油和汽油掺混聚甲氧基二甲醚燃烧和排放的研究 [D]. 天津：天津大学，2018.

第5章 煤基替代燃料

“富煤、贫油、少气”是我国能源结构的基本特征，以煤炭为主的资源禀赋是我国的基本国情，煤炭清洁高效利用是国家的重大需求。发展煤化工既是发挥我国煤炭资源优势、化解煤炭过剩产能、对煤炭资源的高效利用，也将是对石油化工的有益补充。目前，煤炭间接液化合成油技术较为成熟，产量逐年不断增加。F-T 柴油（将煤炭分解成一氧化碳，然后再合成液体燃料）主要由直链饱和烃和分枝异构饱和烃组成，且烯烃和芳烃含量较低，在降低排放物污染方面具有较大优势。因此，国内研究认为 F-T 柴油作为柴油机替代燃料可长久利用，同时也是实现煤炭在内燃机上清洁化利用的典型产品。

国家能源局 2020 年第 5 号公告批准了 502 项能源行业标准。其中，国内首个煤制油行业柴油产品《煤液化调和柴油》标准由国家能源集团编制。该标准改变了长期以来煤制柴油仅有馏分油标准而没有产品标准的局面，为煤制柴油产品市场推广和销售打下了坚实基础，对煤制柴油行业产品布局将产生深远影响。

5.1 煤制柴油技术

煤制柴油技术是指经过一系列化学加工，将煤制取成柴油的方法。按照工艺流程分类，煤制柴油技术主要分为煤直接液化技术和煤间接液化技术。

5.1.1 煤直接液化技术

煤直接液化技术发源于德国，是化学家 F. Bergius 于 1913 年在研究煤和煤焦油高温高压加氢生产液体燃料过程中发现的，从而奠定了煤直接液化技术的基础。1927 年德国在莱那建立了世界上第一个规模为 10 万吨/年的煤直接液化工厂，标志着煤直接液化技术正式实现了工业化。1944 年，德国又先后建成 11 套煤直接液化装置，生产能力达到 423 万吨/年。20 世纪 50 年代以后，中东地区大量廉价石油的开发使煤液化失去了竞争力。1973 年后，世界发生了一场能源危机，各发达国家对煤液化技术的研究又活跃起来。德国、苏联、美国、日本等国家的科学家相继研究开发了一批煤液化新工艺，主要目的是通过提高油收率与缓和操作条件等措施降低煤液化的生产成本。经过几十年的发展，形成了具有代表性的煤直接液化新工艺，主要有美国的 HTI 工艺、德国的 IGOR 工艺、日本的 NEDOL 工艺。这些煤液化新工艺均通过了试验验证，但由于全球石油开采成本的大幅降低而失去了竞争力，各国相继停止了煤直接液化技术的工业化开发。

我国煤直接液化技术研究起步于 20 世纪 60 年代，受到技术、资源和环保等因素影响，研究进展较慢。20 世纪 80 年代初，我国重新恢复了煤直接液化技术的研究和开发。进入 21 世纪，随着我国能源结构的转型，国家加大了对煤制油技术的研发投入，经历技术研发、试验室小试（BUS)、工艺验证装置（PDU)，经过“十二五”期间的发展，形成了我国自主知识产权的煤直接液化技术和煤间接液化技术。神华煤直接液化工艺是全世界第一个经历从试验室小试、工艺验证装置，直至百万吨级工业化规模示范装置验证的成熟煤直接液化工艺，具有单系列处理能力大、新型合成催化剂转化率高、运行稳定性好及油水耗低等特点。

（1）煤直接液化合成工艺

煤直接液化就是通过加热将煤炭大分子进行分解，在加热到 250℃以上时一些连接基本结构单元之间的弱键开始断裂，随着温度的进一步升高，键能较高的桥键也会断裂，从而形成以结构单元为基础的自由基。自由基非常不稳定，在特定的条件下加氢会生成稳定的低分子产物，主要是液态烃、水和少量的气体。

在实际的煤直接液化工艺中，煤炭大分子结构单元之间的桥键断裂和自由基稳定的过程是在高温（450℃左右)、高压（20～30MPa)、临氢及催化剂作用下实现的。煤炭液化后剩余的无机矿物质和少量未反应的煤仍然是固体状态，可应用减压蒸馏、离心沉降、加压过滤等常规固液分离的方法进行分离。煤炭液化生成的液化油含有较多的芳烃，并含有较多的硫、氮、氧等杂质，需要进一步加氢提质增加氢碳原子比，把芳烃转化成环烷烃甚至链烷烃，才能得到合格的柴油、汽油、航空煤油、石脑油等产品。

煤直接液化工艺的具体反应过程可概括为：首先将煤粉加热，在高压氢气和催化剂的反应条件下使煤粉发生热解和加氢裂解反应，经过一系列反应过程从而合成液态烃类化合物，再去除其中的氧、氮和硫等原子，最终制成柴油或汽油等油品。

具体化学反应式可简化为：

$$nCH_{0.8}+(0.6n+1)H_2 \longrightarrow C_nH_{2n+2} \tag{5-1}$$

图 5-1 为煤炭直接液化合成工艺流程，主要包括：

① 煤浆制备单元。煤浆制取、运送和预热。

② 反应单元。在高温高压条件下加氢使煤最终生成液体产物。

③ 分离单元。对反应生成的气态产物、液化油、残渣等进行分离处理。

④ 提质加工单元。通过稳定加氢提高油品质量。

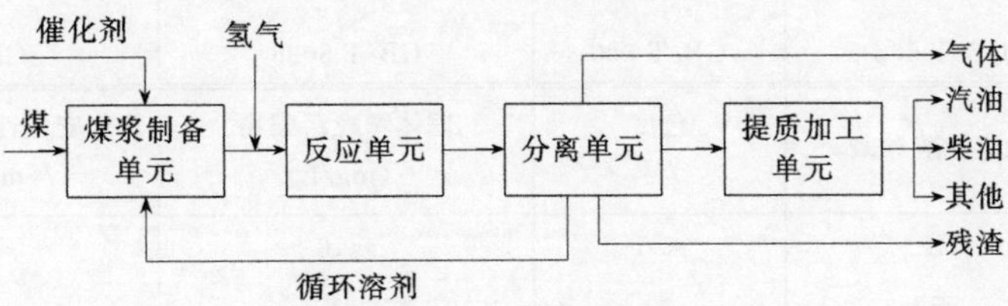

图 5-1　煤直接液化合成工艺流程

（2）煤直接液化柴油理化性质

煤直接液化油品与常规石油基油品相比，具有高密度、高体积热值、高热安定性、高环烷烃、低凝点、低硫、低氮、低芳烃等特点。高密度特征使得煤基燃料具有更大的体积热值，在燃油箱容积一定的情况下，能够有效地增加自身携带的能量，降低发动机油耗比。

国家能源集团鄂尔多斯煤制油分公司通过提高反应温度、添加改进剂等方式，有效解决了煤基柴油十六烷值偏低、闪点偏低、酸度偏高等问题，顺利生产出煤基低凝点柴油，各项技术指标满足使用要求，其中凝点达到－60℃以下，能够解决我国严寒地区柴油来源拓展和极寒地区柴油短缺等问题。煤基低凝点柴油理化性能如表 5-1 所示。典型装备发动机耐久性试验结果表明，与现用－50 号军用柴油相比，使用煤基低凝点柴油的柴油机动力性略有提升，燃烧清洁性能、抗积炭性能、润滑性能有较大提高，满足发动机的使用要求。

表 5-1　煤基低凝点柴油理化性质

项目	外观	十六烷值	馏程/℃		
			10%馏出温度	50%馏出温度	90%馏出温度
技术指标	清澈透明	≥40	≤200	≤275	≤335
分析结果	清澈透明	45.7	182.4	196.8	228.9
试验方法	目测	GB/T 386	GB/T 6536		

项目	闪点（闭口）/℃	凝点/℃	运动黏度(20℃)/(mm^2/s)	10%蒸余物残炭（质量分数）/%
技术指标	≥50	≤－50	1.8～7.0①	≤0.2
分析结果	57.0	<－60	2.05	0.01
试验方法	GB/T 261	GB/T 510	GB/T 265	GB/T 268

续表

项目	灰分(质量分数)/%	总硫(质量分数)/%	铜片腐蚀(50℃,3h)/级	酸度/(mgKOH/100mL)
技术指标	≤0.005	≤0.2	≤1	≤5
分析结果	0.001	0.00012	1a	0.42
试验方法	GB/T 508	GB/T 380	GB/T 5096	GB/T 258
项目	水溶性酸和碱	色度/号	固体颗粒污染物/(mg/L)	氧化安定性(以总不溶物计)/(mg/100mL)
技术指标	无	≤3	≤10	≤2.5①
分析结果	无	0	1.8	<0.3
试验方法	GB/T 259	GB/T 6540	SH/T 0093	SH/T 0175
项目	密度(20℃)/(kg/m^3)	水分	机械杂质	实际胶质/(mg/100mL)
技术指标	790～840①	无	无	≤10
分析结果	833.0	无	无	8
试验方法	GB/T 1884 GB/T 1885	目测	目测	GB/T 509

① 指标参考车用柴油标准 GB 19147—2016。

5.1.2 煤间接液化技术

煤炭间接液化技术是先将煤炭在气化炉内气化成合成气，合成气通过费托（F-T）合成反应得到分子量分布很宽的液体产物，最后通过对液体产物蒸馏、加氢、重整等精炼过程，得到合格的液体燃料和化学品等。煤间接液化合成油技术生产的燃料油不仅无氮、无硫、无重金属，芳烃含量低，还能产生诸多副产化学品（如润滑油、烯烃、蜡、含氧化学品等）。因此，煤间接液化技术是促进煤炭高值、高效、高质利用的重要途径，是发挥我国资源优势、保障能源供应安全和稳定供给、促进经济可持续发展的重要战略举措。

煤炭间接液化工艺主要包括煤气化、煤气净化、费托合成反应以及产物分离精制等过程，反应器、催化剂、操作条件以及产品方案不同，间接液化工艺技术不同。

中科院山西煤化所从 20 世纪 80 年代开始进行煤炭间接液化技术研究，开发出了高活性铁基、钴基费托合成催化剂，并在催化剂研发、中试装置验证的基础上，研制了浆态床和固定床结合的两段间接液化工艺（SMFT）。该工艺合成气首先进入装有超细粒径铁基催化剂的反应器中，获得烃类产物，烃类产物在 ZSM-5 分子筛上转化为高辛烷值汽油。SMFT 工艺显著提高了费托合成过程的效率和液体燃料组分的收率。

2006 年，山西煤化所和其他企业联合成立了中科合成油技术有限公司。2008 年，中科合成油技术有限公司研制出高温浆态床费托合成铁基催化剂，并进行了中试装置试验验证和工艺条件优化，形成了高温浆态床合成油工艺技术。2009 年，利用高温浆态床费托合成工艺，分别为山西潞安集团、内蒙古伊泰集团、神华集团建成了 3 套 16 万吨/年～18 万吨/年的工业示范装置。2016 年，神华宁煤 400 万吨/年、内蒙古伊泰 120 万吨/年、山西潞安 100 万吨/年的煤间接液化工业示范装置建成投产，实现了中科合成油技术有限公司的高温浆态床费托合成工艺的百万吨级工业化应用。

煤间接液化合成工艺主要包括：先将煤气化成 CO 和 H_2，经过水汽变换反应转换为一定 H/C 比的合成气（$CO+H_2$），而后在催化剂的作用下经过脱硫处理，并重整 CO 和 H_2，最终合成烃类化合物（液化油）。具体的反应过程如下：

$$2CH_n+2O_2 \longrightarrow nH_2+2CO \tag{5-2}$$

$$H_2O+CO \longrightarrow H_2+CO_2 \tag{5-3}$$

$$nCO+(2n+1)H_2 \longrightarrow C_nH_{2n+2}+nH_2O \tag{5-4}$$

图 5-2 为煤间接液化合成工艺流程图。

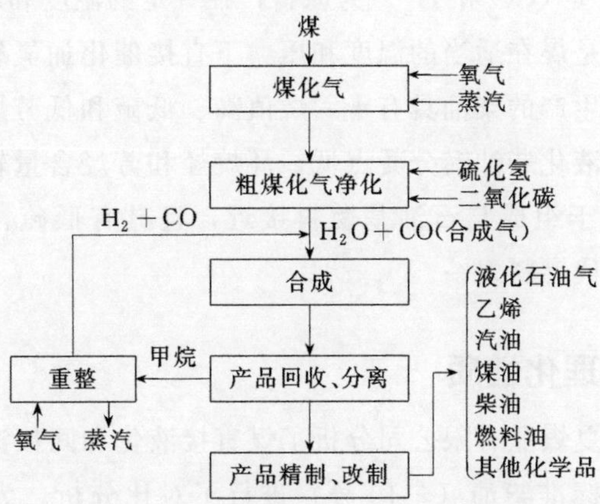

图 5-2　煤间接液化合成工艺流程图

煤间接液化合成工艺流程主要包括：

① 造气单元：以加压煤气化系统、备煤和脱硫系统、除尘净化系统为主；

② F-T 合成单元：在合成反应器中进行合成反应；

③ 分离单元：对反应产物进行分离处理；

④ 提质单元：对产物进行后加工提质。

综上，煤直接液化合成工艺、煤间接液化合成工艺都比较成熟，国内外针对两种工艺开展了相关研究，并进行了商业化应用。这两种工艺各有利弊，存在的主要区别如下：

① 原料品质方面。煤直接液化合成工艺对煤质要求较高，比如煤的可磨性要高，煤中硫和氮等原子含量要低；煤间接液化合成工艺对煤的适应性更广，理论上任何煤种都能作为间接液化合成油工艺的原材料。

② 工艺设备方面。煤直接液化合成工艺对液化压力、温度条件敏感，对相关反应设备要求高，进而导致运营成本较高；煤间接液化合成工艺反应条件温和，所需材料及设备制造更为容易，后处理程序较少，且副产品的附加值高，更有利于大规模工业化生产。

③ 煤炭利用率方面。煤直接液化合成工艺方案的油收率高，单台设备生产能力较大；煤间接液化合成工艺方案在采用催化剂的前提下转化率更高，产物品质更好。

5.2 煤基液化柴油理化性质

煤液化柴油主要分为间接液化柴油和直接液化柴油。煤间接液化即费托合成，通过煤气化制备合成气（CO 和 H_2）为原料，在一定的温度和压力下催化合成烃类燃料；而煤直接液化是煤在适当的温度和压力下直接催化加氢裂化生成液体烃类燃料。煤间接液化工艺生产的柴油具有十六烷值高、低硫和低芳烃等优点，但密度偏低，润滑性差；直接液化柴油馏分凝点低，环烷烃和芳烃含量较高，因此十六烷值较低。煤液化燃料由于组成与石油基燃料接近，且具有低硫、低氮、低芳烃等特点，是首选的清洁替代燃料之一。

5.2.1 煤基柴油理化性质

国家能源集团宁夏煤业有限公司分析了煤直接液化和间接液化柴油烃类组成和理化性能，并与国Ⅵ标准柴油（－10 号）进行了对比分析，为煤基液体燃料的应用提供了基础数据。

煤基直接液化柴油、间接液化柴油和国Ⅵ标准－10 号柴油的理化性质如表 5-2 所示。与国Ⅵ标准－10 号柴油相比，煤直接液化和间接液化柴油具有以下特点：

① 色泽好：2 种柴油的颜色均无色透明；

② 腐蚀性小：硫含量＜1.0mg/kg，远低于国Ⅵ标准要求，且检测的酸度很低；

③ 安定性方面：由于 2 种柴油中的不安定性组分如烯烃、多环芳烃、含硫含氧化合物很少或没有，因而总不溶物都不高，满足国标要求；

④ 润滑性方面：煤直接液化和间接液化的组成中缺少或没有润滑性较好的非烃类化合物和多环芳烃，因此润滑性磨痕直径较高，远超过标准要求。

表 5-2　煤基柴油理化性质

检测项目	国Ⅵ标准 －10 号柴油	直接液化 柴油	间接液化 柴油
外观(目测)	无色透明	无色透明	无色透明
酸度(以 KOH 计)/(mg/100mL)	≤7	0.02	0.06
灰分/%	≤0.01	0.002	未检出
铜片腐蚀(50℃,3h)/级	≤1	＜1a	＜1a
水含量/%(目测)	无	无	无
密度(20℃)/(kg/m^3)	810～845	837.1	772.4
运动黏度(20℃)/(mm^2/s)	2.5～8.0	2.2	3.9
闭口闪点/℃	≥50	55	65.5
十六烷指数	≥46	32	70
冷滤点平均值/℃	≤－5	＜－50	3
凝点/℃	≤－10	＜－50	2
硫含量/(mg/kg)	≤10	＜1.0	＜1.0
润滑性磨痕直径(60℃)/μm	≤460	590	470
氧化安定性(以总不溶物计)/(mg/100mL)	≤2.5	2.1	1.7
馏程 50%回收温度/℃	≤300	207	289.5
馏程 90%回收温度/℃	≤355	245.5	332.5
馏程 95%回收温度/℃	≤365	258.5	343.5

煤直接液化柴油与间接液化柴油均由链烷烃、环烷烃和芳烃（含单环芳烃和双环芳烃）三大类化合物组成（图 5-3)，但三大类化合物的组成含量相差甚远。直接液化柴油中绝大部分化合物是环烷烃，质量分数达 86.2%，链烷烃和芳烃质量分数较小，分别为 11.4%和 2.4%。间接液化柴油的组成比较简单，链烷烃占比 97.8%，环烷烃总占比 2.1%，还含有 0.1%的单环芳烃。对于调和柴油，随着直接液化柴油质量比的增加，调和柴油中的环烷烃含量逐渐增加，链烷烃含量逐渐减少，芳烃含量逐渐增加，但是以单环芳烃为主。

由图 5-3(b) 可知，直接液化柴油 86.2%的环烷烃中以一环烷烃量最多，占总烃类组成的 60%，而间接液化柴油中各类环烷烃量都很少，调和柴油 1～3 号中随直接液化柴油质量分数的增加，环烷烃含量逐渐增大。煤基液化柴油的芳烃含量很低，尤其是多环芳烃。多环芳烃含量低的柴油产生的颗粒物排放更少，芳烃的减少还有利于提高柴油的安定性，减少发动机中沉积物；间接液化柴油基本不含多环芳烃，其十六烷值高，自燃点低，有利于柴油机的起动。

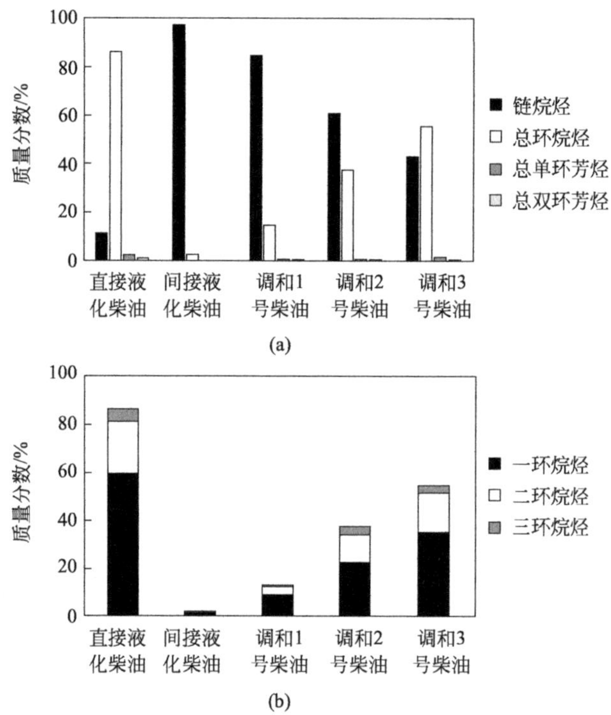

图 5-3 不同柴油的烃类和环烷烃组成

不同柴油的碳数分布不同（图 5-4）。煤直接液化柴油碳数分布为 C8～C27，主要集中在 C9～C15 之间；间接液化柴油的碳数分布为 C8～C27 之间，主要集中在 C10～C20。直接液化柴油的碳数分布比较集中且低碳数轻组分相对较多。造成两者区别的主要原因为：直接液化主要是由一环烷烃、二环烷烃和三环烷烃组成，同碳数环烷烃密度比较高，为满足柴油组分油标准要求，会从生产工艺上控制碳数分

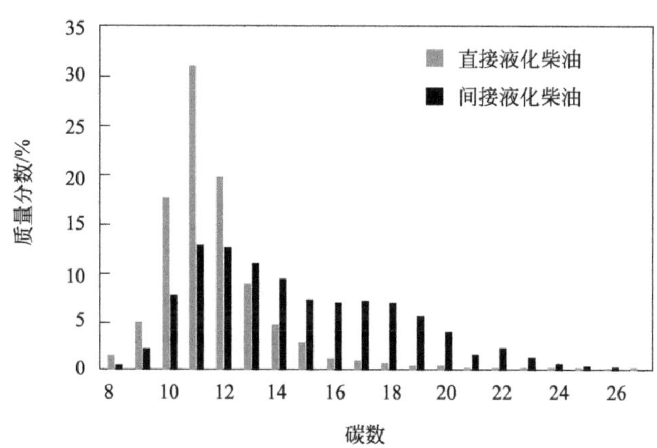

图 5-4 不同柴油的碳数分布

布；而间接液化主要结构组成是链烷烃，同碳数情况下，链烷烃密度本身就会偏低，因而在工艺上对碳数的控制会相对放宽。

5.2.2　调和柴油理化性质

煤直接液化柴油以环烷烃为主，具有低硫、低氮、密度高、凝点低、十六烷值低的特点；煤间接液化柴油以链烷烃为主，其十六烷值高、密度低、凝点高。两种工艺的产品质量存在差异，又具有高度的互补性。

（1）调和柴油密度

如图 5-5 所示，调和柴油密度随间接液化柴油质量分数的增加逐渐减少，且两种柴油在混合时，密度基本满足可加性，这是因为两种柴油都主要是烷烃组分，属性相差不大，混合时体积基本满足线性叠加。

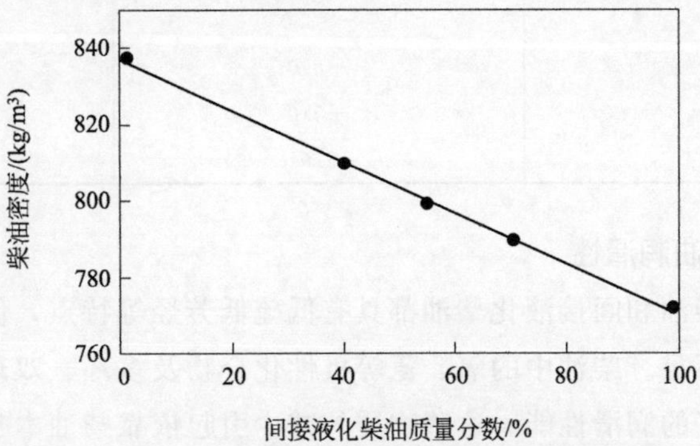

图 5-5　调和柴油密度随间接液化柴油质量分数的变化

（2）调和柴油黏度

调和柴油 20℃运动黏度随间接液化柴油质量分数的变化如图 5-6 所示。随着间接液化柴油质量分数的增加，调和柴油 20℃时的运动黏度逐渐增加。直接液化柴油

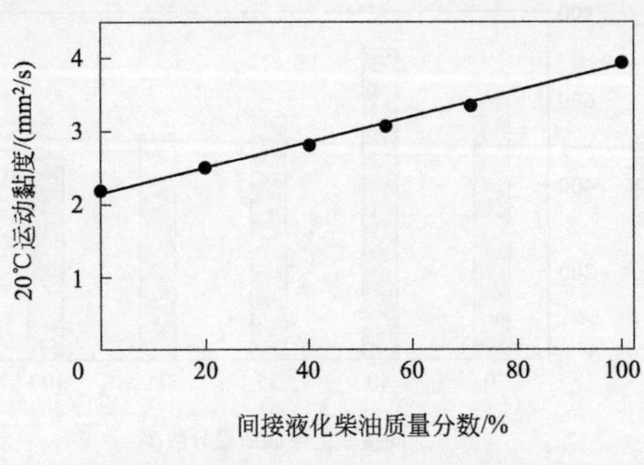

图 5-6　调和柴油黏度随间接液化柴油质量分数的变化

属于环烷基油，与同碳数链烷基油相比密度更高，直接液化加氢工艺中为了控制柴油密度，馏分切割偏轻，直接影响液化柴油的运动黏度。

（3）调和柴油凝点与冷滤点

直接液化柴油主要由环烷烃组成，凝点和冷滤点较低，低于−50℃；间接液化柴油主要由链烷烃组成，凝点和冷滤点相对高，通过调和后可实现互补。表 5-3 为不同间接液化柴油质量配比下调和柴油的凝点和冷滤点。随着间接液化柴油质量分数的增加，调和柴油凝点和冷滤点逐渐升高，可以看出，调和柴油凝点和冷滤点的变化不呈现线性加成关系，间接液化柴油对调和柴油凝点和冷滤点影响大于直接液化柴油。

表 5-3　调和柴油凝点与冷滤点随间接液化柴油质量分数的变化

间接柴油质量分数/%	冷滤点平均值/℃	凝点/℃
0	<−50	<−50
40	−13.0	−14.0
55	−8.0	−9.0
71	−5.0	−5.0
100	3.0	2.0

（4）调和柴油润滑性

煤直接液化柴油和间接液化柴油都具有低硫低芳烃等特点，但低硫低芳烃会导致柴油润滑性的不足。柴油中的氧、氮等极性化合物及多环、双环芳烃等物质是有害物质，但有良好的润滑性能。这些物质的减少引起依靠柴油本身进行润滑的喷油泵磨损加剧，降低了泵的使用寿命，同时对发动机机械部件造成损坏，性能下降，降低了发动机的使用年限。柴油的润滑性一般用磨痕直径（WSD）表示，WSD 越大，润滑性越差，反之越好。

不同间接液化柴油质量分数的调和柴油磨痕直径（WSD）（60℃）如图 5-7 所示。

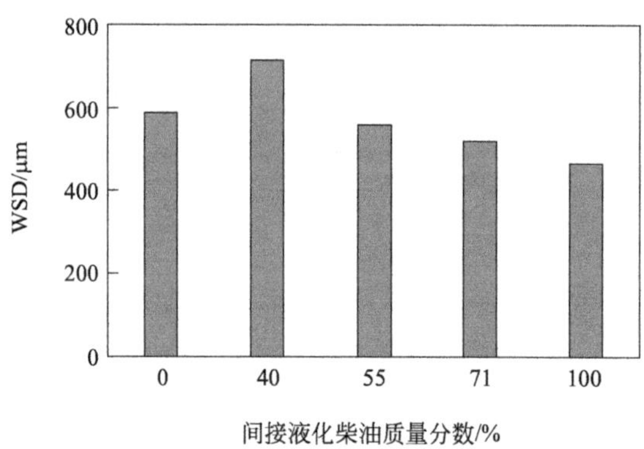

图 5-7　调和柴油润滑性随间接液化柴油质量分数的变化

可知不同配比的调和柴油的磨痕直径都超过国Ⅵ标准柴油对 WSD 的要求（≤460μm），且各调和柴油的 WSD 变化规律不呈线性，其中 40%时的润滑性效果最差。

调和柴油的润滑性可通过添加抗磨剂进行改善。在调和柴油中添加 150mg/kg 脂肪酸型柴油抗磨添加剂后，各项指标均满足标准要求（表 5-4）。同时，调和柴油酸含量、硫含量和芳烃含量远优于国Ⅵ标准要求，是典型环境友好型超洁净柴油燃料。

表 5-4　添加脂肪酸型抗磨剂后调和柴油理化性质

检测项目	国Ⅵ标准（−10 号）	调和柴油
硫含量/(mg/kg)	≤10	<1.0
密度(20℃)/(kg/m³)	810～845	810.4
运动黏度(20℃)/(mm²/s)	2.5～8.0	2.811
闭口闪点/℃	≥60	60.5
酸度(以 KOH 计)/(mg/100mL)	≤7	0.4
氧化安定性(以总不溶物计)/(mg/100mL)	≤2.5	2.1
多环芳烃含量(质量分数)/%	≤7	1
十六烷指数	≥46	49
冷滤点平均值/℃	≤−5	−13
凝点/℃	≤−10	−14
润滑性磨痕直径(60℃)/μm	≤460	385
馏程 50%回收温度/℃	≤300	226
馏程 90%回收温度/℃	≤355	310.5
馏程 95%回收温度/℃	≤365	326

5.3 煤基混合燃料在柴油机上的应用

煤直接液化柴油（synthetic diesel from direct coal liquefaction，DDCL）具有密度高、凝点及冷滤点低的性质，经过深度加氢后几乎不含硫、氮化合物，是理想的清洁柴油，但由于杂原子和芳烃含量较低导致润滑性较差。同时 DDCL 链烷烃、十六烷值含量较低，为了改善其燃烧性能，通常会添加十六烷值改进剂。煤间接液化柴油（fischer-tropsch diesel fuel，F-T）具有十六烷值高、硫和芳烃含量极低的优良特性，在馏程温度方面相对于柴油较低，因此 F-T 柴油的燃烧特性较为柔和。在排放方面，极低的硫含量和芳烃含量不仅可以有效降低 PM 排放，还对降低 NO_x 排放非常有利。在燃烧特性方面，F-T 柴油的高十六烷值可以使得燃烧过程中的滞燃期缩短约14%～30%，与普通柴油相比，预混燃烧放热峰值较低，燃烧持续期稍长或相当，最高燃烧压力略低，排气温度有所下降，燃烧较柔和。二者的密度、凝点和冷滤点、十六烷值可以通过调和实现优势互补。

5.3.1 调和煤制油柴油机燃烧与排放特性

天津大学同时在一台由重型六缸高压共轨柴油机改装而成的单缸机上进行了煤直接液化柴油（DDCL）、煤间接液化柴油（F-T）、按体积比3∶1配成的调和煤制油（D-F）和欧Ⅳ柴油（diesel fuel，DF）四种燃油的燃烧及排放试验。两种煤制柴油及对比柴油的主要理化性质如表5-5所示。

表5-5 试验燃料的主要理化性质

项目	参数		
燃料	DF	DDCL	F-T柴油
密度/(kg/m^3)	820.3	865.3	759.9
热值/(MJ/kg)	43.334	43.002	44.136
十六烷值	55.8	48.7	>74.0
闪点/℃	66.5	66.0	52.0
冷滤点/℃	<−10	−30	−13
润滑性/μm	316	680	528
50%馏程温度/℃	264.2	221.0	227.9
90%馏程温度/℃	309.7	272.4	284.5
95%馏程温度/℃	324.2	292.3	296.0
硫含量(质量分数)/%	0.002800	0.000028	<0.000001
多环芳烃含量(质量分数)/%	<5.5	<0.1	<0.1

从表5-5可以看出，两种煤制油的密度与DF有一定的差别，其中DDCL比DF高5.49%，而F-T比DF低7.36%；两种煤制油的热值与DF非常接近，其中DDCL热值比DF仅低0.77%，而F-T比DF高1.85%。在十六烷值方面三者的差异较大，DDCL最小，比DF低12.72%；F-T最大，比DF高很多。燃油的多环芳烃质量分数一定程度上影响了燃油的品质，两种燃油均主要由饱和烃构成，芳烃的含量极少，差别在于DDCL含有大量的环烷烃，而F-T含有较多的链烷烃。此外，与DF相比，两种煤制油的馏程温度和黏度较低，几乎不含硫成分。

两种煤制油按体积比3∶1配成十六烷值接近欧Ⅳ柴油的调和煤制油。调和煤制油的十六烷值为55.8，与欧Ⅳ柴油相同；密度和热值乘积与欧Ⅳ柴油之比为1.02，略优于欧Ⅳ柴油。此外，两种煤制油之间及煤制油与石化柴油之间具有良好的互溶性，这为获得取二者之长的混合煤制油提供了可能。

(1) 调和煤制油燃烧特性

1600r/min 负荷特性下四种燃油柴油机瞬时放热率曲线如图 5-8 所示。随着负荷增加，四种燃油预混合燃烧量减少，放热率曲线间差异逐渐减小。这是因为低负荷时汽缸内温度相对较低，十六烷值对滞燃期的影响较大，负荷增加时喷油压力升高，燃油理化性质对燃油蒸发雾化影响减弱。除 DDCL 外，其燃油预混放热率峰值几乎出现在同一曲轴转角。由于 DDCL 十六烷值较低，滞燃期最长，预混合燃烧阶段峰值最高，且预混燃烧阶段燃烧持续期较其他柴油长。F-T 柴油具有较高的十六烷值，最先开始燃烧，参与预混燃烧的燃油量较少，预混合燃烧放热峰值最低；而混合煤制油的放热峰值类似于欧Ⅳ柴油，介于另外两种煤制油之间。在扩散燃烧阶段，四种燃油放热率峰值与预混合阶段趋势相反。在低负荷（0.55MPa）时，与欧Ⅳ柴油相比，调和煤制油预混放热峰值降低了 4.8%；随着负荷增加，混合煤制油的放热率曲线与欧Ⅳ柴油接近；在中等负荷（0.75MPa）表现得更加明显，两条放热率曲线基本重合，预混合放热峰值比欧Ⅳ柴油低 1.51%，而扩散燃烧阶段放热峰值高 1.00%；高负荷时，四种燃油放热率曲线几乎重合。

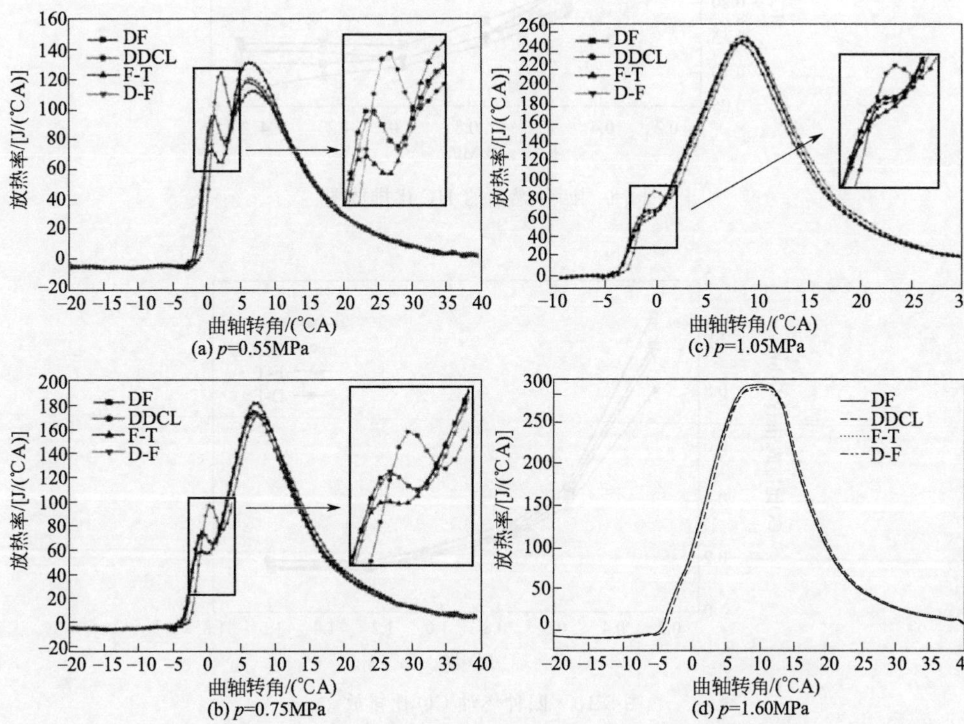

图 5-8　四种燃油瞬时放热率曲线对比图（1600r/min）

(2) 调和煤制油排放特性

由图 5-9～图 5-12 四种燃油在 1600r/min 负荷特性下的排放特性可知，四种燃油的 HC 比排放基本随着负荷增加而降低，只在高负荷时又略微升高（除 F-T），调和煤制油 HC 比排放基本低于欧Ⅳ柴油，最大降幅为 29.65%（图 5-9）。这是因为煤制油馏程温度较低，蒸发过程进行较快，产生过浓区和油束碰壁激冷的可能性较小，使其 HC 排放降低；但随着负荷进一步增加，喷油量增多，燃烧发生在上止点后，活塞已经下行，混合气混合不均，HC 排放又有所增加。CO 比排放随负荷的增加逐渐减少，CO 比排放降低机理与 HC 比排放类似：在低负荷时，混合煤制油较低的馏程温度使混合气产生过浓或过稀的可能性小，因此 CO 比排放略低；随着负荷增加，缸内温度升高，馏程温度的影响减弱。四种燃油 CO 排放接近（图 5-10）。

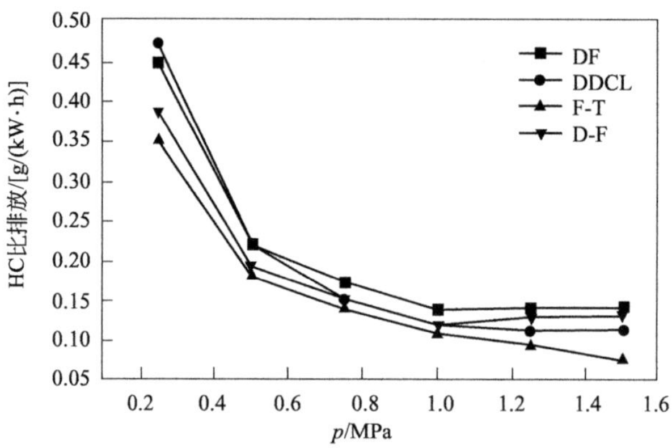

图 5-9　四种燃油的 HC 比排放图

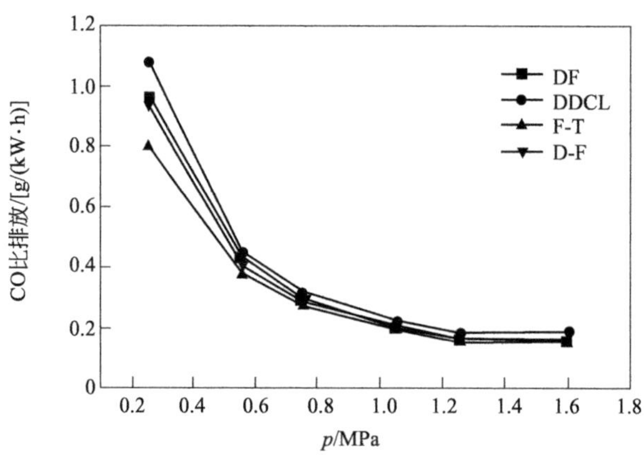

图 5-10　四种燃油 CO 比排放

调和煤制油的烟度基本低于欧Ⅳ柴油（图 5-11），随着负荷增加降幅增大，炭烟比排放平均降低了 21.68%。这是由于调和煤制油的 C/H 值及芳烃质量分数均较低，扩散燃烧较快，有利于降低炭烟排放，此外调和煤制油的低硫特性也有助于降低炭烟排放。

随着负荷增加四种燃油 NO_x 比排放逐渐增加（图 5-12），相互之间的差异减小，但燃用F-T柴油在中低负荷可以降低 NO_x 排放。一方面，调和煤制油较高十六烷值有利于降低着火前燃油的蒸发量，预混合燃烧放热量少，使其在低负荷预混燃烧量比欧Ⅳ柴油少，因而缸内初始温度较低；另一方面，环状烃绝热燃烧温度较高，调和煤制油芳烃含量低，具有相对低的局部温度，因此可以改善 NO_x 排放。在低负荷调和煤制油 NO_x 比排放最大降幅为1.4%，随着负荷增加，调和煤制油理化特性对燃烧的影响逐渐减弱，NO_x 排放与欧Ⅳ柴油接近。

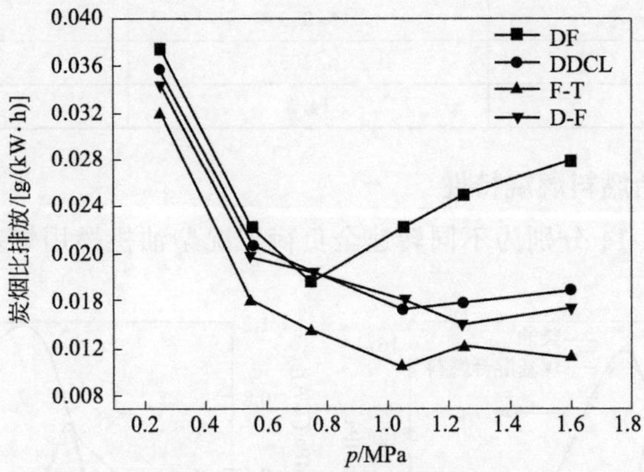

图 5-11　四种燃油的炭烟比排放

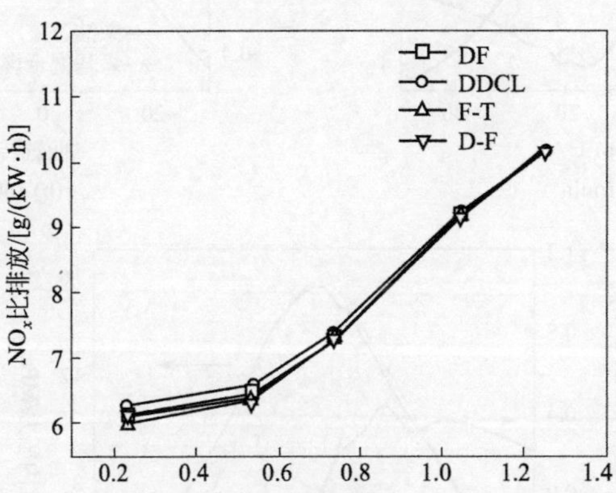

图 5-12　四种燃油的 NO_x 比排放

5.3.2　煤基混合燃料柴油机燃烧与排放特性

煤基混合燃料由67%的－35号柴油与33%的煤基含氧燃料（主要包括烷烃、芳烃和聚甲氧基二甲醚）掺混组成。煤基复合燃料物化特性如表5-6所示。

表 5-6 煤基混合燃料理化性质

燃油指标	柴油	复合燃料
密度(20℃)/(g/cm³)	0.835	0.8171
运动黏度(20℃)/(mm²/s)	2.0	3.1
十六烷值	49	44.6
低热值/(MJ/kg)	42.5	46.4
含氧量(质量分数)/%	0	8.7
含碳量(质量分数)/%	87.4	78.3
含氢量(质量分数)/%	12.6	13
50%馏出温度/℃	≤300	235
90%馏出温度/℃	≤355	316
95%馏出温度/℃	≤365	335
理论空燃比	14.3	12.86

(1) 煤基混合燃料燃烧特性

图 5-13 和图 5-14 分别为不同转速全负荷工况柴油机燃用煤基混合燃料和柴油

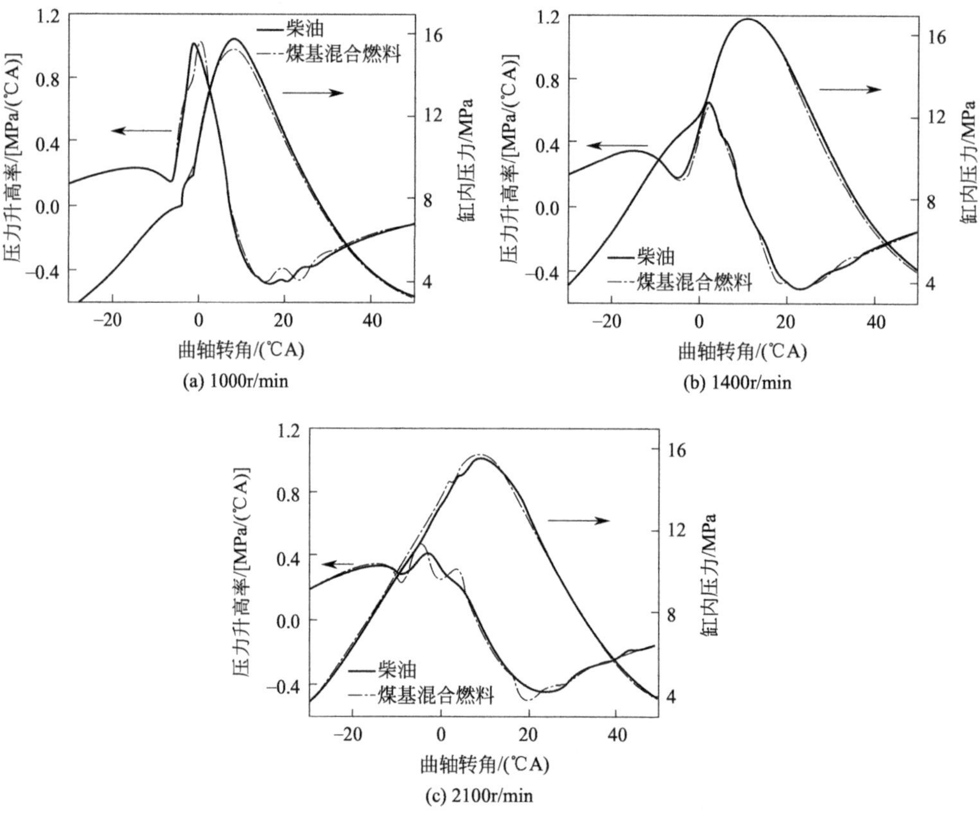

(a) 1000r/min

(b) 1400r/min

(c) 2100r/min

图 5-13 不同转速全负荷工况缸内燃烧压力与压力升高率曲线

时，缸内压力和压力升高率、瞬时放热率和累计放热率随曲轴转角的变化曲线。由缸内压力与压力升高率曲线可知，与燃用柴油相比，燃用煤基混合燃料柴油机在中低转速时的最大缸内燃烧压力降低，高转速时的最大缸内燃烧压力基本不变，但压力升高率提升更快；由瞬时放热率与累计放热率曲线可知，与燃用柴油相比，燃用煤基混合燃料燃烧第一个放热率峰值相位提前，且放热率峰值更高。煤基混合燃料瞬时放热率峰值升高且对应相位提前，这是因为煤基混合燃料低热值较高，燃烧会释放更多热量，而且馏出温度较低，预混可燃混合气增加，加之本身含氧同样使可燃混合气燃烧更加充分，最终导致其燃烧更迅速，瞬时放热率更高，对应相位提前。

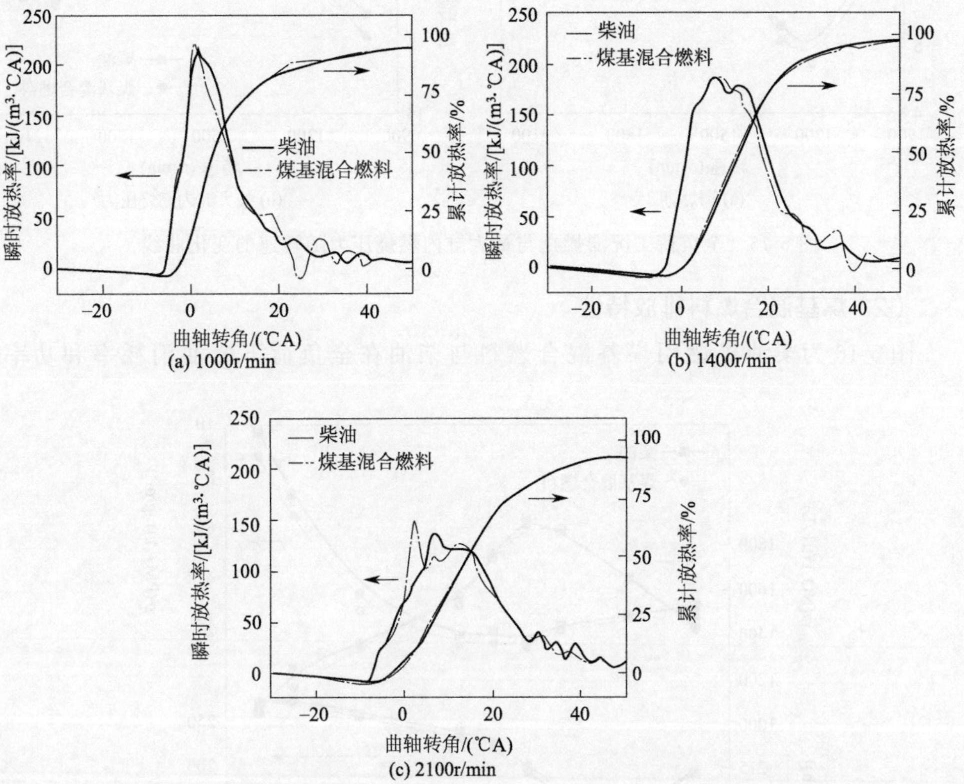

图 5-14　不同转速全负荷工况瞬时放热率与累计放热率曲线

图 5-15 为全负荷工况下柴油机燃用煤基混合燃料与柴油的滞燃期和最大缸内燃烧压力随转速的变化曲线。由图 5-15（a）可知，与燃用柴油相比，燃用煤基混合燃料的滞燃期变化不大；由图 5-15（b）可知，燃用煤基混合燃料在中低转速时，最大缸内燃烧压力降低，高转速时最大缸内燃烧压力基本相同。中低转速时，由于滞燃期较短，并且煤基混合燃料的黏度高，其在滞燃期内与空气的混合速度下降，

导致滞燃期内形成的可燃混合气减少，造成低转速时的煤基混合燃料的最大缸内燃烧压力降低，而在高转速时，滞燃期较长，运动黏度对可燃混合气影响降低，煤基混合燃料预混的可燃混合气有所增加，导致高转速时的最大缸内燃烧压力基本相同。

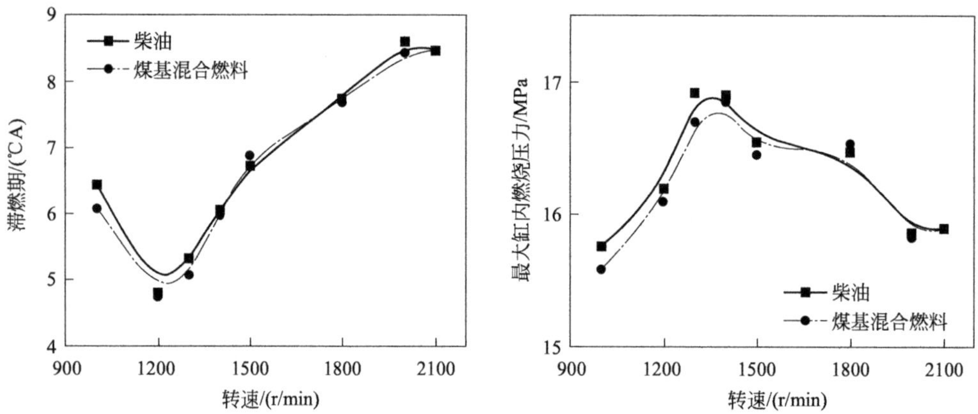

(a) 滞燃期　(b) 最大缸内燃烧压力

图 5-15　全负荷工况滞燃期与最大缸内燃烧压力随转速的变化曲线

（2）煤基混合燃料排放特性

图 5-16 为柴油机燃用煤基混合燃料与柴油在全负荷下燃油消耗率和功率、

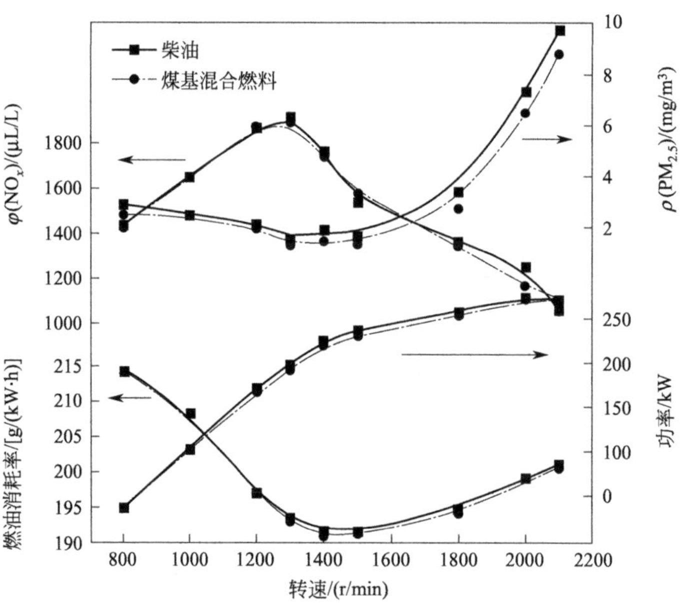

图 5-16　全负荷工况功率、燃油消耗率、NO_x 与 $PM_{2.5}$ 排放随转速的变化曲线

$PM_{2.5}$ 的质量浓度和 NO_x 的体积分数随转速的变化曲线。由图 5-16 可知，在全负荷工况下与燃用柴油相比，燃用煤基混合燃料的动力性与经济性基本不变；$PM_{2.5}$ 排放降低，低、中、高转速分别降低 13.6％、22.5％和 9.5％，平均降低 15.2％；NO_x 排放变化不大。这主要是因为煤基混合燃料比柴油含氧量多、含碳量少，柴油机燃用煤基混合燃料燃烧更加充分，致使 $PM_{2.5}$ 排放降低。燃用煤基混合燃料和柴油 $PM_{2.5}$ 和 NO_x 排放随转速的升高呈相似的变化规律，即 $PM_{2.5}$ 排放先降低后升高，NO_x 排放与之相反。这主要是因为随着转速的升高，混合气形成和燃烧时间缩短，局部过浓混合气形成的炭烟微粒不易被氧化，因此 $PM_{2.5}$ 排放增大，相反，NO_x 排放减少。

图 5-17 为柴油机燃用煤基混合燃料与柴油在部分负荷下燃油消耗率、$PM_{2.5}$ 的质量浓度和 NO_x 的体积分数随负荷的变化曲线。由图 5-17 可知，与燃用柴油相比，在部分负荷工况下燃用煤基混合燃料的柴油机 $PM_{2.5}$ 排放降低，1000r/min 低中高负荷时 $PM_{2.5}$ 排放分别降低 61.5％、9.6％和 2.0％，1400r/min 低中高负荷时 $PM_{2.5}$ 排放分别降低 64.1％、10.8％和 21.6％，2100r/min 低中高负荷时 $PM_{2.5}$ 排放分别降低 43.4％、21.6％和 6.2％。由此可见，低转速低负荷时，$PM_{2.5}$ 排放的下降幅度明显大于高转速高负荷，但 NO_x 排放略有升高，且转速越低、负荷越大，NO_x 排放升高越多。这主要是因为低转速低负荷时，煤基混合燃料的含氧特性，导致可燃混合气燃烧更加充分，$PM_{2.5}$ 的排放得到有效抑制；而 NO_x 排放的升高是因为煤基混合燃料本身含氧，在氧的充裕度上满足 NO_x 生成条件。在高转速高负荷时，缸内温度较高，高温富氧共同作用导致煤基混合燃料的 NO_x 增加。

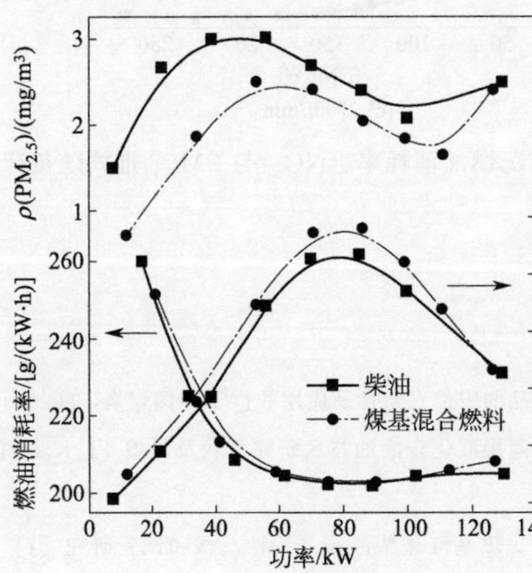

(a) 1000r/min

图 5-17

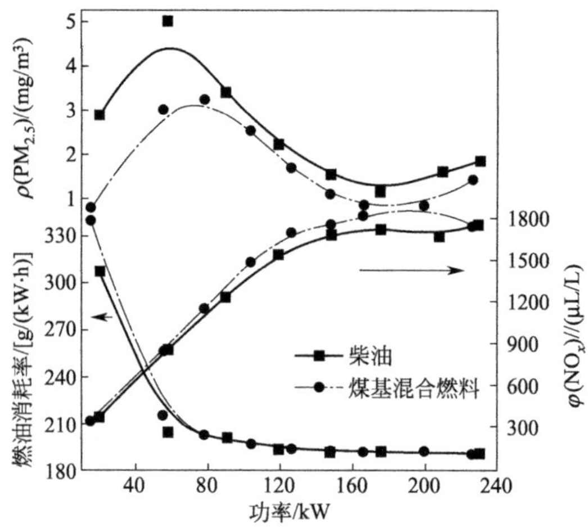

(b) 1400r/min

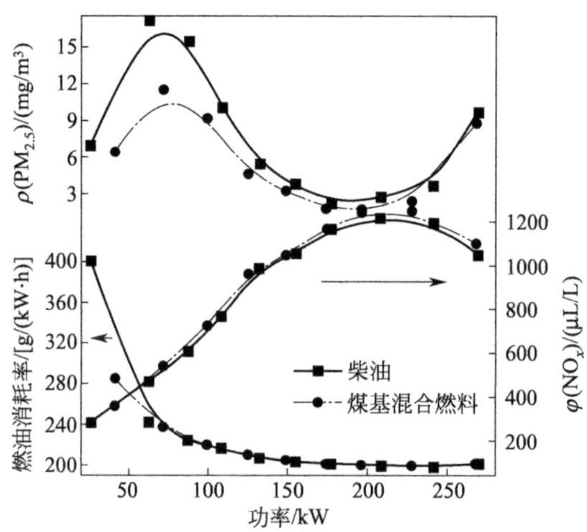

(c) 2100r/min

图 5-17 部分负荷工况燃油消耗率、NO_x 与 $PM_{2.5}$ 排放随负荷的变化曲线

参考文献

[1] 贾振斌，刘永．煤直接液化产品的组成、特性及应用［J］．中国煤炭，2020，46（5）：81-86.

[2] 王学云，胡发亭，王光耀．煤间接液化合成油技术研究现状及展望［J］．洁净煤技术，2020，26（1）：110-120.

[3] 梁雪美，张安贵，刘素丽，等．煤基液化柴油产品特性及调和试验研究［J］．洁净煤技术，2019，25（S2）：29-34.

[4] 秦怡晨．煤制油工艺技术研究［J］．山西化工，2020（3）：37-41.

[5] 王真，石玉林，乔信起，等．共轨柴油机燃用煤直接液化柴油的燃烧与排放特性［J］．内燃机学报，

2012，30（3）：201-206.

［6］　李永伦，白雪梅，李克健，等．调和煤制油在柴油机上的尾气排放性能试验研究［J］．汽车技术，2016（7）：52-56.

［7］　张建业，裴毅强，秦静，等．混合煤制油对共轨柴油机性能及排放影响的试验研究［J］．内燃机工程，2015，36（2）：13-17.

［8］　刘鹏宇．煤基复合燃料柴油机高海拔排放特性研究［D］．天津：陆军军事交通学院，2016.

［9］　李浩．煤制油柴油混合燃料柴油机高海拔燃烧与性能研究［D］．天津：陆军军事交通学院，2018.

［10］　熊立夫．煤基复合燃料对柴油机高海拔燃烧与性能影响的实验研究［D］．天津：陆军军事交通学院，2016.

［11］　董素荣，刘鹏宇，刘瑞琳，等．煤基混合燃料对柴油机燃烧与排放特性影响的研究［J］．热科学与技术，2016，15（05）：391-396.

第 6 章
替代燃料柴油机高原适应性研究

我国是一个高原大国。在我国的国土面积中，海拔 1000m 以上的高原约占 58%，海拔 2000m 以上的高原约占 33%，海拔 3000m 以上的高原约占 26%。青藏高原是世界上最具代表性的高原，平均海拔超过 4000m，总面积约占国土面积的 1/4。高原地区资源丰富，是“一带一路”重要连接枢纽，对国民经济发展和国防建设具有重要的战略意义。

高原地区大气压力低、氧含量低的气候环境特点，导致柴油机燃烧恶化，动力性、经济性、可靠性、耐久性下降，热负荷增加，起动困难。研究表明，对增压柴油机来说，海拔每上升 1000m，最高燃烧压力下降 3%～4%，涡轮增压器转速上升 6%～8%，额定功率下降 4%～7%，最低燃油消耗率增加 3%～7%，涡轮前温度升高 7%，缸盖温度升高 7%，机体热强度增加 2%～4%。柴油机作为车辆、工程机械、发电机组等动力装备的主要动力源，对推动西部经济发展发挥着至关重要的作用，柴油机的高原性能优劣直接影响动力装备的高原环境适应能力。因此提升柴油机高原燃烧效率，提高动力装备高原环境适应性，是促进高原地区经济发展亟待解决的问题。

提升柴油机高原燃烧效率的途径主要有两种：一种是通过改善柴油机缸内热力学状态提高充量活性达到改善柴油机高原燃烧状况的目的，如采用涡轮增压技术、燃烧优化技术和进气富氧技术等；另一种则是从燃料本身出发，通过在柴油中掺混替代燃料，优化燃料理化性质，达到改善雾化、着火及燃烧特性的目的。在柴油中掺入适当的含氧（脂、醚类）燃料，构成含氧柴油，是在不改变柴油机结构的情况下改善柴油机不同海拔燃烧特性的重要手段，对解决高原缺氧条件下燃料燃烧不完全造成的柴油机动力性下降、热负荷增大且冒黑烟的问题具有重要意义。

目前，我国科研院所和高校开展了含氧燃料改善柴油机高原性能的研究工作。研究结果表明，柴油机在高原地区燃用含氧燃料，可以有效改善高海拔燃烧特性，后燃降低，燃烧等容度增加，柴油机功率增加，尤其在高转速大负荷时，效果更为明显。聚甲氧基二甲醚是一种新型的高活性高含氧替代燃料，具有高十六烷值、挥发性好、无硫、无芳烃和无碳碳键分子结构等特点，常温下是液态、易与柴油互溶，是一种非常具有前景的新型替代燃料。

6.1 PODE/柴油混合燃料高海拔喷雾特性

燃料在柴油机中要经历高压喷射、雾化、混合、压缩着火以及燃烧等阶段，雾化质量对燃烧过程会产生重要影响。喷雾过程是一个瞬变、多维多相复杂变化的过程，雾化结果受边界条件和燃料自身理化性质综合影响。PODE 掺入柴油后，燃料理化性质产生变化；同时，高原边界条件的变化也会对喷雾过程产生影响。

6.1.1 高海拔喷雾试验热力学边界条件和喷雾特性参数计算

（1）喷雾试验系统

喷雾试验系统如图 6-1 所示，主要由定容燃烧弹、进排气系统、电控共轨喷油系统、温度控制系统、图像采集与处理系统构成。

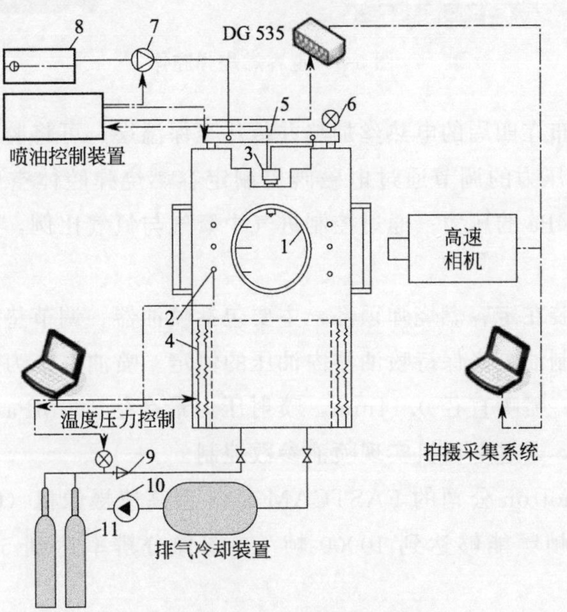

图 6-1　喷雾试验系统原理图

1—石英玻璃窗口；2—温度/压力传感器；3—喷油器；4—加热丝；
5—高压共轨系统；6—油压表；7—油泵；8—油箱；9—电磁阀；
10—真空泵；11—高压气瓶

定容燃烧弹用于模拟柴油机喷油时刻的缸内热力学状态并提供光学诊断通道，主要包括弹体、视窗底座、盖板、进排气口、温度与压力传感器口、喷油器安装适配座以及弹体固定支架等。腔体部分呈圆柱体，容积为 12L，沿着相互垂直的水平方向上开 4 个直径为 100mm 的圆孔，圆孔内填有石英玻璃视窗，方便观察与图像采集，腔体剖面图及内部结构如图 6-2 所示。

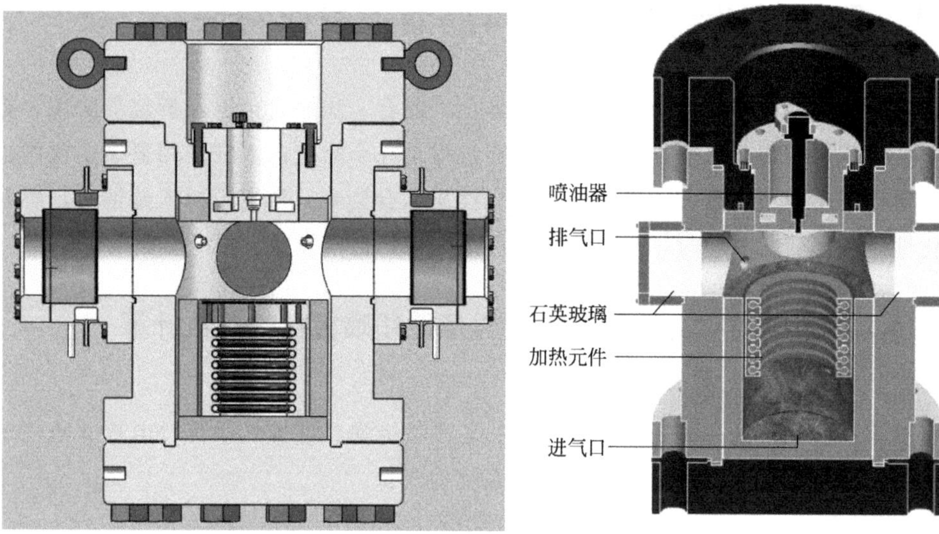

图 6-2　定容燃烧弹腔体

腔体通过分布在四周的电热丝加热并传热至保温层，可将腔内温度加热至最高 900K；腔体内部压力的调节通过电磁阀控制定容燃烧弹腔体空气量来实现，腔体能够承受最大 6MPa 的压力；通过控制进气中氧气与氮气比例，可以实现喷雾与燃烧的转换。

喷油系统安装在定容燃烧弹顶部，主要包括喷油器、调节垫圈的弹簧、上下弹簧座等。通过控制油泵来保持喷油器内油压的恒定。喷油系统为第二代博世高压共轨燃油喷射系统，喷嘴直径 0.14mm，喷射压力最高达 160MPa，喷油器垂直安装在定容弹正上方，通过上位机实现喷油参数控制。

利用日本 Photron 公司的 FASTCAM SA5 型高速摄像机（CCD）对喷雾过程进行拍摄，拍摄帧频能够达到 10000 帧/s，图像分辨率达到 512×512，光圈值为 1.4。

（2）图像处理及燃料特性

利用 MATLAB 进行图像处理，如图 6-3 所示。其中，喷雾贯穿距离定义为从喷嘴到喷雾液相的最前锋的距离；喷雾锥角定义为二分之一喷雾贯穿距处与喷嘴连线的等腰三角形，其面积与该处喷雾投影面积相等时的顶角。喷油参数定义如图 6-3(e) 所示。

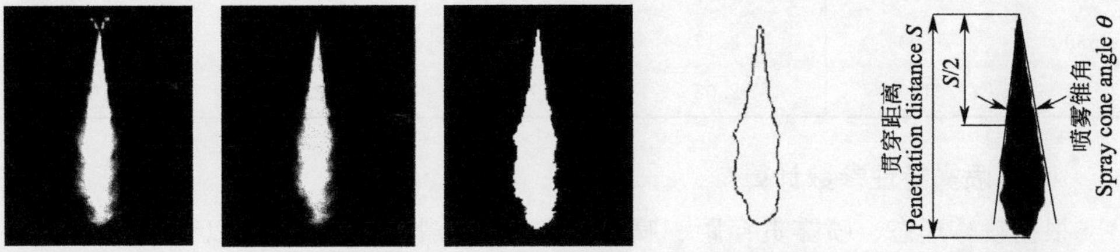

(a) 原图　(b) 去除背景　(c) 灰度图像　(d) 二值图　(e) 喷雾参数定义

图 6-3　喷雾图像处理结果

选取掺混 20%体积分数 PODE 和 80%体积分数的柴油（P20）开展研究，选取柴油（P0）和纯 PODE（P100）作为参照对比，各燃料的相关物性参数如表 6-1 所示。

表 6-1　试验燃料物性参数

参数	柴油	P20	P100
密度(20℃)/(kg/m^3)	818.8	860.4	1054.4
表面张力/(mN/m)	23.8	24.8	25.9
运动黏度(20℃)/(mm^2/s)	2.926	2.194	1.419
10%初馏点/K	481.45	448.85	432.25
50%初馏温度/K	514.75	498.35	446.05
90%初馏温度/K	554.85	546.85	483.95

（3）柴油机不同海拔运行工况下热力学边界条件

为了能够真实模拟不同海拔条件下柴油机喷雾时缸内热力学状态，以某型号柴油机不同海拔模拟试验测试数据为依据。选取该柴油机在 0m、3500m 和 5500m 条件下，1000r/min、1500r/min 和 2100r/min 全负荷工况点作为模拟试验工况点，各试验工况点对应喷油时刻缸内热力学参数如表 6-2 所示。

表 6-2　不同海拔全负荷工况下喷油时刻对应热力学状态

海拔/m	转速/(r/min)	缸内压力/MPa	密度/(kg/m^3)	温度/K	共轨压力/MPa
0	1000	2.39	11.07	725.9	120
	1500	3.53	15.40	720.8	140
	2100	3.58	15.62	771	140
3500	1000	1.28	5.58	645	120
	1500	2.87	11.78	739.7	140
	2100	2.73	10.63	713.5	140

续表

海拔/m	转速/(r/min)	缸内压力/MPa	密度/(kg/m^3)	温度/K	共轨压力/MPa
5500	1000	0.87	3.8	801.5	120
	1500	2.17	8.91	716.7	140
	2100	2.08	8.07	852.4	140

(4) 喷雾特性参数计算

根据喷雾形态、喷雾贯穿距、喷雾锥角等喷雾特性参数，可以计算喷雾体积、喷雾卷吸质量、轴向当量比、径向当量比、索特平均直径等。计算公式分别为式(6-1)～式(6-7)。

喷雾体积计算公式：

$$V(t)=\frac{1}{3}\pi S^3(t)\tan^2\left(\frac{\theta}{2}\right)\frac{\left[1+2\tan\left(\frac{\theta}{2}\right)\right]}{\left[1+\tan\left(\frac{\theta}{2}\right)\right]^3} \tag{6-1}$$

式中，$V(t)$ 为喷雾体积，m^3；$S(t)$ 为喷雾贯穿距离，m；θ 为喷雾锥角，(°)。

边界气体卷吸量公式：

$$m_a=\frac{\pi}{3}S^3(t)\tan^2\left(\frac{\theta}{2}\right)\rho_a \tag{6-2}$$

式中，m_a 为边界气体卷吸量，kg；S 为喷雾贯穿距离，m；θ 为喷雾锥角，(°)；ρ_a 为环境气体密度，kg/m^3。

喷雾轴向当量比计算公式：

$$\bar{\phi}(x)=\frac{2(A/F)_{st}}{\sqrt{1+16(x/x^+)^2}} \tag{6-3}$$

式中，$\bar{\phi}(x)$ 为距离喷孔 x 处截面的平均当量比；$(A/F)_{st}$ 为燃料的理论空燃比；x^+ 为特征长度，用下式进行计算：

$$x^+=\sqrt{\frac{\rho_f}{\rho_a}}\times\frac{\sqrt{C_a}d_0}{a\tan(\theta/2)} \tag{6-4}$$

式中，ρ_f、ρ_a 分别为燃料和环境密度，kg/m^3；C_a 为喷孔面积收缩系数，取值 0.95；a 为常数，取值 0.73；θ 为喷雾锥角，(°)；d_0 为喷孔直径，m。

喷雾径向当量比计算公式：

$$\phi(x,r)=\phi_{axis}(x)\exp\left[-\alpha\left(\frac{r}{R}\right)^2\right] \tag{6-5}$$

式中，$\phi(x,r)$ 为距喷孔 x 处横截面内当量比随半径 r 的变化规律；α 为正态分布形状因子，通常假设 $\phi(x,R)=0.1\phi_{\mathrm{axis}}(x)$，故 α 为 2.3；R 为距离喷孔 x 处喷雾截面直径；$\phi_{\mathrm{axis}}(x)$ 为距喷孔 x 处喷雾轴线处当量比，可以通过下式计算得到：

$$\phi_{\mathrm{axis}}(x)=2.55\bar{\phi}(x) \tag{6-6}$$

液滴的索特平均直径（Souter Mean Diameter，SMD）是用来评价雾化效果的重要参数，定义为所有油粒总体积与表面积之比。Lefebvre 等人研究发现，燃油黏度、密度和表面张力是影响液滴破碎的主要因素。Elkotb 等人提出了非蒸发状态下 SMD 的经验拟合公式为：

$$\mathrm{SMD}=6156\nu^{0.385}\sigma^{0.737}\rho_{\mathrm{f}}^{0.737}\rho_{\mathrm{a}}^{0.06}\Delta p^{-0.54} \tag{6-7}$$

式中，SMD 为索特平均直径，μm；ν 为燃料的运动黏度，m^2/s；σ 为表面张力，N/m；ρ_{f} 为燃油密度，kg/m^3；ρ_{a} 为喷雾环境密度，kg/m^3；Δp 为喷射压差，bar❶。

6.1.2 不同海拔条件下 PODE 掺混比例对喷雾特性的影响

选取柴油机 1000r/min 全负荷工况作为研究的热力学边界参数，选取 800K 和 298K 为蒸发态和非蒸发态温度。

(1) 对蒸发状态喷雾特性的影响

柴油（P0）、PODE/柴油混合燃料（P20）、PODE（P100）三种燃料，在 0m、3500m 和 5500m 海拔条件下喷雾贯穿距和喷雾锥角变化曲线如图 6-4 所示。随着海拔增加，喷雾达到稳定状态对应时刻增大，喷雾贯穿距增加，喷雾锥角减小（图 6-5）。这主要由于卷吸进入喷雾的高焓气体加速了燃油的蒸发和雾化，使得蒸发态液相喷雾沿着径向减小。

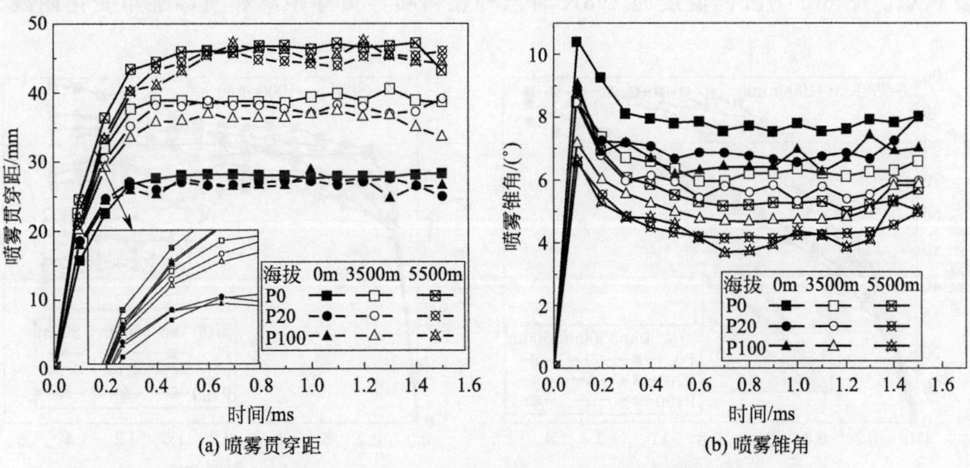

(a) 喷雾贯穿距　　(b) 喷雾锥角

图 6-4　蒸发状态不同海拔三种燃料喷雾贯穿距与喷雾锥角变化曲线

❶ $1\mathrm{bar}=10^5\mathrm{Pa}$。

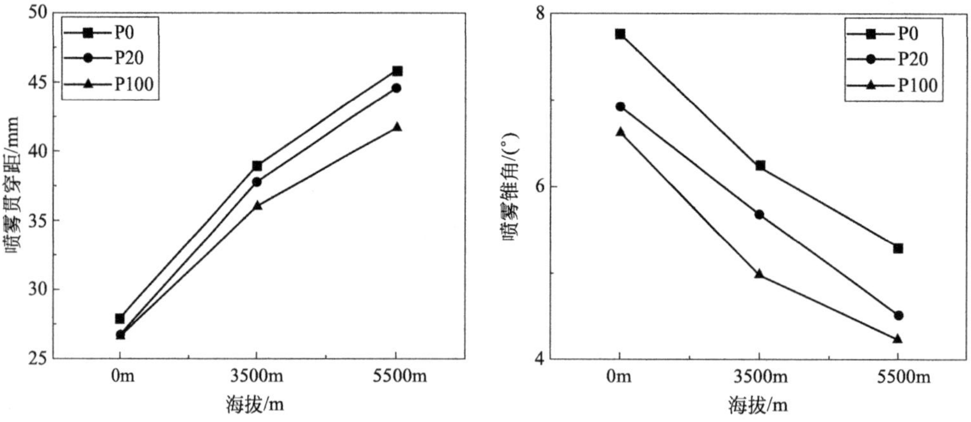

(a) 喷雾贯穿距　　(b) 喷雾锥角

图 6-5　蒸发状态三种燃料喷雾贯穿距与喷雾锥角随海拔的变化曲线

喷雾贯穿距和喷雾锥角是喷雾雾化和蒸发的综合结果。随着海拔升高，一方面喷雾韦伯数减小，液体不易破碎，喷雾轴向发展增大，径向发展受到抑制；另一方面，较低的空气密度降低了喷雾卷入的空气量使得燃油蒸发减少。相比于柴油，PODE 较低的馏程和运动黏度促进了雾化发展，使得随着 PODE 含量增加，喷雾参数受海拔影响减小，海拔 3500m、5500m P20 喷雾贯穿距比 P0 分别减小 4.9%和 9.2%；喷雾锥角分别减小 5.4%和 22.1%。

（2）对非蒸发状态喷雾特性的影响

柴油机在高海拔低温环境下起动时，缸内压力和温度均较低，燃油喷射呈非蒸发状态。图 6-6 为缸内温度为 298K 时三种燃料喷雾贯穿距离和喷雾锥角变化曲线。

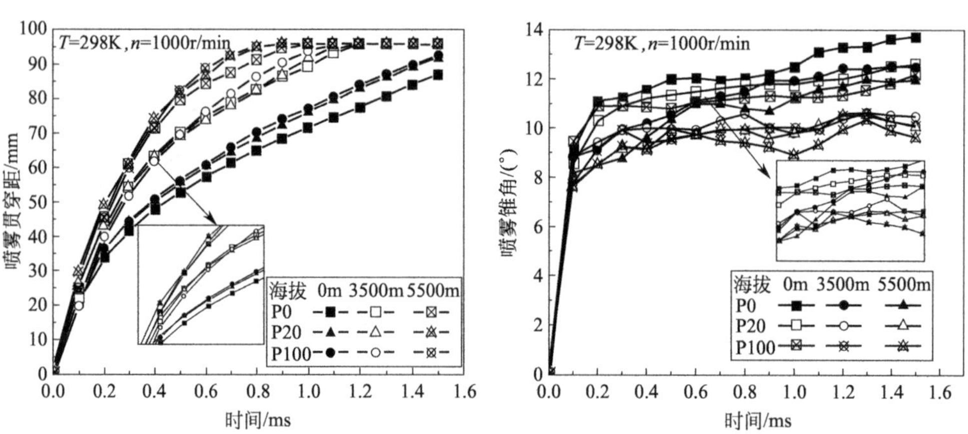

(a) 喷雾贯穿距　　(b) 喷雾锥角

图 6-6　非蒸发状态不同海拔三种燃料喷雾贯穿距和喷雾锥角变化曲线

与平原条件喷雾贯穿距不同的是，在 3500m 和 5500m 海拔条件下，喷雾贯穿距增长至一定值便维持恒定。此时燃油出现明显的“撞壁”现象，“撞壁”现象出现的时间随海拔升高而提前。

不同海拔条件下三种燃料喷雾体积和喷雾卷吸质量变化曲线如图 6-7 所示。随着海拔的增加，受缸内空气密度的影响，喷雾体积和卷吸质量明显降低，当喷雾液柱触壁后喷雾体积和卷吸质量直线上升。平原条件下 P20 和 P100 喷雾体积和卷吸质量接近柴油，但随着海拔升高，由于燃油喷射发生了“撞壁”现象，径向破碎有效抑制了喷雾锥角的变化，使得 P20 和 P100 喷雾体积和卷吸质量降低。

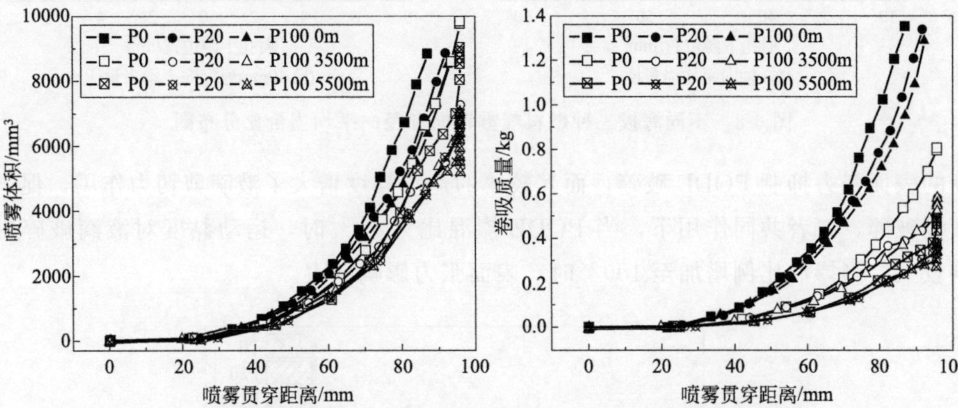

(a) 喷雾体积　(b) 卷吸质量

图 6-7　非蒸发状态不同海拔三种燃料喷雾体积与卷吸质量曲线

图 6-8 为不同海拔三种燃料的喷雾轴向和径向平均当量比分布图。随着海拔升高，不同燃料喷雾轴向和径向当量比明显增大。随着海拔升高，空气密度降低，喷雾体积和卷吸质量减少，同一位置处轴向和径向当量比增大。相比于平原，3500m 和 5500m 条件下，P0、P20 和 P100 轴向当量比分别增加 3.1 倍、3.4 倍、3.5 倍和 6.0 倍、5.1 倍、5.2 倍。P20 在平原和 3500m 条件下轴向和径向平均当量比均高于柴油，在 5500m 条件下则低于柴油，P100 在不同海拔条件下均低于柴油。当量比分布受理论空燃比和空气卷吸量共同的影响，添加 PODE 后，理论空燃比降低，有利于降低平均当量比，海拔超过 3500m 后，PODE 对理论空燃比的影响更为明显。

三种燃料喷雾液滴 SMD 变化如图 6-9 所示。随着海拔的升高，PODE/柴油混合燃料喷雾液滴 SMD 减小。液滴破碎是内外力综合作用的结果，受到燃料表面张力、动力黏度和边界条件共同的影响。液滴表面张力使液滴以最小能量的球形存在，抑制液滴破碎，但其同时受到空气的剪切力促进了液滴破碎。当液滴受到的空气动力之和大于黏性力和表面张力之和时，便会发生破碎。相比于柴油，PODE 较

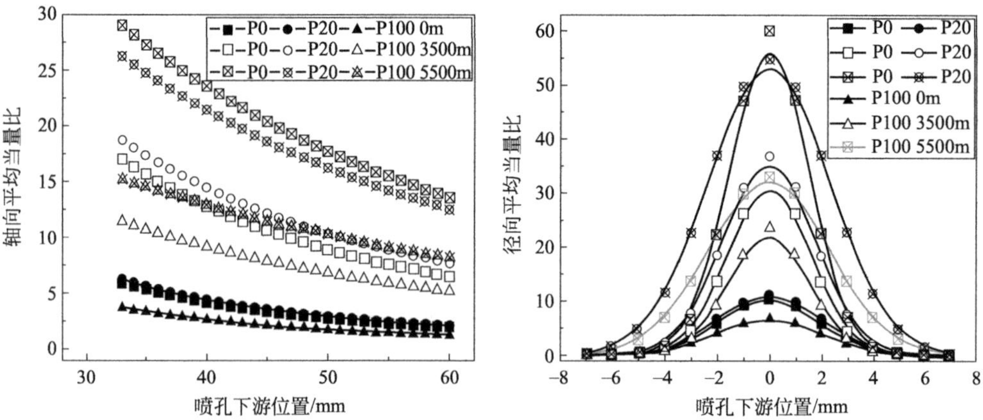

(a) 轴向平均当量比　　(b) 40mm处径向平均当量比

图 6-8　不同海拔三种燃料喷雾轴向和径向平均当量比分布图

高的表面张力抑制 PODE 破碎，而其较小的运动黏度增大了液滴剪切力作用，促进液滴破碎，二者共同作用下，当 PODE 掺混比为 20％时，运动黏度对液滴破碎影响较大，当掺混比例增加至 100％时，表面张力影响较大。

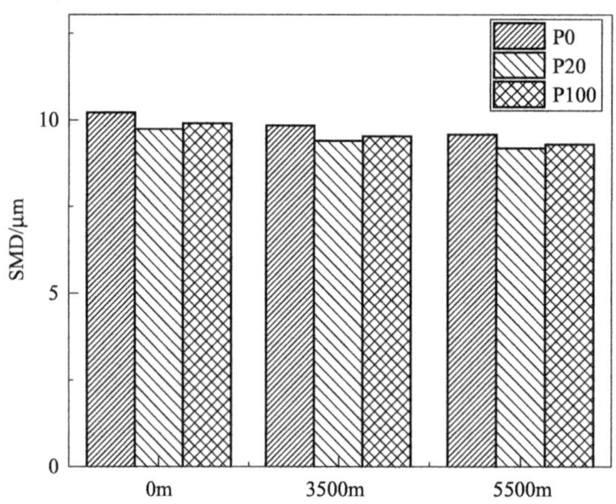

图 6-9　不同海拔三种燃料 SMD 变化

6.1.3　环境条件对 PODE/柴油混合燃料喷雾特性的影响

（1）温度对高海拔喷雾特性的影响

随着海拔升高，进气温度降低，海拔每升高 1000m 温度降低 6.5℃，选取 5500m 海拔，最大转矩转速（1500r/min）工况对应缸内热力学参数为边界条件，以 200K 为温度梯度，研究 300～900K 温度范围内，温度对柴油机喷雾特性的影响。图 6-10 为不同温度下 P20 喷雾形态。由图可知，燃料由喷嘴喷出后，逐步向前发展，液核头部受到环境气体的干扰和射流表面不稳定波的影响而破碎，液柱发展过程中被卷吸入液柱的气体促进了液核头部发展，使其变得肥大。随着环境温度升高，加速了液相的破碎，液核头部褶皱增加（500K）。当温度升高至700K和900K，被卷吸入液核空气温度超过了燃油的沸点，液核头部周围与空气接触的燃油迅速蒸发，液核头部变细变尖，燃油液柱长度减小。

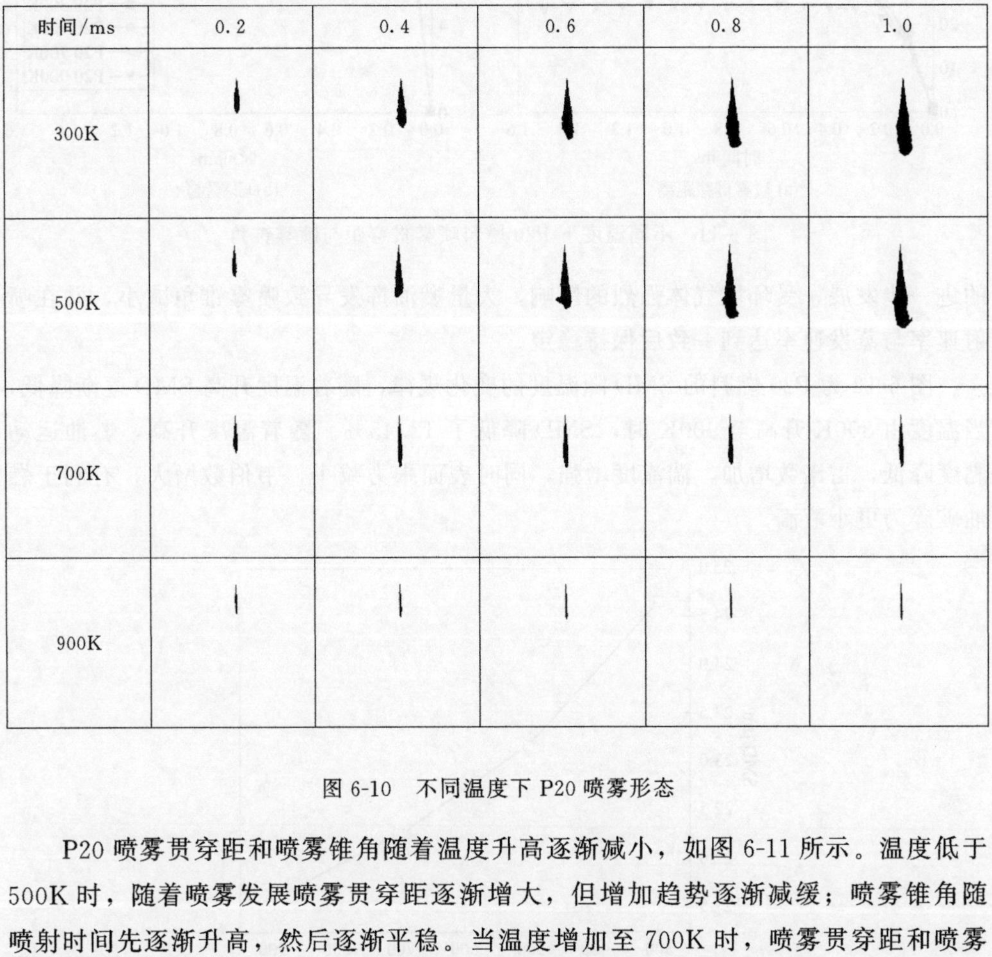

图6-10　不同温度下P20喷雾形态

P20喷雾贯穿距和喷雾锥角随着温度升高逐渐减小，如图6-11所示。温度低于500K时，随着喷雾发展喷雾贯穿距逐渐增大，但增加趋势逐渐减缓；喷雾锥角随喷射时间先逐渐升高，然后逐渐平稳。当温度增加至700K时，喷雾贯穿距和喷雾锥角迅速增大后趋于平稳，且达到稳定的时间随温度的升高而减小。由300K升高到900K，温度每升高100K，喷雾贯穿距和喷雾锥角分别平均减小7.8%和7.5%。

燃油在较高的喷射压力下由喷油器喷孔高速喷出，油束在初次雾化过程中卷吸作用不明显，使得喷雾贯穿距离和喷雾锥角呈现较快的发展趋势。随着燃油速度增大，燃油所受阻力随之增加，促使液态燃油破碎为小液滴，同时部分液滴蒸发为气态。随着环境温度升高，油束气体焓值随之增大，蒸发相同质量的液态燃油需要卷吸环境气体的量减少，故油束喷雾贯穿距减小。而对于喷雾锥角，随着喷雾形态

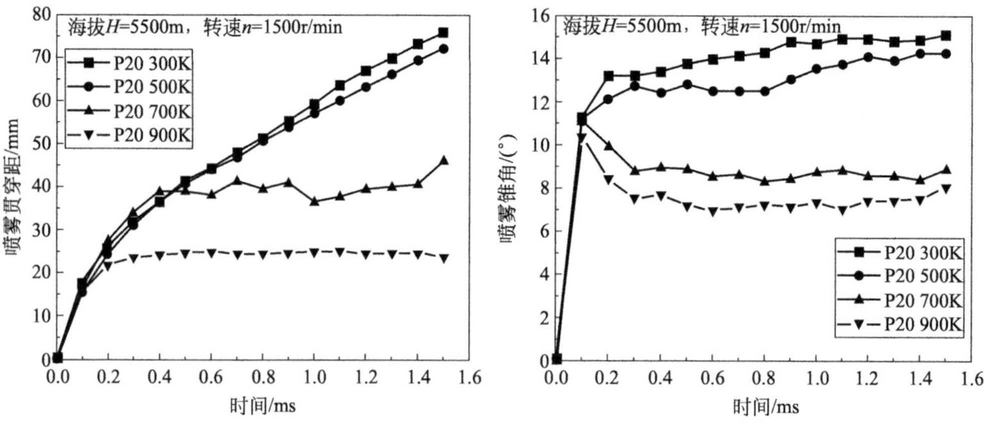

(a) 喷雾贯穿距离　(b) 喷雾锥角

图 6-11　不同温度下 P20 燃料喷雾贯穿距与喷雾锥角

的进一步发展，受环境气体强烈的影响，大量燃油挥发导致喷雾锥角减小，并在喷射速率与蒸发速率达到一致后保持稳定。

图 6-12 为 P20 燃料的 SMD 随温度的变化规律，随着温度升高 SMD 逐渐降低，当温度由 300K 升高至 900K 时，SMD 降低了 12.45%。随着温度升高，燃油运动黏度降低，雷诺数增加，湍流度增强，同时表面张力减小，韦伯数增大，有利于燃油破碎为更小液滴。

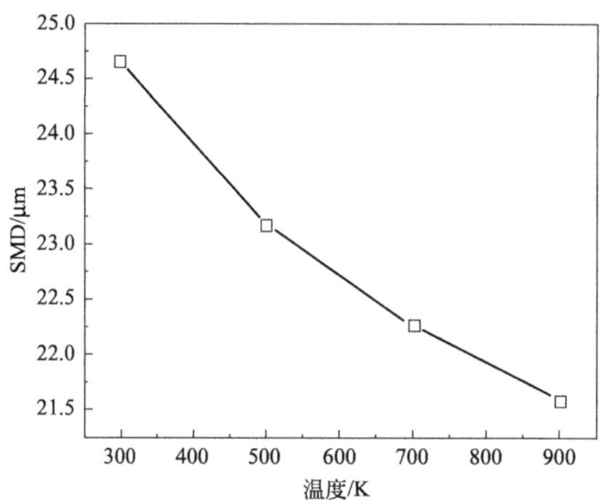

图 6-12　P20 燃料 SMD 随温度的变化规律

（2）环境压力对不同海拔喷雾特性的影响

环境温度一定时，环境压力大小决定了缸内介质密度的多少，影响液滴破碎并进而影响雾化的发展。选取柴油机 1000r/min 全负荷工况为研究对象，以不同海拔条件下对应压力为变量，固定喷射压力为 120MPa，研究蒸发态（800K）和非蒸发态（298K）条件下，不同环境压力对 P20 喷雾特性的影响。

不同环境压力对喷雾贯穿距与喷雾锥角的影响如图6-13所示，随着环境压力的增大喷雾贯穿距离减小，喷雾锥角增大。298K温度下，在0.1ms内，喷雾贯穿距和喷雾锥角呈线性增长，喷雾油束液核基本没有发生明显破碎，保持较高的动量/气体阻力比，贯穿速率没有发生明显衰减。0.1ms后，燃油喷雾贯穿距和喷雾锥角增长速度减缓，随着油束继续向前发展开始破碎，液核前锋区域整体（气液相喷雾和环境气体）质量增加，导致了液核贯穿速率急剧衰减，贯穿距和喷雾锥角呈现先迅速增大后趋缓的变化趋势。相比于0.32MPa，0.48MPa和0.89MPa稳定后的喷雾锥角，平均分别增加了3.7%和19.2%。0.32MPa、0.48MPa背压下，喷雾贯穿距增长趋势明显减缓，并在0.9ms、1.2ms分别达到恒定，发生“撞壁”，撞壁后喷雾锥角也略有上升。随着背压升高，环境介质密度增大，卷吸体积内空气量增加，加速了喷雾液柱尤其是周围部分液柱的破碎，使得喷雾锥角增大。

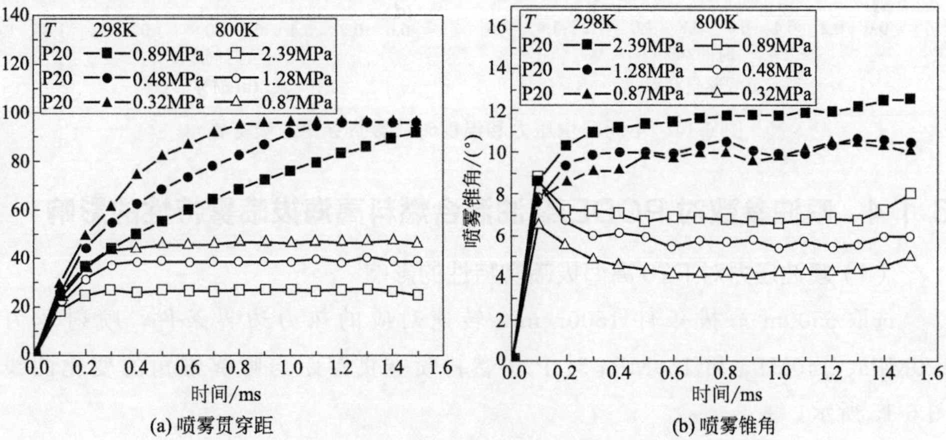

图6-13 不同环境压力下喷雾贯穿距与喷雾锥角

环境压力的升高使得缸内气体介质密度增大，液滴运动过程中与环境气体相互之间的作用增强，液滴容易和气体发生动量交换，轴向方向上的动能损失增大，但在径向方向上不断扩散。液滴和气体发生的动量交换还会引起介质流动，增大液滴径向分散。同时环境压力增加减小了喷射的压差，燃油雷诺数减小，湍流强度减弱，初始射流速度减小，动量降低，喷雾贯穿距离减小，喷雾锥角增大。

（3）环境压力和温度双重因素对PODE/柴油混合燃料喷雾特性的影响

图6-14为P20燃料在柴油机2100r/min全负荷工况不同海拔热力边界条件下的喷雾贯穿距和喷雾锥角。随着海拔增加，喷雾贯穿距呈现先增加后降低的现象，喷雾锥角在0m与3500m条件下较为接近，5500m条件下喷雾锥角减小。

相比于0m，3500m喷雾贯穿距离平均增加了42.1%，喷雾锥角变化不明显，

5500m 喷雾贯穿距平均增加了 23.7%，喷雾锥角平均减小了 19.2%。喷雾特性受环境压力与温度共同的影响。2100r/min 时，相比于 0m，3500m 压力降低，缸内初始温度降低，导致喷雾贯穿距离增加较大。随着海拔升高，5500m 海拔压力进一步降低，但温度的增加使得燃料蒸发量增加，导致喷雾贯穿距相比于 3500m 减小，喷雾锥角减小。

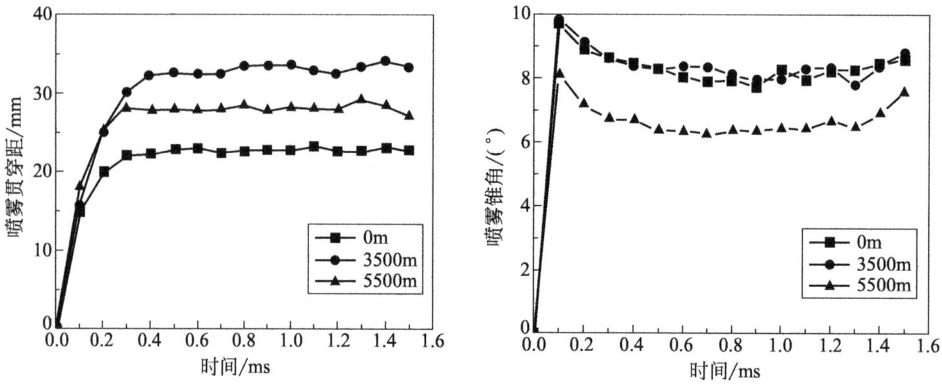

(a) 喷雾贯穿距　　(b) 喷雾锥角

图 6-14 不同环境压力和温度时喷雾贯穿距与喷雾锥角

6.1.4 喷油参数对 PODE/柴油混合燃料高海拔喷雾特性的影响

(1) 喷油压力对 P20 高海拔喷雾特性的影响

选取 5500m 海拔条件 1500r/min 转速对应的热力边界条件，喷射压力为 120MPa、140MPa 和 160MPa 时 P20 燃料喷雾贯穿距与喷雾锥角的变化曲线如图 6-15 所示。

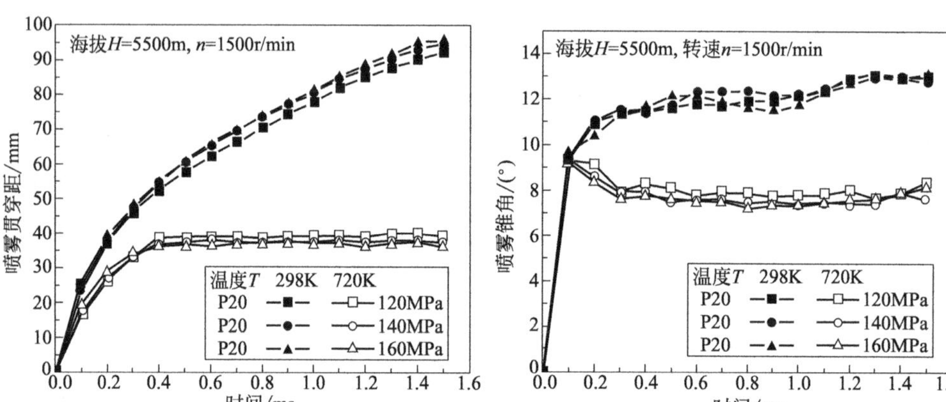

(a) 喷雾贯穿距　　(b) 喷雾锥角

图 6-15 不同喷射压力下 P20 喷雾贯穿距与喷雾锥角

柴油机缸内温度较低(298K)时，油束蒸发量较少，随着喷射压力增加，喷雾贯穿距增大。喷射压力增大，一方面增加了喷束轴向速度，使得径向速度分量减少喷雾锥角呈降低的趋势；另一方面增大了喷孔内外压力差，油束与周围空气卷吸作用加强，加速射流破碎，使喷雾锥角有增大的趋势，在这两种作用下，喷射压力对喷雾锥角影响不明显。

柴油机缸内温度较高(720K)时，燃油蒸发加剧，随着喷油压力增大，湍流作用增强了油束与介质动量交换，使得喷雾更易于破碎、分裂和雾化，喷雾贯穿距和喷雾锥角均减小。但是油束雾化效果与喷油压力之间并非存在线性关系，喷射压力持续增大，会增大喷雾初始动能，增加喷雾向前发展距离，在缸内压力和温度较低的工况下，会增加油束“撞壁”可能，降低雾化效果，因此在高海拔低转速时，喷油压力要适当下调。

(2) 喷油脉宽对柴油机高海拔喷雾特性的影响

图 6-16 为海拔 5500m 不同喷油脉宽下喷雾贯穿距离与喷雾锥角的变化曲线。由图可知，柴油机运行过程中，缸内温度升高(720K)，随着喷油脉宽增加，喷油持续期增长，喷嘴喷出更多的燃油推动液柱发展，使得喷雾贯穿距离增加；但随着喷油的持续，喷油量增多，喷油器顶端部分的气体与燃油混合的速率减慢，燃油边缘与介质气体混合的同时，大部分燃油向下运动，油束的上半部分主要呈液柱状态，使得喷雾锥角减小。因此可以看出，高负荷工况下燃油更容易因雾化不完全而出现燃烧效率下降的现象。非蒸发状态(298K)下，喷雾发展受燃油出口速度影响较大，在不同脉宽下喷雾条件相同，因此喷雾发展也近似。

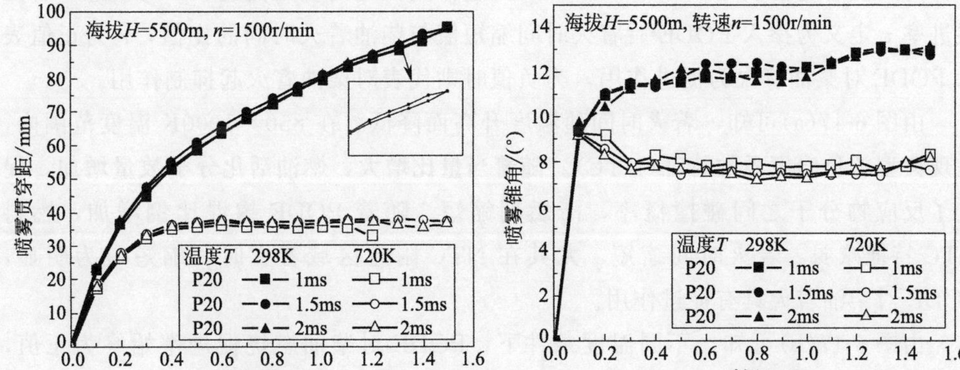

(a) 喷雾贯穿距　(b) 喷雾锥角

图 6-16　不同喷油脉宽下喷雾贯穿距与喷雾锥角

6.2 高海拔条件下 PODE/柴油混合燃料氧化反应机理

基于 4.3 节建立的 PODE/柴油混合燃料化学反应机理模型，可以分析不同海拔条件下 PODE 对柴油高温和低温氧化反应的影响。

6.2.1 高海拔条件下 PODE 对柴油低温氧化反应的影响

根据氧化温度高低，可将燃料氧化划分为低温氧化和高温氧化。当氧化温度低于 1000K 时，一般认为是低温氧化，氧化温度高于 1000K 时，则认为是高温氧化。低温氧化主要靠与氧分子化合并分解进行，主要在柴油机滞燃期内进行，涉及燃料的着火，链的激发、传播等过程。高温条件下，燃料与氧分子难以结合形成稳定的过氧化物，燃料分解速率加大，主要发生在柴油机燃烧的速燃期和缓燃期内。

（1） PODE 对柴油着火特性的影响

着火特性是衡量燃料低温氧化速率的主要参数，也是低温氧化结果的重要特征。根据着火滞燃期公式 $\tau_i = Ap_0^{-m}e^{E/RT_0}$ 可知，滞燃期主要受温度 T_0、压力 p_0、燃料活化能参数 E 以及常数 A 的影响。随着海拔升高，大气压力和空气密度降低，柴油机进气充量减少，对燃油着火特性具有较大影响。选取柴油机在 1000r/min 全负荷工况对应热力学边界条件，在 CHEMKIN-PRO 中的闭式均相反应器中进行不同当量比和 PODE 掺混比例对柴油着火特性影响的研究。

图 6-17 为初始压力为 4MPa、不同当量比、不同 PODE 掺混比燃料的着火特性。为了能够定量表达 PODE 对柴油的促进作用，提出着火促进率 τ 的概念。着火促进率 τ 定义为掺入 PODE 后着火时间缩短值与柴油着火时间的比值，τ 为正值表示 PODE 对柴油着火为促进作用，为负值时则代表对柴油着火起抑制作用。

由图 6-17(a)可知，着火时间随温度升高而降低，在 850～1000K 温度范围内，呈现典型的负温度系数特征(NTC)。随着当量比增大，燃油活化分子数量增加，促进了反应物分子之间碰撞概率，滞燃期缩短。随着 PODE 掺混比例增加，燃料 NTC 特征减弱，着火时间缩短，尤其在 NTC 附近区域着火时间缩短最为明显，PODE 对柴油着火具有促进作用。

由图 6-17(b)可知，不同温度条件下，PODE 对柴油燃烧促进率始终为正值，说明 PODE 对柴油燃烧起促进作用，尤其是在 1000K 温度附近，促进率达到最大值，且随着 PODE 掺混比例增加，促进率明显增大。理想当量比条件下，相比于柴油，P10 和 P20 在 1000K 温度时对着火时间的促进率分别达到 22.5%和 35.8%；当量比增大为 2 时，P10 和 P20 对柴油着火时间的促进率分别增加至 25.2%和

40%。因此，相比于平原，PODE 在高原条件下更能促进柴油着火，缩短滞燃期。

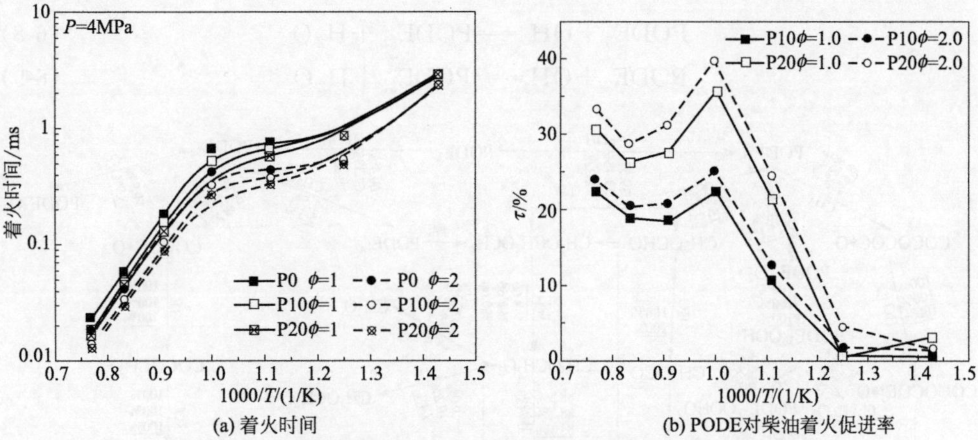

图 6-17　不同当量比、不同 PODE 掺混比燃料的着火特性

如图 6-18 所示，不同当量比、不同 PODE 掺混比燃料的瞬时放热率略有不同，随着当量比增大，瞬时放热率明显减小且峰值对应时间缩短，当量比为 1 时瞬时放热率呈现“单峰”特征，而当量比为 2 时呈现明显的“双峰”特征，在达到主峰值之前会有一小段峰值出现，且该峰值随 PODE 含量增加而增大。在当量比为 1 时，随 PODE 含量增加瞬时放热率增大，P20 相比 P0 峰值增大 7.3%，而在当量比为 2 时，由于柴油着火时间的推迟，部分 PODE 首先反应放热，而后与柴油一起放热，放热率与纯柴油接近。

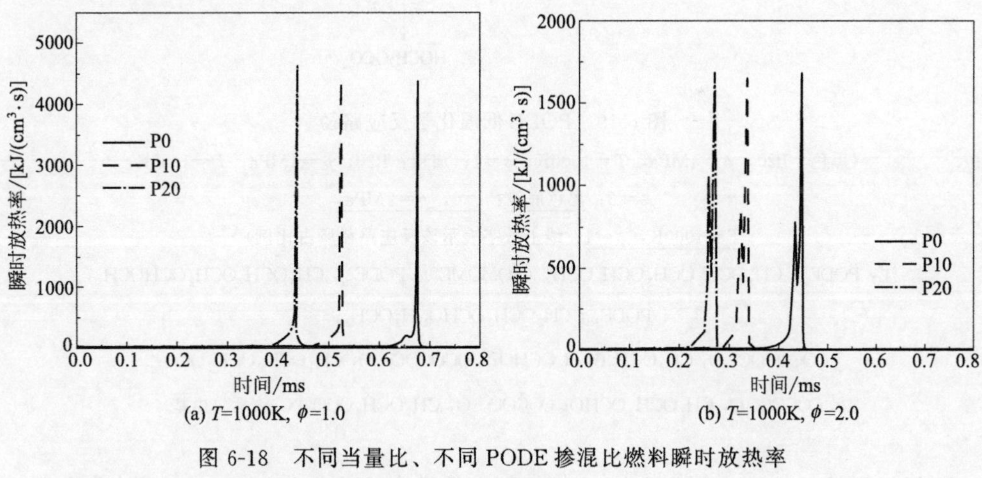

图 6-18　不同当量比、不同 PODE 掺混比燃料瞬时放热率

(2) PODE 对柴油机低温氧化路径的影响

PODE 低温反应路径如图 6-19 所示，$PODE_3$ 可以与 H 或 OH 结合进行脱氢反

应，但 PODE 与 OH 占绝大部分。根据脱氢位置不同分为 $PODE_{3b}$ 和 $PODE_{3c}$ 反应，如式(6-8)和式(6-9)所示。

$$PODE_3 + OH = PODE_{3b} + H_2O \tag{6-8}$$

$$PODE_3 + OH = PODE_{3c} + H_2O \tag{6-9}$$

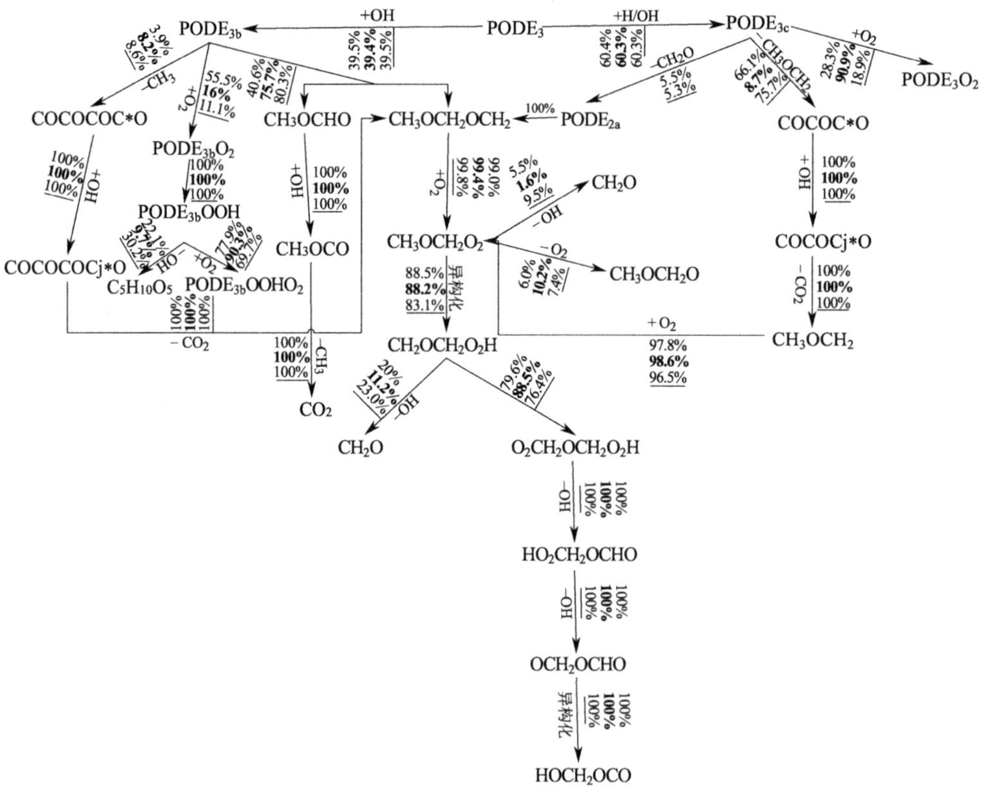

图 6-19　PODE 低温化学反应路径

(黑色：P20，p=4MPa，T=1000K，ϕ=1；加粗：P20，p=4MPa，T=1000K，ϕ=2；黑色底线：P20，p=2MPa，T=1000K，ϕ=1，线上数字表示该反应路径所占比例)

注：$PODE_3$，$CH_3OCH_2OCH_2OCH_2OCH_3$ ($POMDME_3$)；$PODE_{3b}$，$CH_3OCH_2OCH_2OCHOCH_3$；$PODE_{3c}$，$CH_3OCH_2OCHOCH_2OCH_3$；

COCOCOC* O，$CH_3OCH_2OCH_2OCHO$；COCOCOCj* O，$CH_3OCH_2OCH_2OCO$；

COCOC* O，CH_3OCH_2OCHO；COCOCj* O，CH_3OCH_2OCO。(* 表示自由基)

氧气充足时，55.5% $PODE_{3b}$ 与氧气直接结合生成 $PODE_{3b}O_2$，而随着当量比增加和压力降低，这一比例降低至 16% 和 11.1%，$PODE_{3b}O_2$ 异构化氢的位置变化为 $PODE_{3b}OOH$。另一部分 $PODE_{3b}$ 不稳定，会裂解为 CH_3OCHO 和

$CH_3OCH_2OCH_2$（二甲氧基甲烷基），这一比例在高当量比和低压条件下更为明显，分别达到75.7%和80.3%。$CH_3OCH_2OCH_2$ 与氧气反应生成 $CH_3OCH_2O_2$、异构生成 $CH_2OCH_2O_2H$、二次氧化生成 $O_2CH_2OCH_2O_2H$，然后逐步氧化脱 OH·生成 HO_2CH_2OCHO、OCH_2OCHO、$HOCH_2OCO$，最后生成CO和CO_2。而CH_3OCHO 经过加 OH 产生 CH_3OCO 和脱·CH_3 最终生成 CO_2。少量 $PODE_{3b}$ 经过脱 CH_3·生成 COCOCOC* O 并经过加·OH 和脱 CO_2 生成 $CH_3OCH_2OCH_2$。

而 $PODE_{3c}$ 反应主要有三个途径：

$$PODE_{3c} \rightleftharpoons PODE_{2a} + CH_2O \quad (6\text{-}10)$$

$$PODE_{3c} \rightleftharpoons CH_3OCH_2\cdot + COCOC^*O \quad (6\text{-}11)$$

$$PODE_{3c} + O_2 \rightleftharpoons PODE_{3b}O_2 \quad (6\text{-}12)$$

一部分 $PODE_{3c}$ 通过与氧气反应的方式生成 $PODE_{3b}O_2$，另一部分裂解为 CH_3OCH_2·和 COCOC* O，还有少量脱去 CH_2O 生成 $PODE_{2a}$。其中 COCOC* O 通过 COCOCj* O 和 CH_3OCH_2 最终氧化为 $CH_3OCH_2O_2$，与 $PODE_{3b}$ 交汇进行下一步反应。

（3） PODE对柴油低温氧化关键产物的影响

不同当量比条件下 PODE/柴油混合燃料低温氧化过程关键产物的变化规律如图 6-20 所示。随着 PODE 含量增加，OH·、H_2O_2 和 HO_2·自由基生成速率明显加快。PODE 的加入促进了 H_2O_2 和 HO_2·自由基生成，以及促进了 n-C_7H_{16} 的消耗(图 6-21)。随着当量比增加，OH·最高浓度下降，H_2O_2 和 HO_2·自由基最高摩尔分数增加，且自由基最高点波峰值对应时间提前。

P20 低温反应路径关键产物如图 6-22 所示(箭头数字为反应路径所占比例)。由图可知，图中有两条反应路径，左边为正庚烷反应路径，右边为 $PODE_3$ 反应路径，两条反应路径中 OH·和 HO_2·为两种物质低温反应重要纽带，H_2O_2 建立 OH·和 HO_2·之间的联系，两条路径最后在 CH_2O 聚合并最终生成 CO。

由图 6-22 可以看出，理论当量比($\phi=1$)条件下，$PODE_3$ 消耗了 64.9%的 OH·，占据了正庚烷对 OH·消耗(22.3%)的 3 倍。随着当量比增加($\phi=2$)，$PODE_3$ 对 OH·的消耗量降低 19.4%，而 n-C_7H_{16} 对 OH·的消耗量仅降低 0.9%。随着当量比增加，OH·开始与 C_2H_4 和 C_3H_6 结合，当量比为 2 时这一反应消耗 9.9%，而在理论当量比条件下却未出现。此外，两种燃料的生成交汇物质 CH_2O 随着当量比由 1 增加至 2 时，其对 OH·的消耗也增加了一倍。高当量比条件下，氧气不足，一些中间物质抢夺 OH·，从而减少了 n-C_7H_{16} 和 $PODE_3$ 氧化，降低了燃料低温氧化量，使得燃烧恶化。但通过添加 $PODE_3$ 后，在理想当量比条件下 $PODE_3$ 通过两个反应提供了 69.1%的氧，

是正庚烷通过 CH_3·消耗 HO_2·反应生成 OH·(7.5%)的 9 倍多，而在高当量比条件下只通过 $CH_2OCH_2O_2H+O_2 \rightleftharpoons HO_2CH_2OCHO+OH$ 提供了 44.1%的 OH·，是 CH_3·通过消耗 HO_2·反应生成 OH·(11.2%)的 4 倍。这些 OH·为正庚烷进一步氧化反应和高温氧化链式反应提供基础。

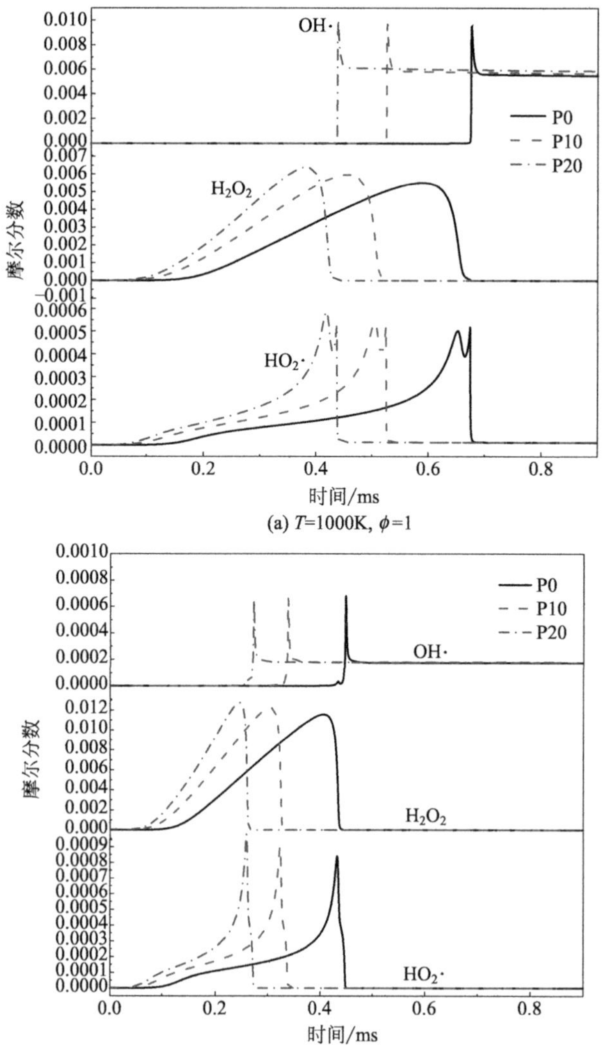

(a) T=1000K, ϕ=1

(b) T=1000K, ϕ=2

图 6-20 PODE/柴油混合燃料OH·、H_2O_2 和 HO_2·变化

6.2.2 高海拔条件下 PODE 对柴油高温氧化反应的影响

低温氧化反应主要影响燃料的着火特性，随着燃料着火，燃烧温度升高至 1200K 以上，开始进行高温氧化反应。高温氧化过程中，氧分子不能与燃料分

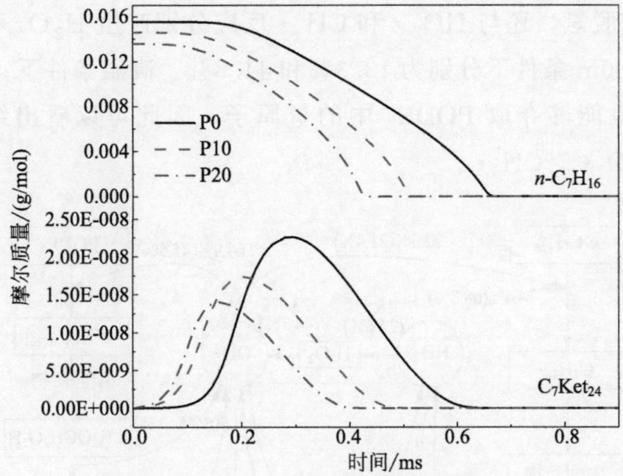

(a) T=1000K, ϕ=1

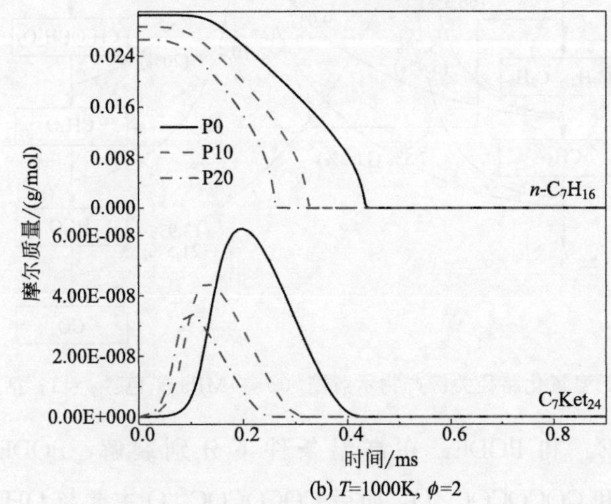

(b) T=1000K, ϕ=2

图 6-21　PODE/柴油混合燃料 n-GH_{16} 和 $GKet_{24}$ 的变化

子结合形成稳定的过氧化物，燃料的降解速率远大于低温氧化。

（1） PODE 对柴油机高温氧化反应路径的影响

利用 ChemkinPro 中 Closed Internal Combustion Engine Simulator 模块，根据柴油机尺寸参数和实际边界条件，分别设置模型参数和初始边界条件，0m 和 5500m 初始当量比分别为 0.54 和 1.3，初始温度分别为 769.9K 和 851.2K，初始压力分别为 0.265MPa 和 0.12MPa，分析 1800K 和 2300K 温度时，PODE 对柴油高温氧化路径的影响。

PODE 在 0m 和 5500m 条件下高温氧化反应如图 6-23 所示。与低温相似

$PODE_3$ 首先产生脱氢反应生成 $PODE_{3b}$ 和 $PODE_{3c}$，但不同的是，$PODE_3$ 不仅与 H· 和 OH· 反应脱氢，还与 HO_2· 和 CH_3· 反应分别产生 H_2O_2 和 CH_4，这两项比例在 0m 与 5500m 条件下分别为 13.3%和 41.8%。高温条件下，离子活性增强，HO_2· 和 CH_3· 也能够夺取 $PODE_3$ 中的氢原子，因此可以看出结合氢的能力为 OH·＞H·＞HO_2·＞CH_3·。

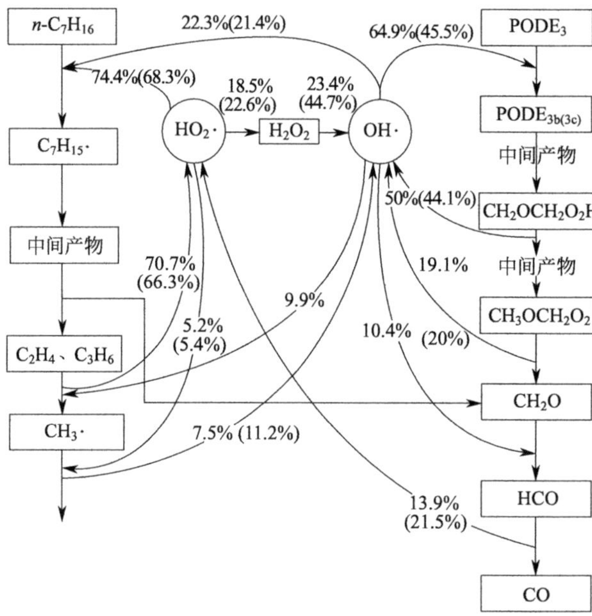

图 6-22　P20 低温氧化路径关键产物示意图（p=4MPa 黑色：ϕ=1；括号内：ϕ=2）

脱氢后 $PODE_{3b}$ 和 $PODE_{3c}$ 在高温条件下分别裂解，$PODE_{3b}$ 分别裂解为 $CH_3OCH_2OCH_2$ 和 COCOCOC* O，而后 COCOCOC* O 主要与 OH·反应产生 COCOCOCj* O，COCOCOCj* O 主要通过 COCOCOCj* O $\longrightarrow CH_3OCH_2OCH_2 + CO_2$ 裂解产生 CO_2。$PODE_{3c}$ 则一部分裂解为 $PODE_{2a}$，在 $CH_3OCH_2OCH_2$ 与 $PODE_{3b}$ 生成物汇合，65.6%的 $PODE_{3c}$ 直接裂解产生更小分子产物 CH_3OCH_2，而在 5500m 海拔条件下这一比例下降为 47.4%。$CH_3OCH_2OCH_2$ 裂解产生 CH_3OCH_2。CH_3OCH_2 生成 CH_2O 有两个途径，一种直接裂解 $CH_3OCH_2 \rightleftharpoons CH_2O + CH_3$，另一种通过与部分氧气结合，$CH_2OCH_2 + O_2 \rightleftharpoons 2CH_2O + OH$。对于 0m 和 5500m，尽管 CH_2O 都会分解为 HCO，但不同海拔来源不同，0m 海拔条件下主要通过 $CH_2O + OH \rightleftharpoons HCO + H_2O$，而在 5500m 条件下则是 $CH_2O + H \rightleftharpoons HCO + H_2$，是产生 HCO 的主要途径。高海拔条件下，OH· 浓度较低，CH_2O 只能通过 H·进行反应。在 HCO 分解产生 CO 过程中，相比于 0m 海拔条件，5500m 条件下，HCO 通过与 O_2 结合产生 CO 比例大大降低，由 47.3%降低

至 24.6%。

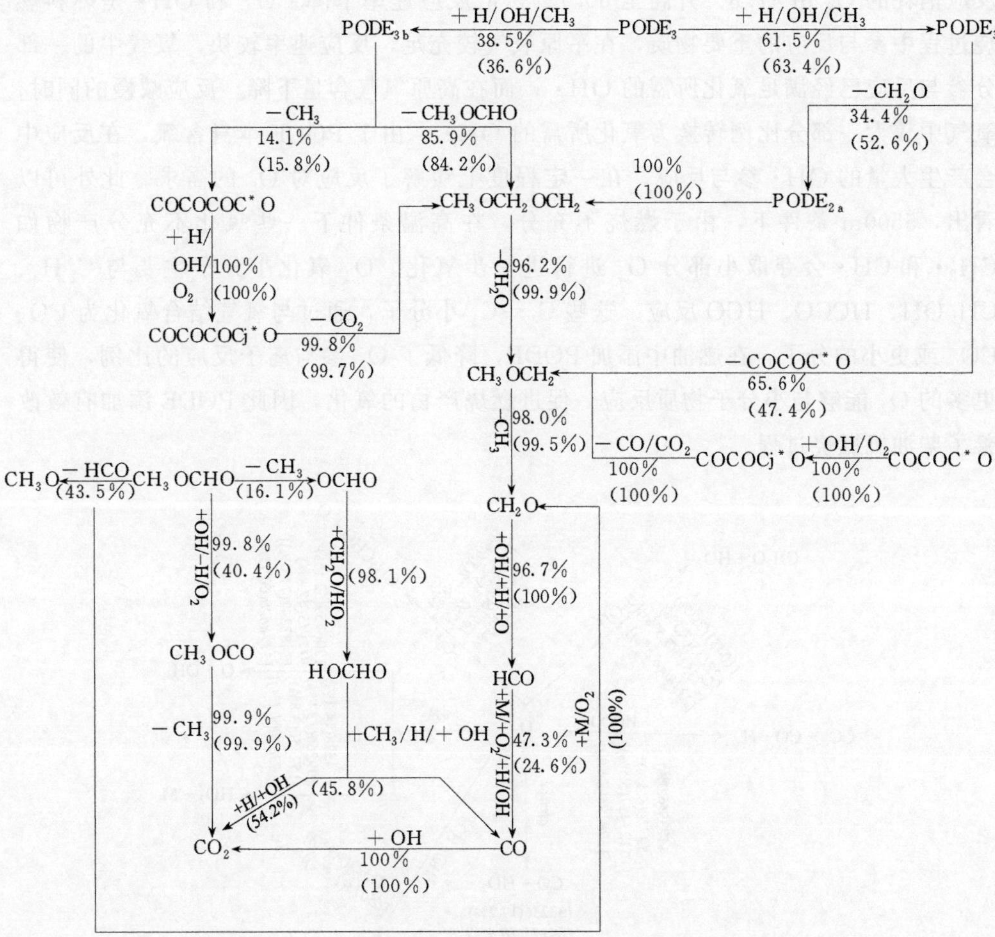

图 6-23　PODE 高温氧化反应路径

（线上数字表示该反应路径所占比例，黑色为 P20 在 0m，2100r/min 反应路径，括号内为 P20 在 5500m，2100r/min 反应路径）

在 $PODE_3$ 高温氧化的反应路径中，$PODE_3$ 中的碳主要通过氧化过程与氧原子结合形成 CO 和 CO_2，还有部分以 CH_3· 自由基形式存在。分子中的氧一方面与碳原子结合进入 CO_2 或 CO 中，另一方面通过 $CH_3OCH_2OCH_2$、CH_3OCHO、CH_3OCH_2、CH_3O、OCHO、CH_2O、HCO 等途径最终进入 CO 或 CO_2。但在反应中，与 O_2、CH_3 产生大量的 OH·、HO_2·、H· 等自由基，有效提升了反应活性与反应速率，促进燃烧进行。

如图 6-24 所示，高温氧化过程中，氧气主要有两个用途：一是与氧化中的离子结合，产生 OH·、O· 等自由离子参与到反应中；二是直接氧化反应中的小分子。在与离子结合中，O_2 主要与 H• 结合生成 O 和 OH。P20 由 0m 至 5500m，此反应消耗的 O_2 由 47.8%升高至 60.7%，但反应速率下降。O• 和 OH• 是燃料燃烧过程中参与反应的重要物质，在平原氧气较充足，反应速率较快，氧气中的一部分参与反应已经满足氧化所需的 OH•；而在高原氧气含量下降，反应减慢的同时，氧气中较大一部分比例转换为氧化所需的 OH•。由于 PODE 本身含氧，在反应中会产生大量的 OH• 参与反应，在一定程度上缓解了反应对 O_2 的需求。此外可以看出，5500m 条件下，由于燃烧不充分，在高温条件下一些氧化不充分产物如 CH_2• 和 CH• 会夺取小部分 O_2 进行进一步氧化。O_2 氧化小分子主要与 C_2H_3、CH_2OH、HCCO、HCO 反应。这些 C_1～C_2 小分子，通过与氧气结合氧化为 CO、CO_2 或更小的分子。在燃油中添加 PODE，降低了 O_2 参与离子反应的比例，使得更多的 O_2 能够与小分子物质反应，促进燃烧产物的氧化，因此 PODE 添加有效改善了柴油机燃烧过程。

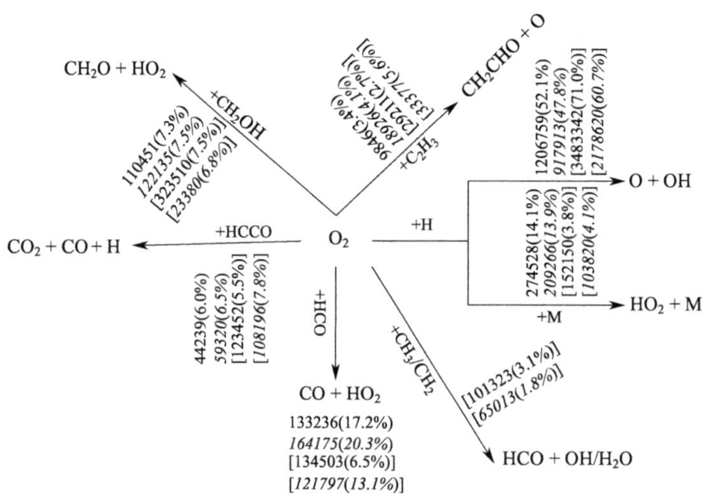

图 6-24　主要高温氧化反应路径

（无括号数字代表反应速率，单位：mol/（m^3・s）；括号内的数字代表该反应路径所占比例）

P0 和 P20 在 0m，2100r/min 反应路径，采用正体和斜体标注；

P0 和 P20 在海拔 5500m，2100r/min 反应路径采用［］内正体和斜体标注。

（2） PODE 对柴油机高温燃烧关键产物的影响

不同海拔条件下 PODE 对柴油反应中 C_2H_4、CH_2O 和 O_2 摩尔分数的影响如图 6-25 所示。海拔 5500m 条件下氧气在压缩上止点后消耗殆尽，而平原条件下氧气较为富裕。PODE 由于反应速度较快，在燃油中含量的增加促进了 O_2 消耗。随着海拔增加反应中 C_2H_4 的生成量明显升高，5500m 海拔条件下 C_2H_4 最高摩尔分数约是 0m 海拔条件下 C_2H_4 最高生成量的 4 倍。相比于柴油，P20 促进了反应进行，使得 C_2H_4 较早达到顶峰，但 PODE 增加了 CH_2O 反应生成量。由图 6-25（b）可知，相比于柴油，P20 反应中 CH_2O 的摩尔分数明显增大，而在 5500m 条件下该现象更为明显。

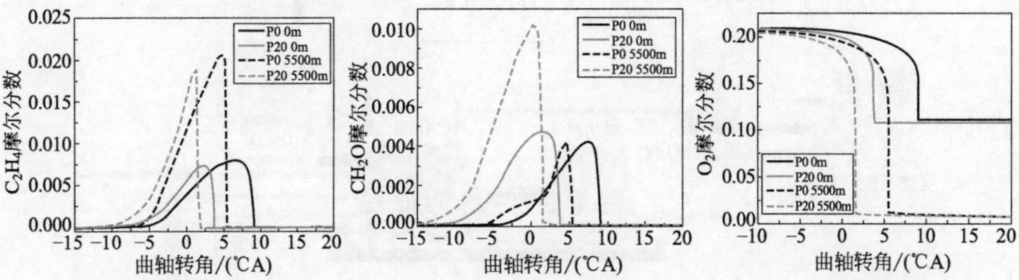

(a) C_2H_4摩尔分数　(b) CH_2O摩尔分数　(c) O_2摩尔分数

图 6-25　不同海拔条件下 PODE 对柴油 $C_2H_4/CH_2O/O_2$ 消耗速率的影响

不同海拔条件下，PODE 对反应中活性离子 HO_2、H_2O_2 和 OH 生成的影响如图 6-26 所示。随着活塞向上止点运行，HO_2 首先呈现增长的趋势。随着 HO_2 量逐渐增加，HO_2 与反应中的 H 离子结合生成 H_2O_2，使得 H_2O_2 逐渐增加，然后随着温度升高 H_2O_2 开始分解，OH 摩尔分数逐渐增加，直至 H_2O_2 完全分解，OH 摩尔分数达到最高值。OH 具有较强的氧化活性，能与很多小分子中间产物反应，还能够氧化 PAH（多环芳烃）、炭烟的前驱物以及 CO 等不完全燃烧产物。相比于柴油，P20 促进了自由离子的生成，海拔 5500m HO_2、H_2O_2 和 OH 分别升高了 17.6%、18.2%和 15.4%。由此可以看出 PODE 的加入促进了自由离子浓度提高，这些离子对于提升反应速率，增加反应活性具有重要作用。

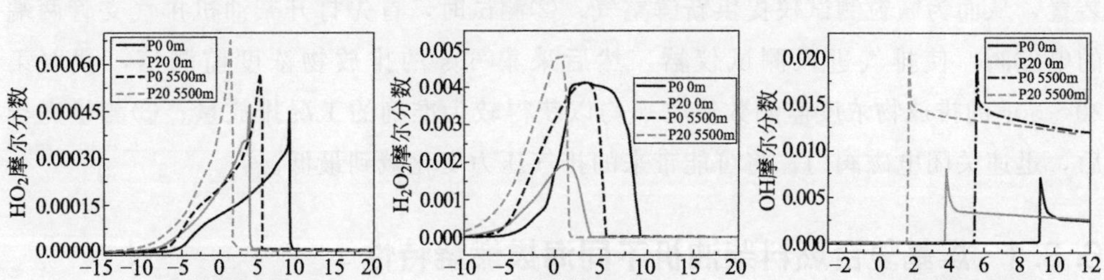

(a) HO_2摩尔分数　(b) H_2O_2摩尔分数　(c) OH摩尔分数

图 6-26　不同海拔条件下 PODE 对柴油 H_2O_2/HO/ HO_2 摩尔分数的影响

6.3　煤基复合燃料柴油机不同海拔燃烧与排放特性

柴油机高海拔燃烧与排放特性试验台如图 6-27 所示。该试验台主要包括柴油机测控系统、进排气低气压模拟系统、燃烧压力测试与分析系统以及微粒排放测试系统。

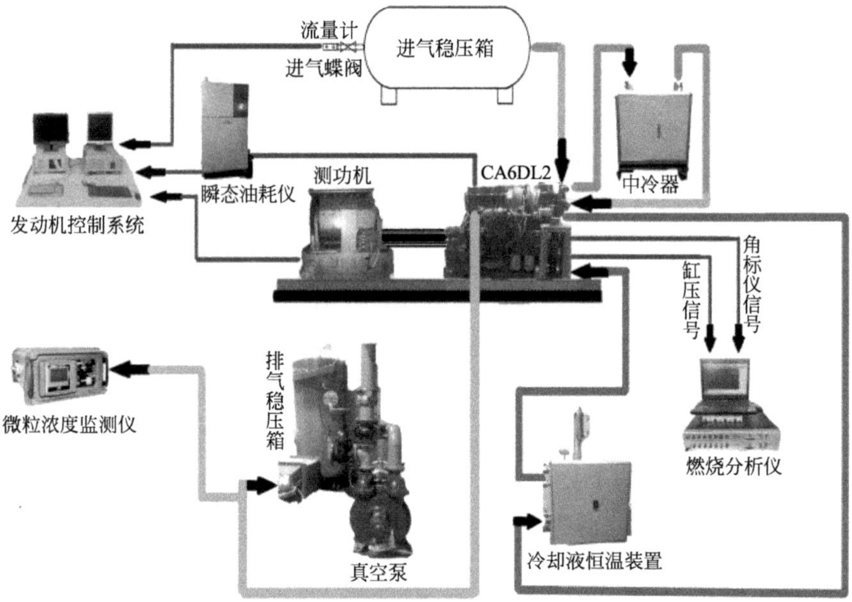

图 6-27 试验系统

柴油机不同海拔 $PM_{2.5}$ 微粒测试采用芬兰 Pegasor 公司生产的 Mi2 型微粒浓度监测仪，测试仪连接示意图如图 6-28 所示。

微粒测试方法：①测试前，测试仪排气取样软管端预加热至 180℃并打开泵气装置，从而为微粒测试仪提供新鲜空气；②测试时，首先打开柴油机排气支管两端的电磁阀，使排气进入测试仪器，然后采集 60s 的排放物浓度监测值，截取第 20～50s 的排放物浓度监测数值取平均以获得较为准确的工况排放量；③测量完毕后，迅速关闭电磁阀门，将可能带来的排气压力变化减到最低。

6.3.1 煤基复合燃料柴油机不同海拔燃烧特性

（1）燃烧压力随海拔的变化规律

不同海拔最大转矩工况（1400r/min）和标定工况（2100r/min），煤基复合燃料柴油机缸内燃烧压力和压力变化率曲线如图 6-29 和图 6-30 所示。与平原相比，最大转矩工况煤基复合燃料柴油机海拔 2500m 最高燃烧压力和压力变化率分别下降 10.6%和 7.4%，但标定工况最高燃烧压力基本不变。其主要原因是，随着海拔的升高，低气压对柴油机增压器性能的影响较大，使增压器效率降低，导致柴油机低速时进气质量下降严重，因此导致低速最大缸内燃烧压力随着海拔的增大而减小。

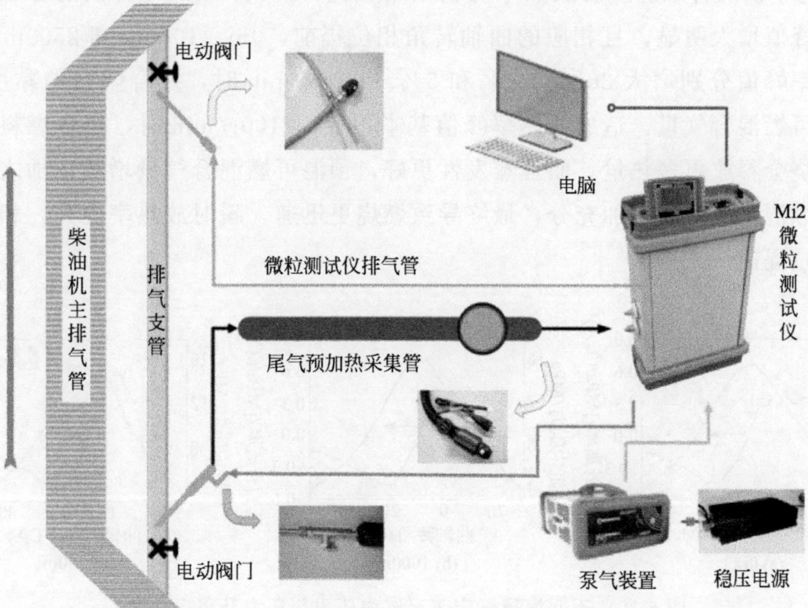

图 6-28　Mi2 微粒监测仪连接示意图

与燃用柴油相比，燃用复合燃料柴油机标定工况最高燃烧压力基本不变，1400r/min 时下降明显，海拔 1000m 和 2500m 分别下降 2.5%和 3.4%。由于煤基复合燃料的黏度大，其在滞燃期内汽化并与进气的混合速率下降，导致预混可燃混合气减少，造成中低转速时复合燃料的最大缸内压力降低明显，而在高转速时，运动黏度对可燃混合气浓度影响降低，故高转速时缸内最高燃烧压力变化不大。

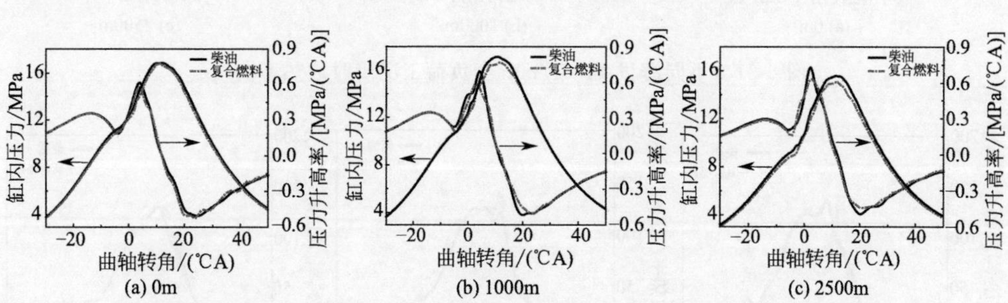

图 6-29　不同海拔最大转矩工况缸内压力与压力升高率曲线

（2）燃烧放热率随海拔的变化规律

不同海拔最大转矩工况和标定工况煤基复合燃料柴油机瞬时放热率曲线如图 6-31 和图 6-32 所示。从图中可以看出，随着海拔的上升，煤基复合燃料柴油机燃烧瞬时放热率峰值下降。与燃用柴油相比，燃用复合燃料柴油机的滞燃期延长，1400 r/min 时，预混合燃烧瞬时放热率峰值基本相同，2100r/min 时，预混合燃烧瞬时放热率峰值增大明显，且相应的曲轴转角相位提前，0m、1000m 和 2500m 时，预混放热率峰值分别增大 30%、21%和 5%。1400r/min 时，复合燃料的黏度较大，减少了可燃混合气量，造成放热率峰值基本不变；2100r/min 时，复合燃料低热值大，燃烧会释放更多热量，而且蒸发性更好，预混可燃混合气量增加，加之本身含氧使可燃混合气燃烧更加充分，最终导致燃烧更迅速，瞬时放热率更高，相应曲轴转角相位提前。

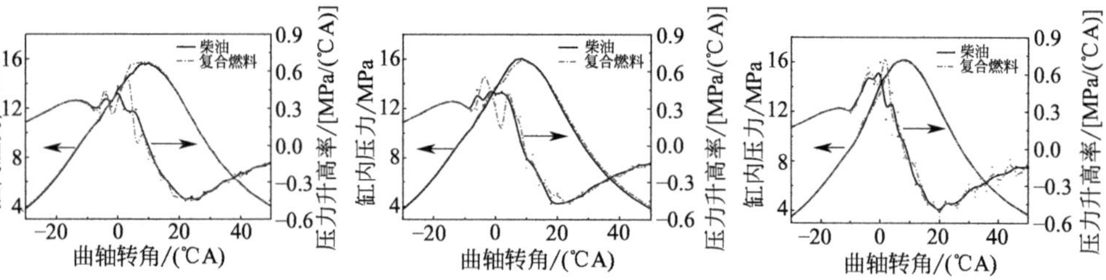

(a) 0m (b) 1000m (c) 2500m

图 6-30 不同海拔标定工况缸内压力与压力升高率曲线

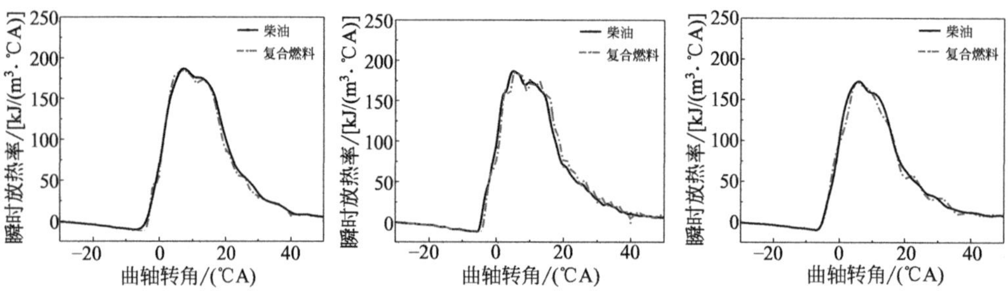

(a) 0m (b) 1000m (c) 2500m

图 6-31 不同海拔 1400r/min 全负荷工况瞬时放热率曲线

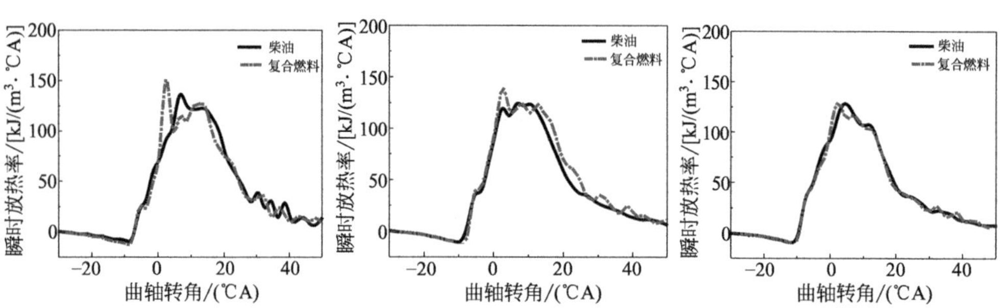

(a) 0m (b) 1000m (c) 2500m

图 6-32 不同海拔 2100r/min 全负荷工况瞬时放热率曲线

不同海拔煤基复合燃料柴油机累计放热量随转速变化曲线如图 6-33 所示。随着海拔上升，累计放热量减少，低转速时累计放热量减幅较大。柴油机 1000r/min 时燃用煤基复合燃料与柴油两种燃料海拔 2500m 累计放热量比平原分别减少 61.9%和 52.5%。随着海拔的升高，进气量减小，使燃烧减弱，放热减少，同时由于增大了喷油提前角和降低了循环喷油量，使得累计放热量减少。

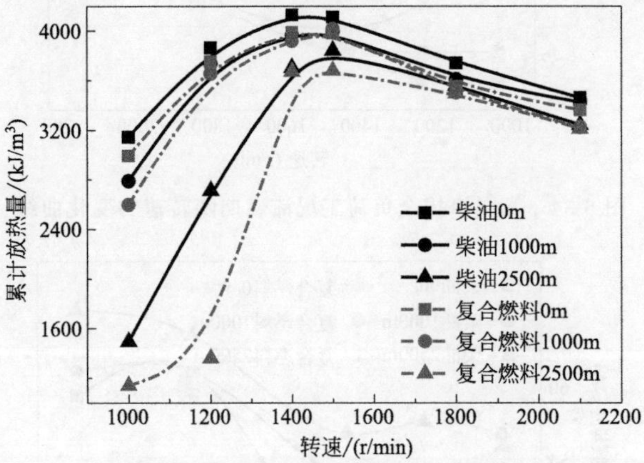

图 6-33　不同海拔全负荷工况累计放热量随转速的变化曲线

与燃用柴油相比，煤基复合燃料柴油机的累计放热量减少，2500m 时平均减少 13.5%。

（3）滞燃期与燃烧持续期随海拔的变化规律

不同海拔下煤基复合燃料柴油机滞燃期与燃烧持续期随转速变化曲线分别如图 6-34 和图 6-35 所示，随着海拔上升，滞燃期延长，燃烧持续期延长。随着海拔的升高，进气量减小，进气压力降低，各反应物之间的反应速率被大幅地抑制，导致燃烧的滞燃期延长；同时，由于扩散燃烧阶段的缸内氧气不足，造成燃烧速率降低，甚至出现“后燃”现象。

与燃用柴油相比，煤基复合燃料中含有 8.7%的氧，燃料燃烧更充分，反应速率增大，使得燃烧持续期相对缩短。

6.3.2　煤基复合燃料柴油机不同海拔动力性、经济性及 $PM_{2.5}$ 排放特性分析

（1）动力性、经济性随海拔的变化规律

图 6-36 为不同海拔煤基复合燃料柴油机功率随转速变化曲线。由此可知，随着海拔的升高，进气密度降低，缸内进气量减少，放热量减少，导致功率降低，2500m 低转速时降幅较大，1000r/min 时降低 45.2%。

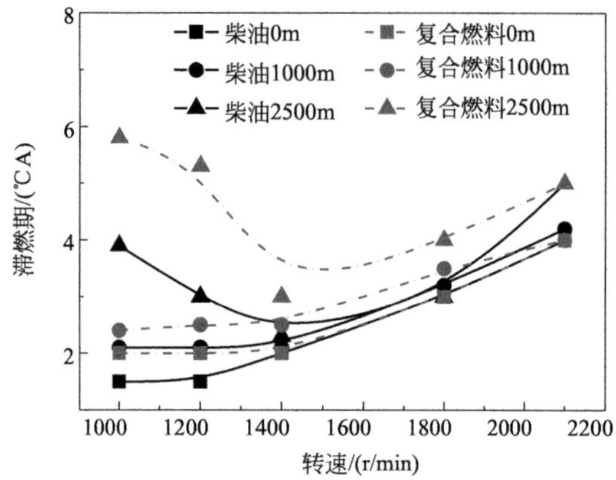

图 6-34 不同海拔全负荷工况滞燃期随转速的变化曲线

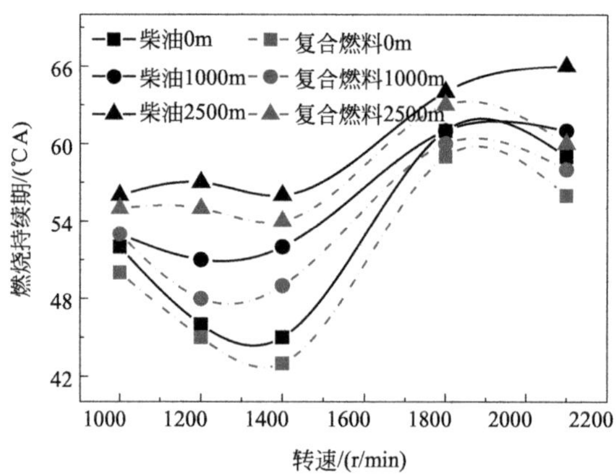

图 6-35 不同海拔全负荷工况燃烧持续期随转速的变化曲线

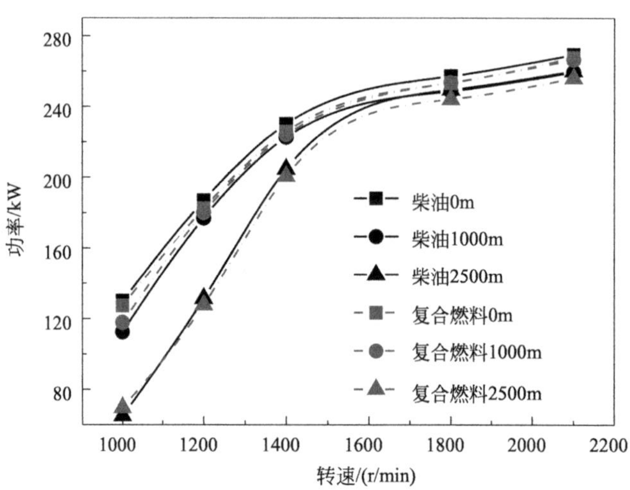

图 6-36 不同海拔全负荷工况功率随转速变化曲线

与燃用柴油相比，煤基复合燃料柴油机海拔 2500m、低速（1000r/min）功率提高了 7.2%，其他工况功率基本不变。

图 6-37 为不同海拔煤基复合燃料柴油机燃油消耗率随转速变化曲线。随着海拔的升高，进气密度降低，缸内进气量减少，虽然同时降低了循环喷油量，但空燃比仍有所降低(图 6-38)，因此造成了燃油消耗率的升高。海拔 2500m、1000r/min 时燃油消耗率(复合燃料)比平原增大了 14.2%。

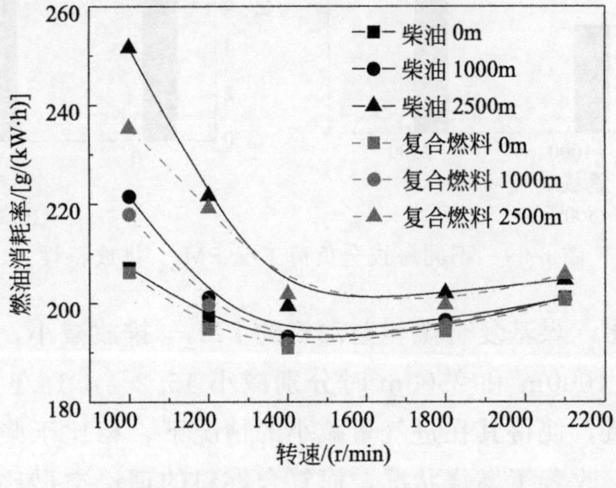

图 6-37　不同海拔全负荷工况燃油消耗率随转速的变化曲线

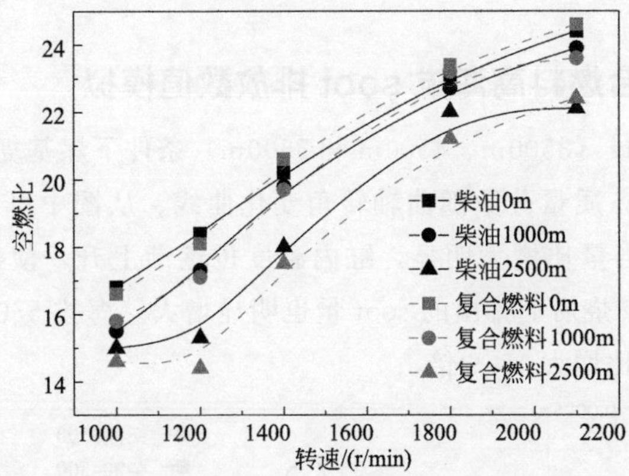

图 6-38　不同海拔全负荷工况空燃比随转速的变化曲线

与燃用柴油相比，煤基复合燃料柴油机中高转速燃油消耗率基本不变，但低转速时降低，如海拔 2500m、1000r/min 时燃油消耗率降低了 6.4%。这是因为，煤基复合燃料的理论空燃比低于柴油，所需空气量小，燃烧更加充分，因此在高海拔低转速时呈现出此规律。

（2）$PM_{2.5}$ 排放特性随海拔的变化规律

图 6-39 为不同海拔煤基复合燃料柴油机 $PM_{2.5}$ 排放柱状图。由图可知，随海拔上升，$PM_{2.5}$ 排放增大，与平原相比，海拔 2500m 中（1800r/min）高（2100r/

min)转速 100%负荷时 $PM_{2.5}$ 排放分别增大 92.6%和 28.9%(复合燃料)。

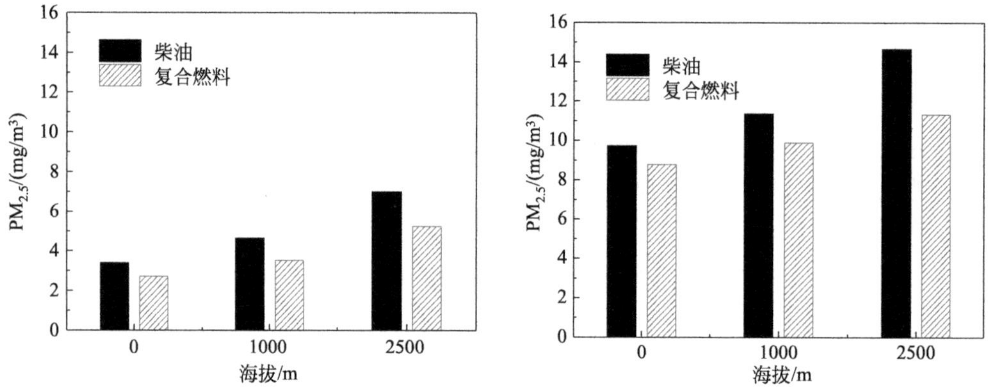

(a) 1800r/min　　(b) 2100r/min

图 6-39　不同海拔全负荷工况 $PM_{2.5}$ 排放特性

与燃用柴油相比，煤基复合燃料柴油机的 $PM_{2.5}$ 排放减小，且海拔越高减小幅度越大，海拔 0m、1000m 和 2500m 时分别减小 15.2%、18.6%和 24%。这是因为复合燃料本身含氧，使得其在进气量减小的情况下，相比于柴油仍然是降低了其缸内的过浓混合区，改善了燃烧状况，而复合燃料的理论空燃比也较低，也可以减少其油气混合的过浓混合区，从而降低了复合燃料柴油机的 $PM_{2.5}$ 颗粒物排放。

6.3.3 煤基复合燃料高海拔 soot 排放数值模拟

图 6-40 为高海拔（3500m、4500m 和 5500m）条件下煤基复合燃料柴油机标定工况燃烧过程中 soot 质量分数随曲轴转角变化曲线。从图中可知，随着海拔的上升，局部区域燃空当量比增大明显，缸内温度也逐渐上升，使柴油机燃烧过程中 soot 生成量增大，燃烧后期排出的 soot 量也明显增大。海拔 5500m 柴油机 soot 排放与海拔 3500m 相比增大 18.6 倍。

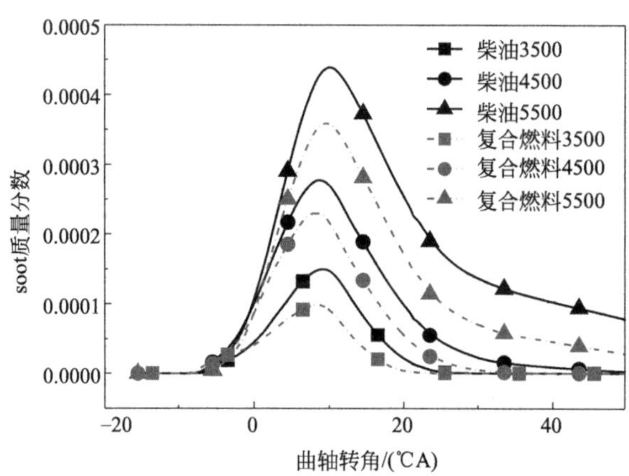

图 6-40　不同海拔 2100r/min 全负荷工况 soot 排放特性

与燃用柴油相比，燃用煤基复合燃料柴油机 soot 排放明显减小，且海拔越高，降幅越明显。海拔 3500m、4500m 和 5500m 时分别减小 24.6%、31%和 83.1%。由前述分析可知，燃用复合燃料本身含氧，其缸内燃空当量比较低，而且缸内温度也较低，二者条件叠加，因此使得燃用煤基复合燃料柴油机 soot 排放减小。

图 6-41 为高海拔（3500m、4500m 和 5500m）条件下煤基复合燃料柴油机标定工况燃烧过程 soot 浓度云图，展示了 soot 由生成到氧化的全过程，其生成区域主要是在温度较高、燃油浓度较大的余隙和燃烧室底部区域。7～15°CA ATDC 燃烧过程中 soot 生成量达到最大值，且随海拔的升高而增大。同时，与燃用柴油相比，煤基复合燃料柴油机 soot 生成量明显减少。

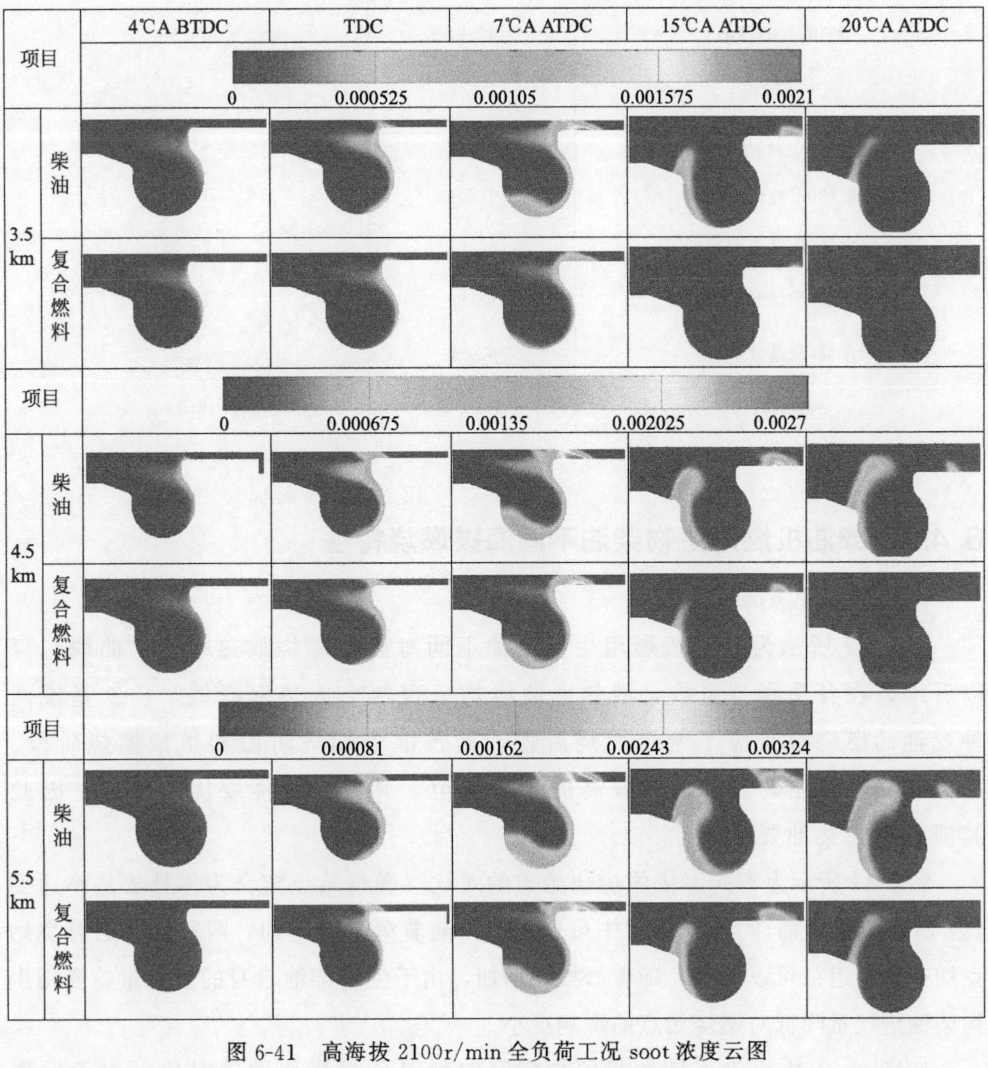

图 6-41　高海拔 2100r/min 全负荷工况 soot 浓度云图

6.4 柴油机燃用生物柴油不同海拔燃烧与排放特性

北京理工大学葛蕴珊教授研究团队以重型增压中冷柴油机为研究对象，利用可移动测试台架和便携式排放测试系统，开展了柴油机燃用生物柴油不同海拔的燃烧与排放特性试验研究。柴油和生物柴油主要参数如表 6-3 所示。

表 6-3　柴油和生物柴油主要参数

燃油指标	柴油	生物柴油
硫含量(质量分数)/%	0.0032	0.0009
热值/(MJ/kg)	42.77	39.50
十六烷值	53.1	56
密度(20℃)/(kg/m^3)	835.5	878.1
黏度(20℃)/(mm^2/s)	4.364	7.292
碳含量(质量分数)/%	85.95	76.36
氢含量(质量分数)/%	13.39	12.03
氧含量(质量分数)/%	<0.2	12.11
理论空燃比	14.473	12.327

6.4.1 柴油机燃用生物柴油不同海拔燃烧特性

（1）燃烧放热率

图 6-42 所示为柴油机燃用生物柴油不同海拔的燃烧放热率对比曲线。可以看出，在各个测试海拔，放热率曲线均呈现两个放热率峰值，也就是说两种燃油的燃烧都经历了两个燃烧阶段，即预混合燃烧阶段和扩散燃烧阶段。相比于柴油，生物柴油具有较高的十六烷值，其着火性能要优于柴油，因此其滞燃期比柴油要短。

图 6-43 所示为不同海拔的燃烧始点的对比（燃烧始点定义为累计放热率达到 1% 所对应的曲轴转角）。从图中可以看出，随着海拔的增加，两种燃料的燃烧始点均有所推迟。可以看出，随着海拔的增加，由于生物柴油自身的氧含量，燃用生物柴油进气量降低对燃烧始点的影响更小。

如图 6-44 所示为不同海拔两种燃料的预混合燃烧比例的对比。由于生物

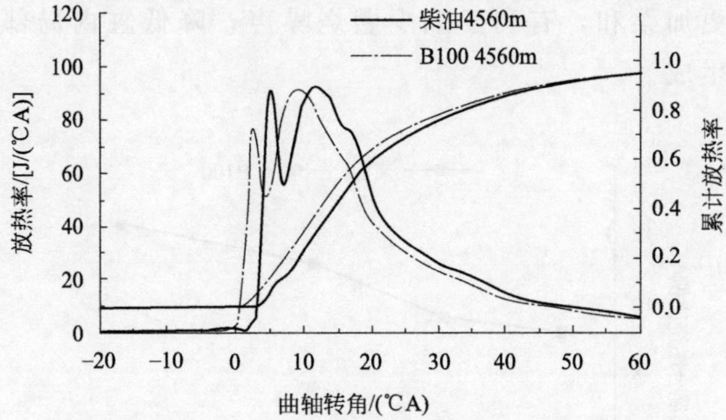

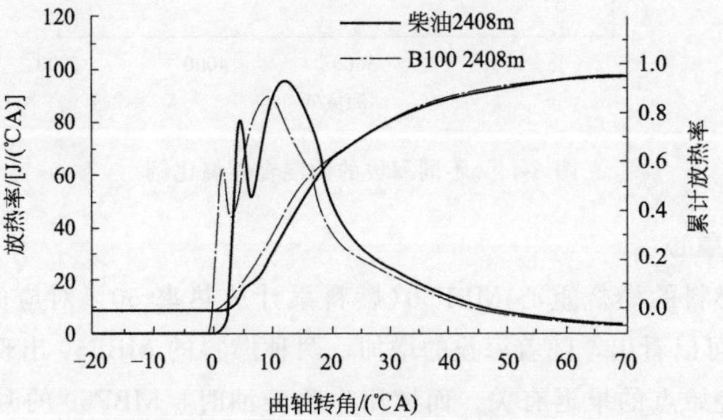

图 6-42　不同海拔的燃烧放热率

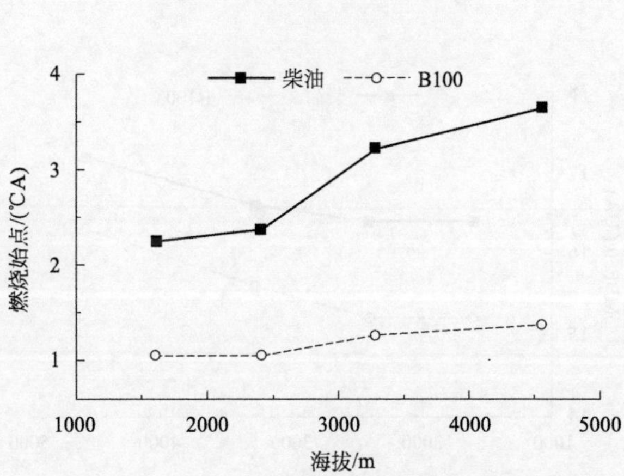

图 6-43　不同海拔的燃烧始点对比

柴油的滞燃期更短，燃烧始点较柴油早，因此柴油的燃烧准备时间更长，当燃烧开始时有更多的燃料与空气充分混合，并在此阶段快速燃烧。燃用生物柴油时，预混合燃烧比例相对于柴油降低了 18.8%～46.9%。预混合燃烧比例的降低，可以使得生物柴油的缸内压力和温度变化较为平缓，意味着生物柴油的燃烧更加柔和，有利于减少燃烧噪声，降低缸内局部燃烧温度，抑制氮氧化物的生成。

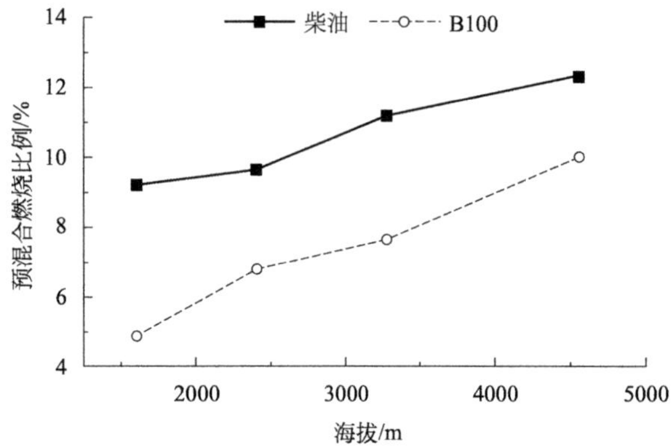

图 6-44　不同海拔的预混合燃烧比例

（2）燃烧重心

对于两种燃料的燃烧重心 MBF50（燃料累计放热率 50％对应的曲轴转角）如图 6-45 所示，可以看出，随着海拔的增加，两种燃料的 MBF50 出现的时刻均有所推迟，这与燃烧始点的推迟有关。而燃用生物柴油时，MBF50 的时刻较柴油有所提前，这说明在燃烧初期生物柴油的燃烧速度要略快于柴油，这有利于改善发动机的热效率。

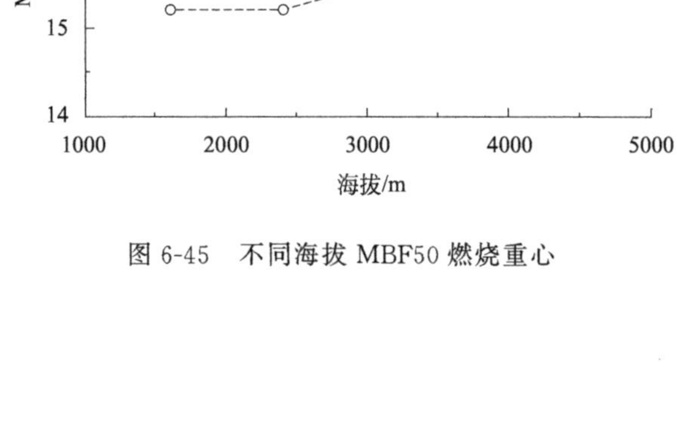

图 6-45　不同海拔 MBF50 燃烧重心

6.4.2　柴油机燃用生物柴油不同海拔排放特性

（1）颗粒物排放

图 6-46 为在不同海拔两种燃油的颗粒物排放对比。可以看出，燃用生物柴油时，柴油机的颗粒物排放显著改善，在 4 个海拔颗粒物排放分别平均降低了 33.33％、44.50％、56.92％和 69.21％。生物柴油对颗粒物排放的改善主要原因：第一，生物柴油中的氧含量可以促进燃料的充分燃烧，尤其是对较浓混合区域的燃料燃烧改进比较明显，而且可以促进已形成的颗粒物的氧化，从而降低颗粒物排放；第二，生物柴油较小的理论空燃比，可以减少缸内油气混合过程中的浓混合区，从而减少颗粒物的生成；第三，生物柴油的芳烃含量较低，这也可以减少颗粒物的产生；第四，由于生物柴油较低的硫含量，可以减少燃烧过程中硫酸盐等物质的形成，因此也可以实现颗粒物排放的降低；第五，也有研究发现，燃用生物柴油所产生的颗粒物与燃烧柴油所产生的颗粒物的结构不同，相比于柴油，生物柴油颗粒物的氧化活性更强，可以在较低的温度下氧化，并且在相同条件下氧化速率要高于柴油的颗粒物。由于上述原因，燃用生物柴油时柴油机的颗粒物排放得到了显著改善，在各个测试海拔，柴油机颗粒物的排放量均明显降低。

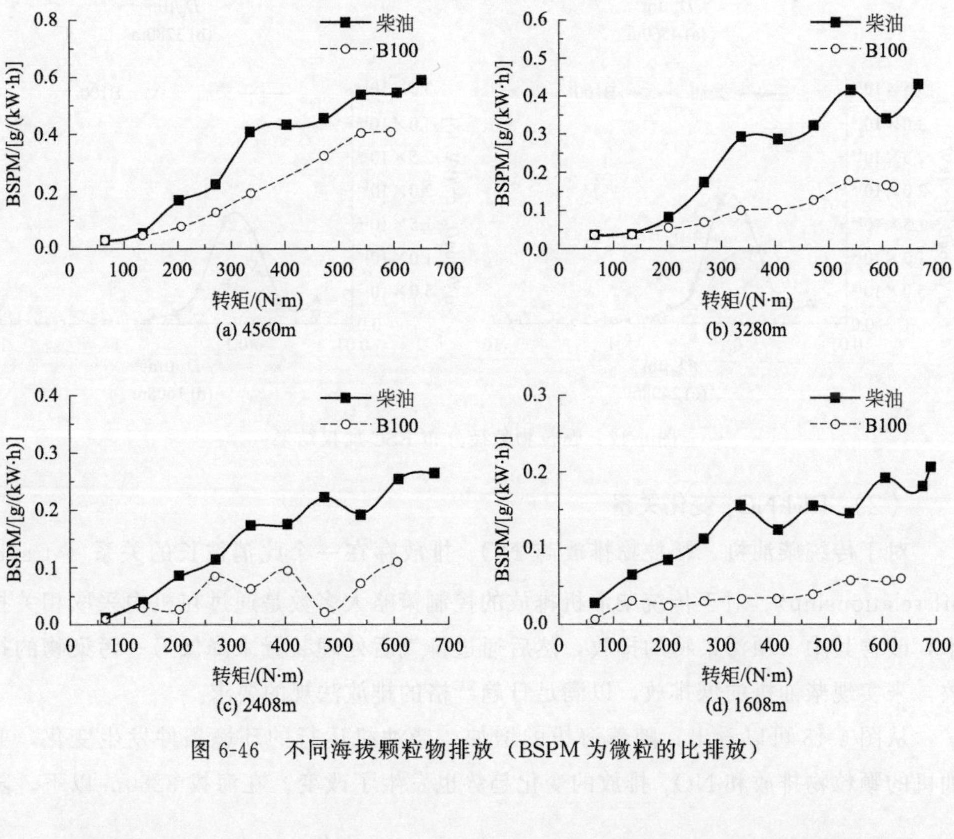

图 6-46　不同海拔颗粒物排放（BSPM 为微粒的比排放）

图 6-47 所示为两种燃料颗粒物基于数量的粒径分布的 ESC 工况加权结果。从图中可以看出，在各个测试海拔，两种燃油的颗粒物粒径分布均为对数正态分布。燃用生物柴油时，积聚模态颗粒物（0.05～1.0m）的数量排放较柴油机显著降低，而核模态颗粒物（0.005～0.05m）除了在 1608m 外，数量排放变化不大。由于柴油机颗粒物排放的质量主要来自于积聚模态的颗粒物，因此燃用生物柴油时，积聚模态颗粒物数量的显著降低使得颗粒物质量排放大幅改善。由粒径分布还可以看出，燃用柴油时，颗粒物数量峰值在各个海拔出现在 ELPI（静电低压撞击器）的第 4 级；而燃用生物柴油时，在较低的两个海拔，峰值主要出现在 ELPI 的第 3 级，而当海拔上升至 3280m 后，颗粒物的峰值逐渐变为第 4 级。

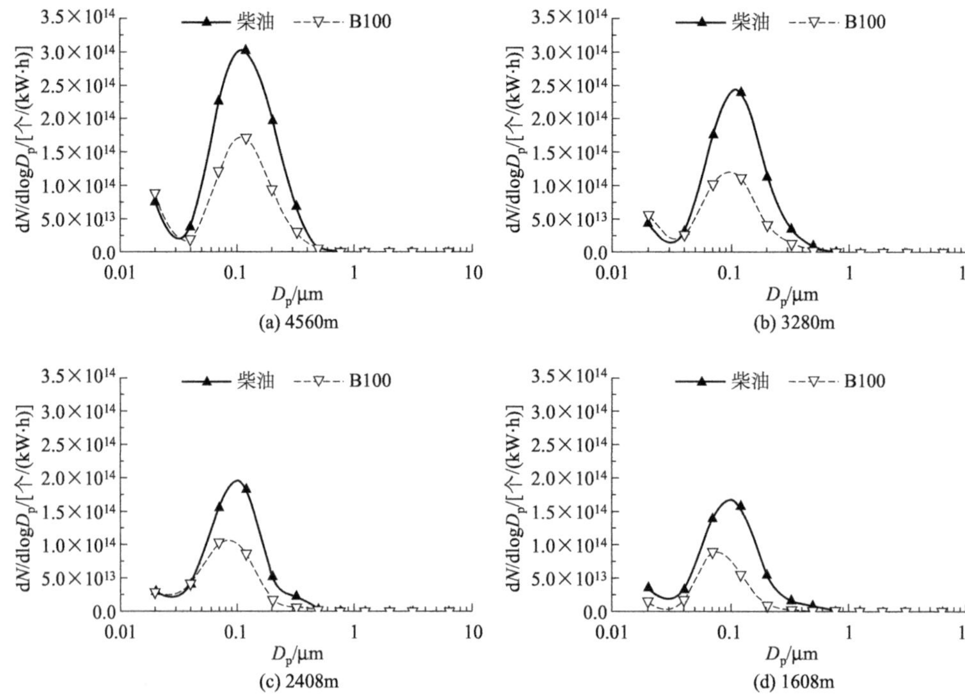

图 6-47　颗粒物粒径分布 ESC 加权结果

（2） PM-NO_x 变化关系

对于传统柴油机，颗粒物排放与 NO_x 排放存在一个此消彼长的关系（trade-off relationship）。对于传统柴油机排放的控制策略大多数是通过在机内采取相关技术，改善其中一项污染物的排放，然后通过排气后处理装置来降低另一污染物的排放，来实现柴油机的低排放，以满足日趋严格的排放法规的要求。

从图 6-48 可以看出，随着海拔的增加，柴油机运行的环境条件发生变化，柴油机的颗粒物排放和 NO_x 排放的变化趋势也发生了改变。在海拔 3280m 以下，随着海拔的增加，柴油机燃用两种燃料的颗粒物排放和 NO_x 排放均呈现增大的趋势，传统柴油机中颗粒物和 NO_x 排放的 trade-off 关系消失；而当海拔进一步增加，到达 4560m 时，NO_x 的排放降低，而颗粒物的排放继续增加。因此，柴油机无论是燃用生物柴油还是燃用传统的化石柴油，其污染物排放随着环境条件的改变，呈现出与传统柴油机不同的特点。

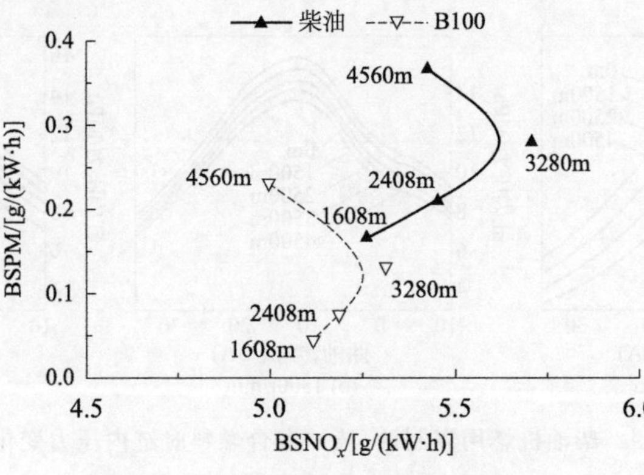

图 6-48　不同海拔的 NO_x-PM 关系

6.5　柴油机燃用煤制油/柴油混合燃料不同海拔燃烧特性与性能

以中型增压中冷柴油机为研究对象，利用内燃机高原性能模拟试验台，在不改变燃油系统喷油参数的情况下，开展了柴油机燃用煤制油/柴油混合燃料不同海拔燃烧特性与性能试验研究。煤制油/柴油混合燃料理化性质如表 6-4 所示。

表 6-4　试验燃料理化性质

燃油指标	柴油	煤基复合燃料
密度(20℃) /(g/cm^3)	0.835	0.813
运动黏度(20℃) /(mm^2/s)	2.2	2
十六烷值	49	57
低热值/(MJ/kg)	42.5	44
50%馏出温度/℃	≤300	258.5
90%馏出温度/℃	≤355	312
95%馏出温度/℃	≤365	324

6.5.1 柴油机燃用煤制油/柴油混合燃料不同海拔燃烧特性

（1）燃烧压力随海拔的变化

柴油机煤制油/柴油混合燃料不同转速全负荷工况下缸内压力及压力升高率随海拔的变化曲线如图 6-49 和图 6-50 所示。由此可知，随海拔升高，环境压力逐渐降低，进气量逐渐减少，从而导致缸内压力逐渐降低。

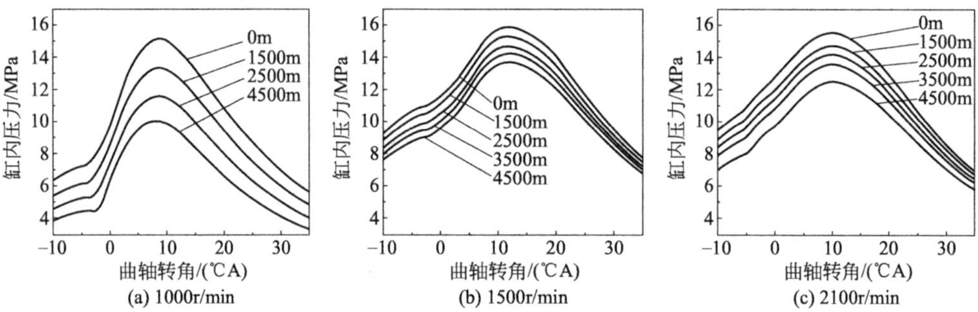

图 6-49 柴油机燃用煤制油/柴油混合燃料时缸内压力变化曲线

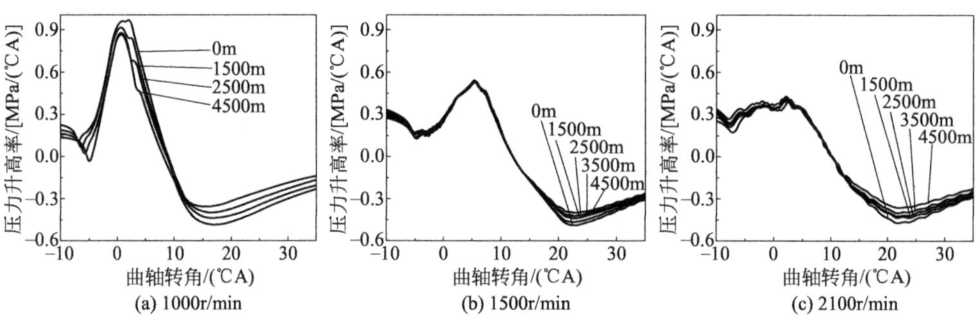

图 6-50 柴油机燃用煤制油/柴油混合燃料柴油机压力升高率变化曲线

柴油机燃用柴油和煤制油/柴油混合燃料时最高燃烧压力随海拔的变化曲线如图 6-51 所示。海拔 3000m 以上，柴油机燃用混合燃料对应的最高燃烧压力高于燃用柴油，主要是因为混合燃料十六烷值高，在高海拔低气压条件下更容易着火，燃烧持续期缩短，后燃现象得到改善，最高燃烧压力增大。

图 6-52 为柴油机燃用柴油和煤制油/柴油混合燃料时最大压力升高率随海拔的变化曲线。与燃用柴油相比，在高海拔条件下，柴油机燃用煤制油/柴油混合燃料最大压力升高率降低，柴油机工作更柔和，振动和噪声降低。

（2）瞬时放热率随海拔的变化

图 6-53 为柴油机燃用煤制油/柴油混合燃料放热率峰值随海拔的变化曲线。与燃用柴油相比，柴油机燃用煤制油/柴油混合燃料放热率峰值均增加，且海拔越高，

增加幅度越大。海拔每升高 1000m，1000r/min、1500r/min 和 2100r/min 燃用煤制油/柴油混合燃料放热率峰值分别增加 2.5%、2.0%和 1.8%。由于煤制油/柴油混合燃料的热值更高，黏度、密度低，雾化效果更好，在喷油量不变的前提下，混合燃料释放出的热量更多，使得煤制油/柴油混合燃料对应的放热率峰值更大。

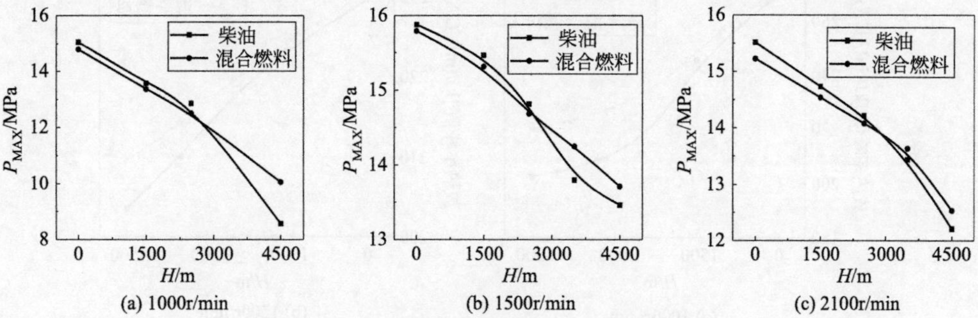

图 6-51　柴油机最高燃烧压力随海拔变化曲线

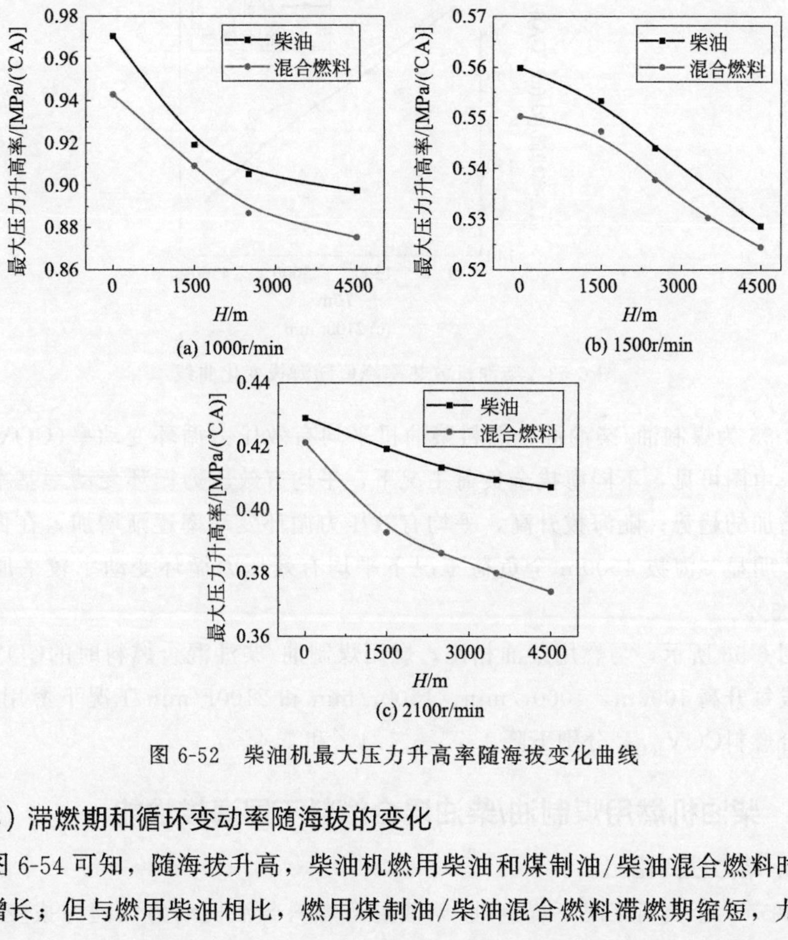

图 6-52　柴油机最大压力升高率随海拔变化曲线

（3）滞燃期和循环变动率随海拔的变化

由图 6-54 可知，随海拔升高，柴油机燃用柴油和煤制油/柴油混合燃料时滞燃期都逐渐增长；但与燃用柴油相比，燃用煤制油/柴油混合燃料滞燃期缩短，尤其是低转速(1000r/min)时滞燃期缩短明显。在高海拔低速时初始缸内温度较低，混合气的形成较为困难，导致滞燃期延长明显，而煤制油/柴油混合燃料馏程温度更低且十六烷值更高，使得低转速工况下混合燃料滞燃期在海拔 3000m 以上时明显缩短。

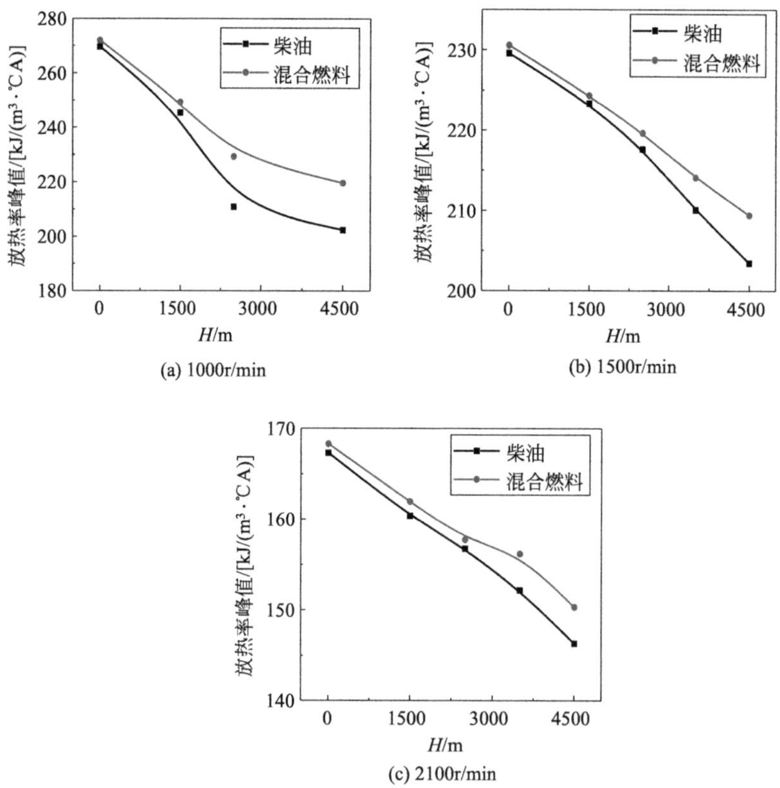

图 6-53 柴油机放热率峰值随海拔变化曲线

图 6-55 为煤制油/柴油混合燃料柴油机平均有效压力循环变动率(COV_{IMEP})变化曲线。由图可见，不同海拔全负荷工况下，平均有效压力循环变动率基本呈现先减小后增加的趋势；随海拔升高，平均有效压力循环变动率逐渐增加，在低转速下增加趋势明显。海拔 4500m 全负荷工况下平均有效压力循环变动率较平原平均增加了 24.5%。

如图 6-56 所示，与燃用柴油相比，燃用煤制油/柴油混合燃料时的COV_{IMEP} 更低，海拔每升高 1000m，1000r/min、1500r/min 和 2100r/min 工况下燃用煤制油/柴油混合燃料COV_{IMEP} 分别下降 1.7%、1.1%和 1.4%。

6.5.2 柴油机燃用煤制油/柴油混合燃料不同海拔性能

(1) 动力性变化

图 6-57 为全负荷工况下煤制油/柴油混合燃料柴油机动力性随海拔变化曲线。

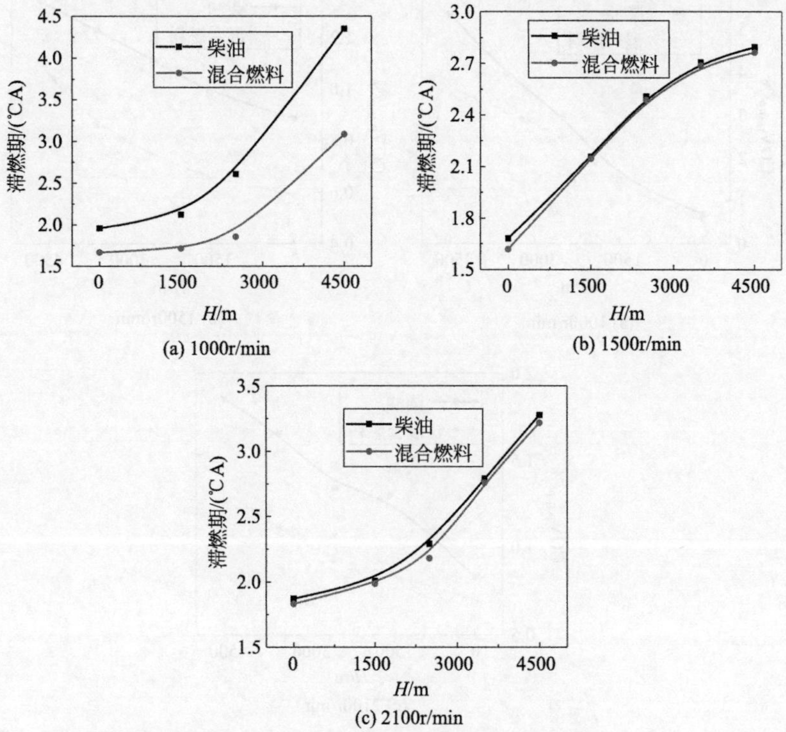

图 6-54　柴油机滞燃期随海拔变化曲线

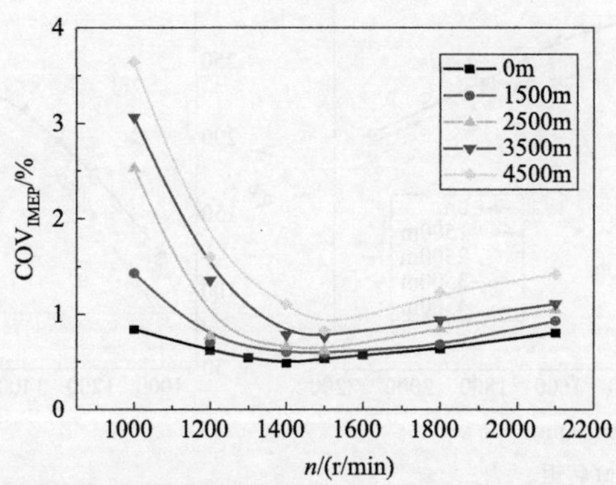

图 6-55　煤制油/柴油混合燃料柴油机平均有效压力循环变动率变化曲线

由图可知，随海拔升高，煤制油/柴油混合燃料柴油机转矩和功率逐渐下降，且在海拔 3500m 以上中低速时下降幅度更为明显。海拔 4500m 时混合燃料柴油机转矩较平原平均下降 24.8%，功率平均下降 22.9%。海拔的升高使得滞燃期内可燃混合气的形成变得困难，燃烧不充分，柴油机做功能力变差，动力性逐渐降低。

图 6-58 为柴油机转矩随海拔变化曲线。从图中可以看出，与燃用柴油相

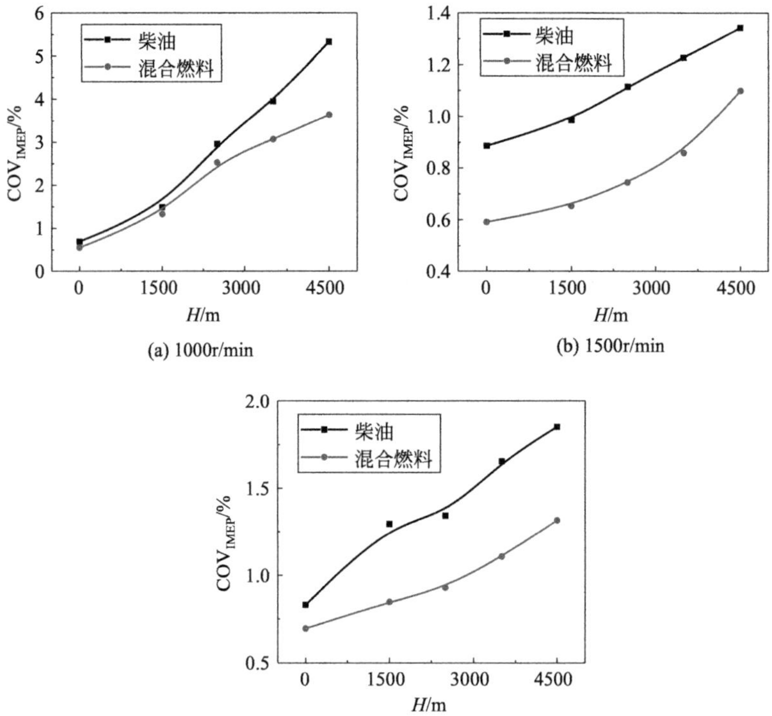

(a) 1000r/min　　(b) 1500r/min　　(c) 2100r/min

图 6-56　全负荷工况下柴油机平均有效压力循环变动率随海拔变化对比曲线

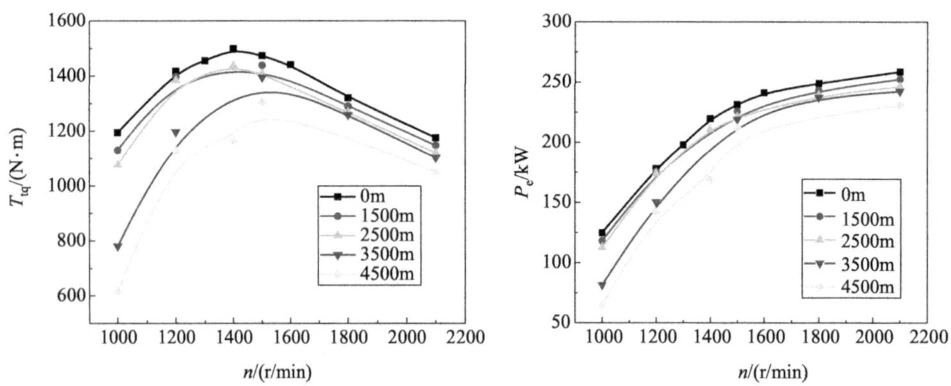

(a) 转矩　　(b) 功率

图 6-57　全负荷工况下煤制油/柴油混合燃料柴油机动力性变化曲线

比，1000r/min、1500r/min 和 2100r/min 燃用煤制油/柴油混合燃料时转矩更高，海拔每升高 1000m，转矩分别增加了 1.6%、1.2%和 1.1%。由于煤制油/柴油混合燃料的热值、十六烷值均高于柴油，相同体积的燃料燃烧放出的热量增加，滞燃期和燃烧持续期缩短、燃烧最高压力和放热率增大，从而使动力性提高。尤其是在低转速（1000r/min）海拔 4500m 时燃用煤制油/

柴油混合燃料柴油机转矩明显增大。

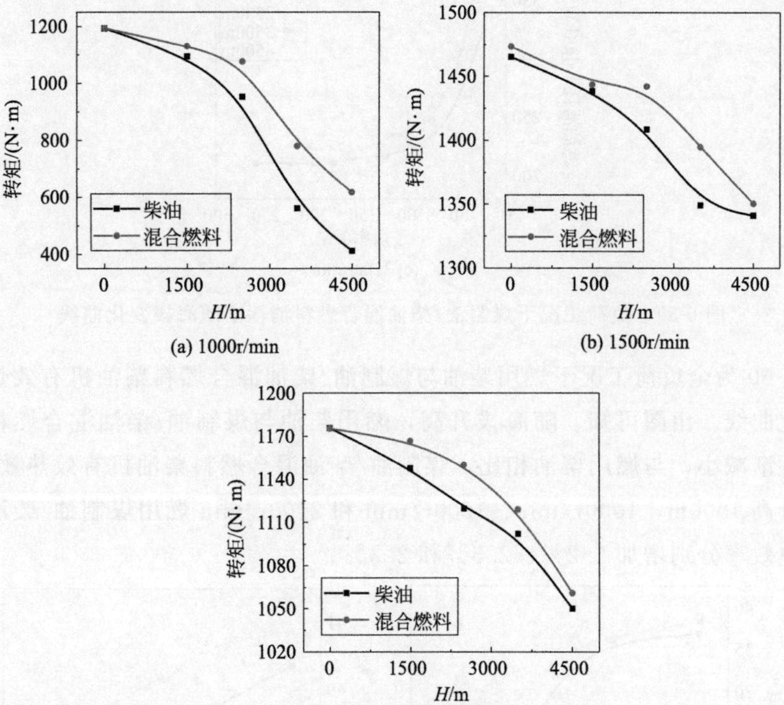

(a) 1000r/min　(b) 1500r/min　(c) 2100r/min

图 6-58　柴油机转矩随海拔变化对比曲线

(2) 经济性变化

图 6-59 为负荷工况下煤制油/柴油混合燃料柴油机燃料消耗率随海拔变化曲线。从图可见，随海拔升高，负荷工况 1000r/min、1500r/min 和 2100r/min 下，煤制油/柴油混合燃料柴油机燃油消耗率都逐渐增大，海拔 4500m 时燃油消耗率较平原分别增加了 23.2%、20.5%和 19.2%。海拔的升高，燃油消耗率逐渐增大，说明经济性逐渐下降。

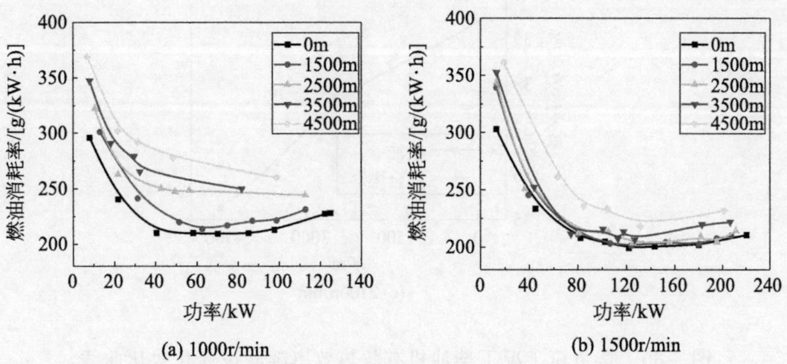

(a) 1000r/min　(b) 1500r/min

图 6-59

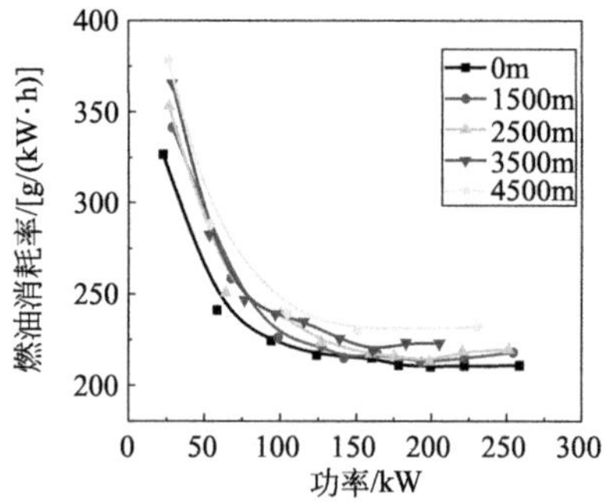

(c) 2100r/min

图 6-59　负荷工况下煤制油/柴油混合燃料消耗率随海拔变化曲线

图 6-60 为全负荷工况下燃用柴油与煤制油/柴油混合燃料柴油机有效热效率随海拔变化曲线。由图可知，随海拔升高，燃用柴油与煤制油/柴油混合燃料有效热效率都逐渐减小，与燃用柴油相比，煤制油/柴油混合燃料柴油机有效热效率提高，海拔每升高 1000m，1000r/min、1500r/min 和 2100r/min 燃用煤制油/柴油混合燃料有效热效率分别增加 2.2%、2.5%和 2.3%。

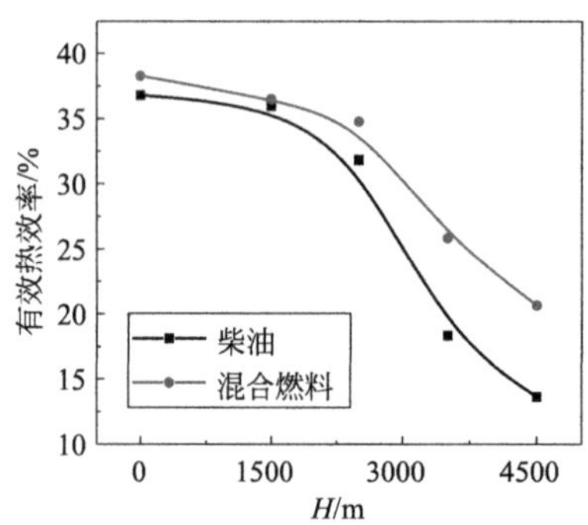

(a) 1000r/min

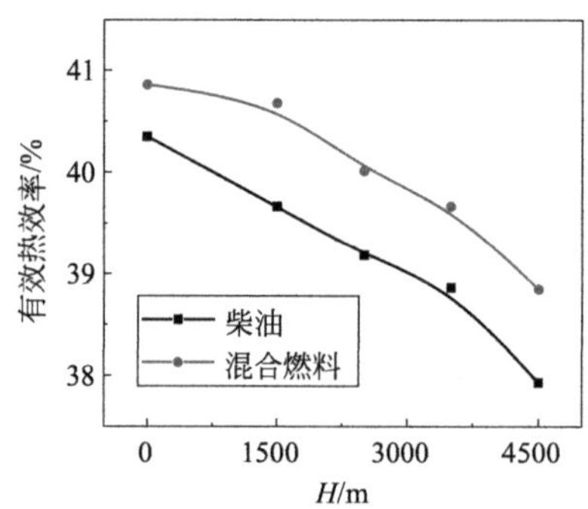

(b) 1500r/min

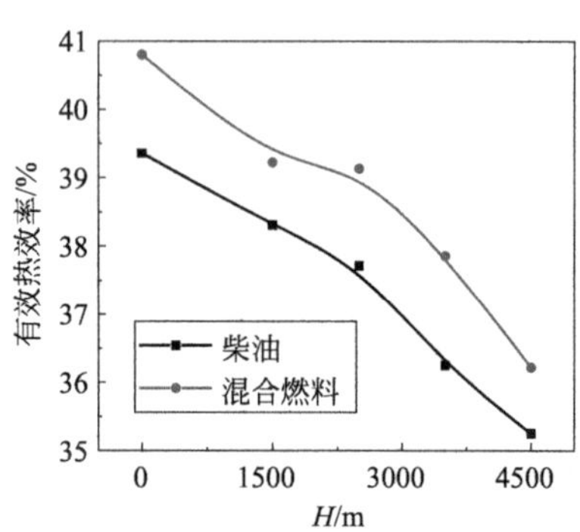

(c) 2100r/min

图 6-60　全负荷工况下柴油机有效热效率随海拔变化对比曲线

参考文献

[1] 董素荣，焦宇飞，赵旻，等．含氧燃料柴油机高原环境适应性对比分析［J］．军事交通学院学报，2021，23（01）：28-34.

[2] 刘少华，申立中，毕玉华，等．BED燃料含氧在不同海拔下对柴油机性能的影响［J］．内燃机学报，2012，30（4）：316-321.

[3] 李晓然，许世海，刘晓，等．高海拔下柴油机燃用含氧燃料的试验研究［J］．后勤工程学院学报，2015，31（1）：45-50.

[4] 李若亭，李华兵，马宁，等．EHN添加剂对高原环境柴油机燃烧特性的影响［J］．装甲兵工程学院学报，2015，5（29）：39-43.

[5] 陈然，熊云，刘卫军，等．高原环境下无灰助燃剂对柴油机燃烧性能影响［J］．汽车技术．2016，5：21-25.

[6] 王旭东，熊春华，安高军，等．高原环境柴油机燃用聚醚型含氧燃料燃烧特性［J］．内燃机学报，2015，33（5）：407-412.

[7] 王志民，陈国需，李华峰．缺氧条件下含氧燃料添加剂助燃性能的研究［J］．内燃机学报，2004，22（1）：75-78.

[8] 王宪成，徐冬冬，张志远，等．高原地区车辆柴油机燃用DBDD含氧混合燃料台架实验分析［J］．装甲兵工程学院学报，2017，31（2）：40-43.

[9] 余林啸．重型柴油机在不同海拔高度的燃烧与排放特性研究［D］．北京：北京理工大学，2014.

[10] 焦宇飞．柴油机燃用PODE/柴油混合燃料高海拔喷雾特性与燃烧机理研究［D］．天津：陆军军事交通学院，2020.

[11] 刘鹏宇．煤基复合燃料柴油机高海拔排放特性研究［D］．天津：陆军军事交通学院，2014.

[12] 李浩．煤制油柴油混合燃料柴油机高海拔燃烧与性能研究［D］．天津：陆军军事交通学院，2017.

[13] 董素荣，刘瑞林，周广猛，等．煤基复合燃料柴油机不同海拔燃烧与排放特性［J］．工程热物理学报，2018，39（05）：1161-1167.

[14] Lefebvre H. Atomization and sprays［M］. New York：Hemisphere Publishing Corporation，1989：9-17.

[15] Elkotb M. Fuel atomization for spray modelling［J］. Progress in Energy and Combustion Science，1982，8（1）：61-91.